DICCIONARIO DE ECONOMÍA Y EMPRESA

Coordinador general
Miguel Ángel Galindo Martín

Obra compuesta por nueve volúmenes referidos a los campos más importantes de la economía y de la administración de empresas:

DICCIONARIO DE HISTORIA DEL PENSAMIENTO ECONÓMICO
Economistas, escuelas y corrientes de pensamiento económico.
Luis Perdices de Blas (Universidad Complutense de Madrid)

DICCIONARIO DE ECONOMÍA APLICADA
Política económica, economía mundial y estructura económica.
Miguel Ángel Galindo Martín (Universidad de Castilla-La Mancha)

DICCIONARIO DE TEORÍA ECONÓMICA
Luis Palma Martos (Universidad de Sevilla)

DICCIONARIO DE FINANZAS
Juan José Durán Herrera (Universidad Autónoma de Madrid)

DICCIONARIO DE CONTABILIDAD, AUDITORÍA Y CONTROL DE GESTIÓN
Araceli Mora Enguídanos (Universidad de Valencia)

DICCIONARIO DE ECONOMÍA SOCIAL
Inmaculada Carrasco Monteagudo (Universidad de Castilla-La Mancha)

DICCIONARIO DE ECONOMÍA PÚBLICA
Santiago Álvarez García (Universidad de Oviedo)

DICCIONARIO DE DIRECCIÓN DE EMPRESAS Y MARKETING
Miguel Ángel Sastre Castillo (Universidad Complutense de Madrid)

DICCIONARIO DE ESTADÍSTICA ECONÓMICA Y EMPRESARIAL
Fco. Javier Martín-Pliego (Universidad Rey Juan Carlos)

GOBIERNO DE ESPAÑA MINISTERIO DE CULTURA

Esta obra ha sido publicada con una subvención de la Direccion General del Libro, Archivos y Bibliotecas del Ministerio de Cultura, para su préstamo público en Bibliotecas Públicas, de acuerdo con lo previsto en el artículo 37.2 de la Ley de Propiedad Intelectual.

Diccionario de Economía y Empresa.
Director: Miguel Ángel Galindo Martín

Diccionario de Finanzas

Cristo, 3 - 28015 Madrid (España).
Tel.: 915 595 130 - Fax: 915 595 072
www.ecobook.com

Imprime: Top Printer Plus, S.L.

ISBN Obra general: 978-84-96877-11-5
ISBN formato papel: 978-84-96877-47-4
ISBN formato PDF: 978-84-96877-48-1
Depósito legal: M-42263-2011

DICCIONARIO DE FINANZAS

Director
Juan José Durán Herrera

Pablo de Andrés Alonso
Raquel Arguedas Sanz
Valentín Azofra Palenzuela
Nuria Bajo Davo
David Camino Blasco
Antonia Calvo Hornero
Leonardo Cazorla Papis
José Luis Cea García
Juan José Durán Herrera
Manuel Espitia Escuer
Ana Isabel Fernández Álvarez
Luis Ferruz Agudo
Gabriel de la Fuente Herrero
Fernando Gallardo Olmedo
Fernando Gómez Bezares
Francisco González Rodríguez
Alfonso Hamard Almeida
Alfredo Jimenez Palmero
Prosper Lamothe Fernández
Manuel López Godoy
Guillermo Llorente Álvarez
Natalia Martín Cruz
Anunciación Martínez Rego
María Isabel Martínez Torre-Enciso
Juan Mascareñas Pérez-Iñigo
Carmen Mendoza Resco
Manuel Monjas Barroso
Antonio Monroy Antón
Antonio Partal Ureña
Irene Pisón Fernández
Tomas Pizarro Montero
Begoña Prieto González
Francisco Puertolas Montañés
Juan Antonio Rodríguez Sanz
Sofía Ruíz Campo
Fernando Ubeda Mellina
Eleuterio Vallelado González

Nota del director

El alcance y contenido de las "entradas", voces o términos, incluidos en este Diccionario configuran un texto que agrupa conceptos vinculados a lo que hoy entendemos por FINANZAS en la doble vertiente acuñada en la literatura: de Empresa y de Mercados.

Las Finanzas de Empresa se ocupan de la captación de ahorro, de fondos prestables, en forma de deuda (préstamos, emisión de obligaciones, bonos u otros títulos), aportaciones de socios (accionistas, por ejemplo) y recursos generados internamente (autofinanciación) para realizar (financiar) inversiones (de renovación, de expansión y crecimiento interno o mediante adquisiciones y fusiones de empresas) cuyo vigencia tendrá lugar tanto en el corto como en el largo plazo. Estas decisiones se adoptan con la expectativa de lograr una estructura de financiación que permita minimizar su coste medio ponderado y maximizar el valor de la empresa, o bajo otra acepción conceptual alcanzar niveles satisfactorios de las dos variables mencionadas. Para ello es necesario que las inversiones sean rentables, y lo serán si la tasa de rendimiento alcanzada iguala o supera al correspondiente coste de los fondos materializados en dichas inversiones. Este proceso dinámico, de inversiones y desinversiones, se concreta en una estructura de activos y pasivos y se manifiesta en los correspondientes documentos que confecciona la contabilidad: balance, cuenta de resultados, cuadros de financiación y memoria anual. Las decisiones se producen en un espacio con restricciones; es decir, no existen óptimos libres. Las Finanzas de Empresa también se ocupan de la administración financiera de los activos y pasivos así como del proceso de fabricación, distribución y venta de los bienes y servicios que produce la empresa. En este proceso se origina asignación interna de recursos. Así se puede hablar de un mercado interno de la empresa y de un mercado externo a la empresa.

Las Finanzas de Mercado se producen a través de mecanismos, bajo una forma organizada o respondiendo a transacciones bilaterales de activos financieros libremente pactadas al margen de los mercados organizados, facilitándose en ambos casos que los agentes económicos con superávit de fondos puedan invertirlos realmente, si la rentabilidad obtenida compensa los riesgos asumidos, en proyectos que emprenden los demandantes de fondos (agentes con déficit de recursos financieros). Este proceso puede hacerse con intermediación financiera (bancaria y no bancaria) o directamente acudiendo al mercado.

La valoración de activos (reales, financieros, tangibles, intangibles) representa uno de los ejes principales de las Finanzas, tanto de empresa como de mercado, por lo que el concepto del valor, su dimensión temporal y fundamentos para la generación de resultados (flujos de caja, costes y beneficios, opciones de crecimiento) completan las ideas en que se basan los términos definidos en este Diccionario.

La realización de esta obra ha sido posible gracias a la generosa colaboración de sus autores reales, cuya relación se acompaña. Asimismo quiero agradecer la inestimable ayuda recibida de los Profesores Monjas Barroso, Martínez Rego y Martínez-Torre Enciso y dejar constancia del buen hacer de Maribel Silva. Todos ellos han mostrado una dosis de amistad que valoro mucho, como corresponde a un bien tan escaso como necesario.

JUAN JOSÉ DURÁN HERRERA
Director

Colaboradores y siglas

Pablo de Andrés Alonso • Universidad de Valladolid • (PAA)
Raquel Arguedas Sanz • Universidad Nacional de Educación a Distancia de Madrid • (RAS)
Valentín Azofra • Universidad de Valladolid • Palenzuela • (VAP)
Nuria Bajo Davo • Universidad Autónoma de Madrid • (NBD)
David Camino Blasco • Universidad Carlos III de Madrid • (DCB)
Antonia Calvo Hornero • Universidad Nacional de Educación a Distancia • (ACH)
Leonardo Cazorla Papis • Universidad de Almería • (LCP)
José Luis Cea García • Universidad Autónoma de Madrid • (JLCG)
Juan José Durán Herrera • Universidad Autónoma de Madrid • (JJDH)
Manuel Espitia Escuer • Universidad de Zaragoza • (MEE)
Ana Isabel Fernández Álvarez • Universidad de Oviedo • (AIFA)
Luis Ferruz Agudo • Universidad de Zaragoza • (LFA)
Gabriel de la Fuente Herrero • Universidad de Valladolid • (GFH)
Fernando Gallardo Olmedo • Universidad Autónoma de Madrid • (FGO)
Fernando Gómez Bezares • Universidad de Deusto • (FGB)
Francisco González Rodríguez • Universidad de Oviedo • (FGR)
Alfonso Hamard Almeida • Universidad Autónoma de Madrid • (AHA)
Alfredo Jimenez Palmero • Universidad de Burgos • (AJP)
Prosper Lamothe Fernández • Universidad Autónoma de Madrid • (PLF)
Manuel López Godoy • Universidad de Almería • (MLG)
Guillermo Llorente Álvarez • Universidad Autónoma de Madrid • (GLA)
Natalia Martín Cruz • Universidad de Valladolid • (NMC)
Anunciación Martínez Rego • Universidad Autónoma de Madrid • (AMR)
María Isabel Martínez Torre-Enciso • Universidad Autónoma de Madrid • (IMTE)
Juan Mascareñas Pérez-Iñigo • Universidad Complutense de Madrid • (JMPI)
Carmen Mendoza Resco • Universidad Autónoma de Madrid • (CMR)
Manuel Monjas Barroso • Universidad Autónoma de Madrid • (MMB)
Antonio Monroy Antón • Universidad Autónoma de Madrid • (AMA)
Antonio Partal Ureña • Universidad de Jaén • (APU)
Irene Pisón Fernández • Universidad • de Vigo • (IPF)

Tomas Pizarro Montero • Universidad Autónoma de Madrid • (TPM)
Begoña Prieto González • Universidad de Burgos • (BPG)
Francisco Puertolas Montañés • Universidad Autónoma de Madrid • (FPM)
Juan Antonio Rodríguez Sanz • Universidad de Valladolid • (JARS)
Sofía Ruíz Campo • Universidad Autónoma de Madrid • (SRC)
Fernando Ubeda Mellina • Universidad Autónoma de Madrid • (FUM)
Eleuterio Vallelado González • Universidad de Valladolid • (UVG)

Voces

A

AAA, AAa, AA, A, BBB, BB,etc. Clase de la calificación de la calidad crediticia, emitida según estas nomenclaturas por la Agencia Standard & Poor´s, de los títulos de deuda. A mayor riesgo asignado al título de calificación es más baja y el rendimiento esperado más elevado (AAA es la calificación más alta, es decir, la mejor; D, la peor). (JJDH)

abrazo del oso. En ocasiones, antes de lanzar su OPA, el comprador intentará presionar al equipo directivo de la empresa objetivo, ya sea haciéndoles ver su interés en tomar el control de la compañía y su idea de hacer una oferta pública de adquisición a los accionistas si no se responde favorablemente a su oferta, o bien anunciando públicamente su deseo de lanzar una OPA. Es una táctica psicológica empleada contra aquellos equipos directivos que se prevé van a realizar una defensa a ultranza contra cualquier ataque hostil. Los dos elementos claves del "abrazo del oso" son el tamaño del paquete de control adquirido por el atacante y la fecha límite de aceptación de la oferta por parte de la directiva de la empresa objetivo. Es una forma barata y rápida de llegar a una adquisición hostil, que puede evitar una batalla posterior por la compañía. (JMPI)

acción antigua. Acciones ya emitidas en el momento de producirse una ampliación de capital. Las acciones que constituyen el objeto de dicha ampliación reciben el nombre de acciones nuevas para diferenciarlas de las que ya se encontraban en circulación. (MMB)

acciones. Activo financiero constituyente de una parte alícuota del capital social de una empresa. Su propiedad confiere al tenedor (accionista) una serie de derechos económicos y políticos en relación a la empresa emisora. Contablemente se consignan dentro del Patrimonio Neto de la Empresa. Atendiendo a su denominación, cabe distinguir entre acciones nominativas y acciones al portador. En el primer caso el valor incorpora el nombre de su tenedor siendo el sistema de transmisión de los títulos más rígido que en el caso de las acciones al portador, cuya capacidad de negociación es plena. (MMB)

acciones liberadas. Acciones emitidas con cargo a las reservas societarias y entregadas a los accionistas sin contraprestación (Acción gratuita), o bien con una contraprestación inferior al valor de la acción (Acción parcialmente liberada). Cada antiguo accionista recibe un número de valores proporcional a su participación en el capital social de la empresa. En ocasiones, también se designan bajo esa denominación las acciones íntegramente desembolsadas, para diferenciarlas de aquellas en que dicho desembolso aún no se ha producido. (MMB)

acciones ordinarias. Acción que confiere a su tenedor los siguientes derechos: Percepción de Dividendos, participación en el patrimonio resultante de liquidación de la sociedad, suscripción preferente de nuevas acciones y voto en Junta general de Accionistas. (MMB)

acciones preferentes. Acción con características diferenciadas en relación a las acciones ordinarias, usualmente un dividendo de carácter privilegiado en relación al resto de acciones así como una preeminencia frente al resto de los accionistas en el reparto del patrimonio resultante de la eventual liquidación de la sociedad. (MMB)

acciones rescatables. Son acciones que pueden emitir las sociedades anónimas cotizadas y que se caracterizan por que se pueden rescatar a solicitud de las empresas, de los poseedores o de ambos. El importe nominal de las acciones emitidas no puede ser mayor a la cuarta parte del Capital Social y las condiciones para ejercitar el rescate se deben fijar en el acuerdo de emisión. Si el rescate se realiza a solicitud de las empresas éste no podrá realizarse antes de tres años de su emisión. El desembolso ha de efectuarse íntegramente en el momento de la suscripción. (AMR)

acciones sin voto. Son acciones que poseen los mismos derechos que las acciones ordinarias, con la excepción del derecho de voto en las Juntas Generales de accionistas. Por otra parte se les confiere el derecho a un dividendo mínimo, fijo o variable, adicional al percibido por las acciones ordinarias. Este dividendo mínimo garantizado es obligatorio, preferente y acumulativo. Las sociedades anónimas pueden emitir este tipo de acciones siempre que su importe nominal no supere la mitad del capital social desembolsado. (AMR)

accionista. Propietario de una o múltiples acciones de una sociedad. Según la Ley de Sociedades Anónimas, la condición de accionista ordinario da derecho a participar en el reparto de las ganancias sociales y en la distribución del patrimonio resultante de la liquidación de la empresa, la suscripción preferente de nuevas acciones u obligaciones convertibles en acciones, así como a la información y el voto en Junta General de Accionistas. (MMB)

acreedor. Agente económico (persona física o jurídica) con facultad legal para solicitar el pago de una obligación o deuda contraída por otro agente económico (persona física o jurídica deudora). (MMB)

activos. Dentro del apartado "elementos de las cuentas anuales", del Marco Conceptual de la Contabilidad (Plan General de Contabilidad de 2007) se define el contenido de lo que deben recoger los elementos de Activos, Pasivos, Patrimonio Neto, Ingresos y Gastos.

El Activo tiene una doble acepción:

Acepción jurídico–patrimonialista (acepción clásica) El Activo es el conjunto de bienes y derechos propiedad de una empresa.

Acepción económico–financiera. El Activo son recursos controlados por la empresa de los que se espera obtener en el futuro rendimientos económicos. En esta acepción no es primordial la propiedad de los bienes y derechos, prima el fondo (control) sobre la forma (propiedad).

El Marco Conceptual citado define el Activo como bienes, derechos y otros recursos controlados económicamente por la empresa, resultantes de sucesos pasados, de los que se espera que la empresa obtenga beneficios o rendimientos económicos en el futuro. De ésta definición cabe destacar las siguientes características que deben reunir estos elementos para formar parte del Activo del Balance:

1. Que sea probable que dichos elementos produzcan en el futuro beneficios o rendimientos económicos; en caso contrario no deben incorporarse como Activos y deben ser reconocidos, registrados como gastos y, en su momento, imputados a los resultados del ejercicio.
2. El concepto de control que recoge la definición anterior debe, igualmente, presidir el criterio de registro de una operación que dé lugar a un Activo capaz de generar rendimientos futuros, independientemente de la titularidad o propiedad del mismo. En este sentido, por ejemplo, un bien utilizado en el proceso de producción, obtenido por la empresa mediante un contrato de leasing (arrendamiento financiero), por ejercerse el control del mismo debe formar parte de los elementos del Activo independientemente de que no sea de su propiedad.
3. Deben poder ser valorados con fiabilidad. Este requisito es de aplicación a todos los elementos que configuran las Cuentas Anuales.

4. El reconocimiento contable de una Activo implica también el reconocimiento simultáneo de una pasivo, la disminución de otro activo o el reconocimiento de un ingreso u otros incrementos del patrimonio neto. Estos pares de relaciones son propios del método utilizado en contabilidad para reflejar las transacciones que realiza la empresa con otras empresas y, en general, con el mundo exterior que rodea a la misma. (TPM)

activos corrientes. El Activo del Balance representa las inversiones, clasificadas, verticalmente, de menor a mayor liquidez, término este que trata de medir la lejanía o proximidad en el tiempo de que dichas partidas se transformen en recursos líquidos.

En la Tercera Parte del Plan General de Contabilidad de 2007, relativa a las Cuentas Anuales, de su Norma 6ª, correspondiente al Balance, se desprenden los siguientes aspectos relativos a los activos corrientes:

Los activos corrientes clasificados en el Balance en el apartado B, son activos vinculados al ciclo normal de explotación y se corresponden con aquellas inversiones que la empresa espera vender, consumir o realizar en efectivo en el transcurso de dicho ciclo.

Los activos no vinculados directamente con la explotación y por lo tanto diferentes de los citados en el punto anterior, cuya fecha de vencimiento, enajenación o realización se espera que se produzca o acontezca en un periodo inferior o igual al año, es decir en el corto plazo contado a partir de la fecha de cierre el ejercicio, o lo que es lo mismo fecha de referencia del Balance, se considerarán igualmente Activos Corrientes.

Dentro del Activo Corriente del Balance se encuentran los siguientes agregados (*):

I. Activos no corrientes mantenidos para la venta. Activos no corrientes clasificados como activos corrientes que reúnan las condiciones para esta clasificación.

II. Existencias. Activos poseídos para ser vendidos en el curso normal de la explotación, en proceso de producción o en forma de materiales o suministros para ser consumidos en el proceso de producción o en la prestación de servicios (Mercaderías, materias primas, otros aprovisionamientos, productos en curso, productos terminados y subproductos, residuos y materiales recuperados.

III. Deudores comerciales y otras cuentas a cobrar. Instrumentos financieros y cuentas a cobrar que tengan su origen en el tráfico comercial de la empresa, así como las cuentas con las Administraciones Públicas a cobrar.

IV. Inversiones en empresas del grupo y asociadas a corto plazo. Inversiones financieras a corto plazo en empresas del grupo, multigrupo, asociadas y otras partes vinculadas, cualquiera que sea su forma de instrumentación, incluidos los dividendos e intereses devengados con vencimiento no superior a un año o sin vencimiento como es el caso de los instrumentos de patrimonio (acciones o participaciones en el capital), cuando la empresa tenga la intención de venderlos en el corto plazo. También se incluirán en este apartado todos los activos financieros e inversiones a corto plazo con estas personas o entidades.

V. Inversiones financieras a corto plazo. Inversiones financieras temporales no relacionadas con partes vinculadas, cualquiera que sea su forma de instrumentalización, incluidos los intereses y dividendos devengados con vencimiento no superior a un año o sin vencimiento (como los instrumentos de patrimonio), cuando la empresa tenga la intención de venderlos en el corto plazo.

VI. Periodificaciones. Importe neto de gastos contabilizados en el ejercicio que se cierra y que corresponden al ejercicio siguiente.

VII. Efectivo y otros activos líquidos equivalentes (**) Disponibilidades de medios líquidos en caja, saldos a favor de la empresa en cuentas corrientes a la vista y de ahorro de disponibilidad inmediata en Bancos e Instituciones de Crédito e inversiones financieras convertibles en efectivo con vencimiento no superior a tres meses desde la fecha de adquisición, que no tengan riesgos significativos de cambio de valor y que formen parte de la política de gestión normal de la tesorería de la empresa.

(*) Las amortizaciones acumuladas (depreciaciones acumuladas) y la depreciación por deterioro de los activos que procedan figuran minorando los activos afectados. Su detalle figura en las notas correspondientes de la Memoria. Por consiguiente los valores que aparecen en el Balance son valores netos, es decir valores brutos menos estas deducciones.

(**) Los activos o medios equivalentes al efectivo se corresponden con inversiones a corto plazo que presentan gran liquidez, entre las cuales podemos señalar se encuentran, entre otras: depósitos bancarios, letras del tesoro, otros activos financieros convertibles en efectivo y cuyo vencimiento pactado no es superior a los tres meses y que no tengan riesgo de pérdida significativa por la variación de su valor y que formen parte de las inversiones que se gestionan habitualmente en la tesorería de la empresa. (TPM)

activos financieros. Valor mobiliario emitido por un agente económico con la finalidad de captar financiación así como títulos representativos de operaciones de préstamo y crédito. La tenencia de activos financieros confiere a sus propietarios derechos económicos y en algunos casos políticos relativos al emisor de dichos activos. Por lo que se refiere al emisor, el activo financiero conlleva una obligación (pasivo financiero) de remuneración al poseedor, bien a través de un interés, cupón o dividendo (rendimiento explícito) o cómo la diferencia entre el valor de reembolso del mismo y el precio de emisión (rendimiento implícito). Todo activo financiero presente tres características intrínsecas:

a) Liquidez. Mide la facilidad de conversión del activo en un medio de pago.

b) Riesgo. Se asocia a la incertidumbre acerca de la percepción/pago de los

flujos de caja del activo así como a la ejecución de la compraventa.
c) Rentabilidad. Rendimiento del activo financiero. (MMB)

activos financieros de deuda internacional. Son activos negociados en los denominados "euromercados" y no son accesibles al pequeño inversor. Si se atiende al criterio temporal, se puede distinguir entre tres modalidades: a) A corto plazo: las euronotas a corto y los europagarés, b) A medio plazo: las euronotas a medio plazo, y c) A largo plazo: los eurobonos o euroobligaciones y los bonos extranjeros.
Las características más relevantes de estas "euro"-emisiones son, en general, las siguientes: a) Los títulos se emiten al portador y están repartidos por todo el mundo, b) El pago de intereses y la amortización de los títulos se hace directamente (sin agente) con el tenedor de la obligación en cada momento, c) Ausencia de retenciones fiscales, elevada liquidez y facilidad para mantener el anonimato del inversor, y d)Pueden ser una fuente de financiación más barata que los créditos bancarios (RAS)

activos inmobiliarios. En el Balance de la empresa, terrenos y edificaciones propiedad de la compañía. Por extensión, solares e inmuebles propiedad de un agente económico. Contablemente se integran dentro del activo no corriente bajo los epígrafes "inmovilizado material" e "inversiones inmobiliarias". (MMB)

activos intangibles. Conjunto de Activos y Derechos de la empresa de contenido inmaterial. Como ejemplo cabe citar las habilidades gerenciales, el bagaje de conocimientos de sus empleados, gastos de investigación, fondo de comercio, concesiones administrativas, etc. No todos los activos intangibles tienen un reconocimiento contable expreso. Para figurar en el balance dichos activos, deben haber sido adquiridos a título oneroso o figurar en registros públicos y deben ser capaces de producir rendimientos futuros. (MMB)
Estos activos, generadores de valor, también se pueden clasificar según su naturaleza en: tecnológicos, comerciales y gerenciales (o directivos). Dentro de cada uno de ellos se pueden incluir la experiencia (financiera, internacional, etc.). Asimismo también se puede hablar de codificados (codificables) como aquellos susceptibles de registrarse en organizaciones especializadas como Registro de la Propiedad Intelectual y de Patentes y Marcas y no codificables o tácitos (difíciles de transferir, se generan del trabajo en equipo de la experiencia, etc.). (JJDH)

activos líquidos. Elementos del balance de una empresa o agente económico constituido por el efectivo (Tesorería y Cuentas bancarias) e inversiones financieras temporales). Se trata de una parte del activo caracterizado por su inmediata disponibilidad y facilidad de conversión en efectivo. (MMB)

activos no corrientes. Como señala el PGC´07 los demás elementos del activo no incluidos como activos corrientes, se clasificarán como activos no corrientes.

En general estos activos no corrientes son activos destinados a servir o utilizar de forma duradera en las actividades de la empresa incluidas las inversiones financieras cuyo vencimiento, enajenación, realización o conversión en efectivo se espera habrá de producirse en un plazo superior a un año.

El apartado A del Balance se desglosa en los siguientes apartados (*):

I. Inmovilizado intangible. Son activos no monetarios sin apariencia física susceptibles de valoración económica, así los anticipos a cuenta entregados a proveedores de estos inmovilizados.

II. Inmovilizado material. Elementos del activo tangible representados por bienes, muebles o inmuebles.

III. Inversiones inmobiliarias. Activos no corrientes, inmuebles, poseídos con el objetivo de obtener rentas, plusvalías o ambos objetivos a la vez, en lugar de tenerlos para:
- Su uso en la producción o suministro de bienes o servicios, o bien para fines administrativos, o
- Su venta en el curso ordinario de las operaciones.

IV. Inversiones en empresas del grupo y asociadas a largo plazo. Inversiones financieras a largo plazo en empresas del grupo, multigrupo, asociadas y otras partes vinculadas, cualquiera que sea su forma de instrumentación, cuando la empresa no tenga la intención de venderlos en el corto plazo.

V. Inversiones financieras a largo plazo. Inversiones a largo plazo no incluidas en el apartado IV cualquiera que sea su forma de instrumentación, incluidos los intereses devengados, con vencimiento superior a un año o sin vencimiento (como los instrumentos de patrimonio), cuando la empresa no tenga la intención de venderlos en el corto plazo.

VI Activos por impuesto diferido. Activos por diferencias temporarias deducibles, créditos por derechos a compensar en ejercicios posteriores las bases imponibles negativas pendientes de compensación y deducciones y otras ventajas fiscales pendientes de utilizar, que queden pendientes de aplicar en la liquidación en los impuestos de beneficios futuros.

(*) Las amortizaciones acumuladas (depreciaciones acumuladas) y la depreciación por deterioro de los activos que procedan figuran minorando los activos afectados. Su detalle figura en las notas correspondientes de la Memoria. Por consiguiente los valores que aparecen en el Balance son valores netos, es decir valores brutos menos estas deducciones. (TPM)

activos ponderados por riesgo (RWA). En Basilea II, los activos ponderados por riesgo (RWAs) se calculan multiplicando los Requerimientos de Capital por Riesgos de Mercado y Riesgo Operativo por 12,5 (es decir, la inversa del Coeficiente Mínimo de Capital de Basilea del 8%) y añadiendo la cifra resultante a la suma de los Activos Ponderados por Riesgo de Crédito

Basilea II propone dos metodologías para el cálculo de los RWAs y por tanto de los Requerimientos de Capital por Riesgo de Crédito. La primera bajo el

Método Estandarizado y la segunda según el Método Basado en Calificaciones Internas para el Riesgo de Crédito. (RAS)

activos reales. Bienes y Derechos propiedad de un agente económico de naturaleza no financiera. Como ejemplo cabe citar los inmuebles. Contablemente se extiende su denominación a todo aquel activo no ficticio, es decir en la práctica casi la totalidad del activo, excluyendo el activo inmaterial (Inmovilizado intangible). (MMB)

activo subyacente. Activo financiero o real en el que se basa un contrato derivado como un futuro, opción o permuta financiera. Dentro de los activos subyacentes financieros los más usuales son divisas, tipos de interés de depósitos, bonos y obligaciones, acciones e índices de valores. En lo referente a activos subyacentes reales destacan las materias primas (Metales y Energía), cultivos agrícolas e índices sobre estos activos. (MMB)

acuerdos de recompra (Repo). *Véase,* REPO.

acuerdos de Basilea. Conjunto de normas relativas al control de riesgos en entidades bancarias, realizadas por el denominado Comité de Basilea constituido por representantes de los Bancos Centrales de Alemania, Bélgica, Canadá, España, Estados Unidos, Francia, Italia, Japón, Luxemburgo, Holanda, Reino Unido, Suecia y Suiza. Las recomendaciones de dicho Comité se resumen en tres acuerdos. En primer lugar el Acuerdo de Basilea I (1988) donde se introduce el concepto de capital regulatorio mínimo, que una entidad bancaria debe mantener en su Balance en función de los riesgos que soporta. En segundo lugar, el Acuerdo de Basilea II (2004) se apoya en tres pilares. El pilar I sobre cálculo de requisitos mínimos de capital incorpora en su cómputo la calidad crediticia de los prestatarios (medible por calificaciones internas y externas) así como el riesgo operacional, junto con el riesgo de mercado. El pilar II aborda el problema de la supervisión de la gestión de los recursos propios de un banco, mientras que el pilar III relativo a la disciplina de mercado ofrece una serie de recomendaciones sobre transparencia financiera para entidades de crédito.
Por último en septiembre de 2010, se aprueba una amplia modificación en los mecanismos de cálculo del capital admisible, mejorando la calidad del mismo, endureciendo a su vez las normas vinculadas al proceso supervisor (Pilar II) y a la divulgación de información pública a los inversores (Pilar III). Asimismo se introdujeron nuevos coeficientes de de cobertura de liquidez a corto plazo y de financiación estable a largo plazo. Al conjunto de todas estas normas y acuerdos cuyo calendario de implantación se extenderá de Enero de 2013 a Enero de 2019 se las conoce como Basilea III. (MMB)

acuerdos de interés a plazo (FRA). *Véase,* Forward Rate Agreement.

acuerdo de salvaguarda. Es un tipo de contrato utilizado en diversas situaciones con el objetivo de retrasar la decisión final hasta el momento en que se esté más preparado para afrontarla; se trata, pues de ganar tiempo para organizar la defensa ante una OPA hostil, por ejemplo. (JMPI)

add-on. Cantidad que se añade al valor de mercado de la operación en derivados (riesgo actual) con el fin de capturar el riesgo potencial de la misma. Se mide como un porcentaje (que depende del plazo y tipo de producto) del nominal de la operación. (RAS)

adelantos y retrasos (*leading and lagging*). Procedimiento de ajuste del calendario de cobros o pagos, adelantándolos o retrasándolos respecto de su fecha de vencimiento, para facilitar una estrategia de tesorería específica y de cobertura de riesgos de tipo de cambio. (JJDH)

adquisiciones apalancadas (*leveraged buy outs* - LBOs). *Véase*, Compras Apalancadas.

adquisiciones por la dirección (m*anagement buy outs* - MBOs). Se denomina así la operación de compra de una empresa por parte del grupo directivo de la misma. Se utiliza esta operación como arma defensiva contra tomas de control hostil.
Cuando los directivos deciden ser propietarios de la totalidad o parte de la empresa que dirigen, puede lanzar una oferta pública de adquisición de acciones sobre la mayoría de las acciones de la empresa, o bien pueden negociar directamente con el accionista principal de la compañía la compra de un paquete accionarial.
Para que sea rentable realizar un MBO, la empresa deberá estar infravalorada en el mercado, lo que sucede si está mal dirigida por el mismo equipo directivo que pretende hacerse con el control de la empresa, de lo que se deduce la dificultad que tendrá este grupo de ejecutivos en mejorar la gestión de la compañía y devolver los préstamos que las instituciones les dieron para apalancar la empresa y poder adquirirla. (IMTE)

agencias de calificación (*rating*). Empresas especializadas en la evaluación del riesgo de crédito ligado a una emisión de Deuda de un agente económico. También son denominadas agencias de "*rating*". La valoración de dicho riesgo dimana del análisis de la información histórica así como de las expectativas de negocio futuras del agente analizado, examinándose para tal propósito indicadores patrimoniales, económicos y financieros. Las dos compañías evaluadoras más conocidas son "Standard & Poors" y "Moody´s". (MMB).
Véase, AAA,AA...

agencia de valores. Las agencias de valores (AV) son uno de los tres tipos de empresas de servicio de inversión (ESI) que existen en España, junto con las sociedades de valores y bolsa (SVB) y sociedades gestoras de carteras (SGC). Las agencias de valores (AV) no pueden operar por cuenta propia, sólo pueden tramitar órdenes de compra o venta de valores por cuenta de sus clientes. El capital mínimo que se exige para formar una AV varía entre 300.000 y 500.000 euros.

Servicios de inversión que puede prestar cada tipo de empresa:

Actividad	SVB	AV	SGC
Recepción, ejecución y transmisión de órdenes por cuenta de terceros	Sí	Sí	No
Negociación por cuenta propia	Sí	No	No
Gestión de careras según mandato de los inversores	Sí	Sí	Sí
Suscripción de emisiones y OPV			
- Mediación	Sí	Sí	No
- Aseguramiento	Sí	No	No
Depósito y administración de instrumentos financieros	Sí	Sí	No
Concesión de créditos y préstamos a inversores	Sí	No	No
Asesoramiento a empresas e inversores.	Sí	Sí	Sí

(NBD)

ahorro. Parte de la renta disponible de un agente económico no dedicada al consumo de bienes y servicios.

ahorro bancario. Ahorro colocado en activos ofrecidos por bancos, cajas y cooperativos de crédito a través de la comercialización de activos financieros, siendo los más comunes los depósitos.

ahorro financiero neto. Diferencia entre los activos financieros poseídos por un agente económico y los pasivos financieros emitidos por éste.

ahorro privado. Ahorro efectuado por los intermediarios financieros, empresas no financieras, familias e instituciones sin ánimo de lucro. Se determina como la diferencia entre los ingresos y gastos de éstos agentes económicos.

ahorro público. Diferencia entre los ingresos y gastos de las Administraciones públicas. (MMB)

albarán. Documento de carácter mercantil que acredita la entrega de un bien o la prestación de un servicio.

El albarán debe contener los datos del vendedor y del perceptor, así como, la fecha de la transacción y la descripción del bien o servicio objeto de la misma.

Su uso no es obligatorio, por lo que en ocasiones, se entrega simplemente la factura como comprobante de la operación realizada. (AMR)

***american depositary receipt* (ADR).** Recibo de Depósito de Acciones extranjeras emitido por un banco de EE.UU. Son recibos cuyo subyacente son las acciones extranjeras depositadas en un banco. (JJDH)

amortización. La amortización es la expresión contable de la depreciación sistemática del inmovilizado técnico, material e intangible, en su aplicación-utilización al proceso productivo y por su participación en las actividades comerciales y administrativas desarrolladas por la empresa.

La depreciación se identifica con las siguientes causas, según su naturaleza:

a) Técnicas: depreciación debida al uso o funcionamiento de los bienes del inmovilizado técnico, es decir envejecimiento por uso (desgaste funcional) b Físicas: debida al mero transcurso del tiempo, es decir envejecimiento físico.

c)Económicas: debida a la evolución tecnológica y a los cambios en las variables del mercado relacionados con los bienes y servicios producidos por la empresa, es decir la llamada obsolescencia (envejecimiento económico y ó técnico)

Como excepciones al registro contable de la depreciación (amortización) podemos señalar:

1. Los terrenos, pues no son objeto de depreciación constante. Su pérdida de valor, en su caso se recogería como una corrección o deterioro de su valor no sistemática.
2. Los inmovilizados técnicos en curso de montaje o puesta en funcionamiento, ya que el comienzo del proceso de amortización es a partir de cuando dichos bienes puedan producir ingresos con regularidad.

La amortización desde la óptica contable consiste en la distribución periódica (sistemática) del importe depreciable de un bien a lo largo de su vida útil, de forma racional y uniforme. La expresión numérica de este importe de amortización correspondiente a un ejercicio económico es la cuota de amortización o depreciación. Dicha cuota de amortización puede ser constante a lo largo de la vida útil del inmovilizado, decreciente, o creciente según cuales sean las causas de su depreciación.

Además del significado técnico y económico de la amortización, existe un significado financiero, identificado como el proceso a través del cual se produce una paulatina recuperación financiera (monetaria) del valor de la inversión en el inmovilizado técnico mediante la venta de los productos obtenidos.

En contabilidad se utilizan dos procedimientos para el reflejo contable de la depreciación de los bienes que constituyen el denominado Inmovilizado técnico, material o intangible:

a) INDIRECTO: Supone reflejar la depreciación, disminución, rebajando el valor del bien.

b) DIRECTO: Supone reflejar la depreciación, disminución, en un registro auxiliar.

Los elementos integrantes del Inmovilizado Técnico Material e Intangible, así como otros activos del Balance, pueden sufrir una pérdida de su valor distinta de la depreciación sistemática (amortización) denominada "pérdida por deterioro"

Esta pérdida por deterioro se produce cuando el valor recuperable de estos bienes es superior al valor neto contable por el que están reflejados en contabilidad. La diferencia constituiría la pérdida por deterioro, pérdida no sistemática y debida exclusivamente a razones de mercado. (TPM)

análisis *BOTTOM-UP.* En el ámbito de la gestión de carteras, técnica de análisis de valores consistente en la selección de activos que parte del estudio de la empresa, seguida de una investigación sobre el sector donde opera, la coyuntura económica local, y por último, el entorno macroeconómico internacional. (MMB)

análisis CHARTISTA. *Véase*, Análisis de Gráficas

análisis de gráficas (CHARTISTA). El análisis de gráficas o análisis chartista es un sistema de análisis y pronostico bursátil, que forma parte del análisis técnico. Esta técnica de predicción de los precios se basa exclusivamente en el estudio de las figuras que dibujan las cotizaciones de los valores en un gráfico bursátil o chart, prestando atención únicamente a la cotización del valor y al volumen de negociación.
El objetivo del chartismo es determinar las tendencias alcistas o bajistas de las cotizaciones e identificar gráficamente los movimientos de las cotizaciones cuando se pierde la fase alcista o bajista y se cambia de tendencia. Las figuras que dibujan la evolución de las cotizaciones están minuciosamente estudiadas y codificadas, por lo que según esta técnica, conociendo las cotizaciones, no es necesario analizar las causas que la mueven, siendo suficiente analizar el grafico y vigilar los movimientos de la cotización, aplicando las reglas del análisis grafico, para controlar y anticiparse a cualquier cambio de tendencia.
Existen dos categorías principales de figuras en el análisis de gráficos o chartistas: formaciones de cambio de tendencia (doble techo, doble suelo, cabeza y hombros, etc.) y formaciones de continuación de tendencia (triángulos, banderas, cuñas, etc.). (IMTE)

análisis del punto de equilibrio. Métodos y técnicas que permiten obtener el punto o nivel en el que no se producirán pérdidas ni ganancias. Estos métodos se basan generalmente en las variaciones de coste e ingresos con respecto a cantidades o volumen de producto. (IPF)

análisis técnico. Técnica de análisis bursátil, centrada principalmente en el estudio de gráficas, que permite estudiar la evolución del mercado con el objetivo de predecir tendencias futuras en los precios de las acciones.
El análisis técnico se basa en la consideración de que "el mercado proporciona la mejor información posible sobre el comportamiento de los precios de las acciones", de forma que analizando el comportamiento de los precios de los activos en el pasado, esta teoría proyecta dichos precios al futuro intentado determinar su posible evolución. Según esta teoría, la cotización de un activo evoluciona siguiendo unos determinados movimientos o pautas de forma que lo que ocurrió en el pasado volverá a repetirse en el futuro.
El análisis técnico tuvo sus orígenes en EEUU a finales del siglo XIX cuando Charles H. Dow creó la Teoría de Dow, si bien su gran desarrollo se ha producido en el siglo XX con la aportación de Ralph N. Elliott y su Teoría de las Ondas de Elliott.
El análisis técnico se subdividirse en dos categorías: el análisis gráfico o análisis chartista, el cual analiza exclusivamente la información mostrada en los gráficos, sin la utilización de herramientas adicionales; y el análisis técnico en sentido estricto, que emplea además indicadores calculados en función de las diferentes variables características

del comportamiento de los valores analizados. (IMTE)

análisis *TOP-DOWN*. En el ámbito de la gestión de carteras, técnica de análisis de valores consistente en la selección de activos a través de un estudio del entorno macroeconómico global, para después analizar el sistema económico local, un sector de la economía y dentro de éste la situación de una empresa en particular. (MMB)

ángeles de inversión. El denominado Ángel Inversor o más conocido en su versión anglosajona de *Bussines Ángel* es una persona física que dedica parte de su patrimonio a actividades de capital riesgo (ver "capital riesgo"), generalmente mediante una participación en los recursos propios de la empresa. Lo hace directamente o a través de una sociedad personal o familiar. La gestión de la inversión en el capital riesgo por parte de los ángeles de inversión presenta peculiaridades propias si se compara con el enfoque de las sociedades y fondos de capital riesgo, los cuales aglutinan el ahorro de un grupo de inversores. Estas peculiaridades propias de los ángeles de negocio son las siguientes: (i) están dispuestos a aportar cantidades pequeñas (por ejemplo, menos de 500.000 euros) a un nuevo negocio, (ii) se muestran receptivos a entrar en fases muy incipientes del negocio, (iii) suelen ser más pacientes con la desinversión, (iv) no suelen llevar a cabo procesos de valoración financiera tan sofisticados, esto es, las denominas diligencias debidas o due dilligence (ver "diligencias debidas") son mas sencillas, y (iv) sus decisiones de inversión pueden estar motivadas por objetivos distintos a los puramente financieros. (FGO)

anomalías del mercado. Se denominan anomalías de mercado a las irregularidades o situaciones de los activos o mercados inconsistentes con la teoría del mercado eficiente.
La "teoría de los mercados eficientes" afirma que en cualquier momento hay miles de inversores buscando información que les permita pronosticar los futuros precios de las acciones. Sin embargo, hay inversores que son capaces de batir al mercado mientras que otros inversores no lo son. Esta teoría trata de buscar las razones por la que algunos de estos inversores o gestores son capaces de sobrepasar a otros en rendimiento, centrando dicha razón en el tipo de información que unos y otros poseen y en la rapidez con que el mercado transmita dicha información a los precios. Dependiendo del tipo de información que se transmita a los mismos, los mercados se pueden dividir en débiles, intermedios o fuertes según su grado de eficiencia. Lo habitual es que un activo o mercado se mantenga en su nivel de eficiencia, es decir, los mercados y activos financieros parecen comportarse eficientemente con respecto a la información públicamente disponible. Sin embargo, se han detectado algunas irregularidades que al ser persistentes y de tan gran magnitud se han llamado anomalías del mercado, inconsistentes con las hipótesis de eficiencia. Dichas anomalías permiten al inversor o al

gestor aprovechar la información disponible que aún no está contenida en los precios para obtener un rendimiento extraordinario.

Entre las anomalías más conocidas podemos citar:

- El *efecto fin de semana*: Distintos autores han estudiado la forma del rendimiento de los títulos desde el cierre del mercado el Viernes al cierre del Lunes, con objeto de averiguar si el rendimiento de los tres días naturales era tres veces mayor que el de un día cualquiera. Vieron que el rendimiento del Lunes no sólo no se parecía al de los otros cuatro días hábiles sino que era, incluso, bastante negativo. Concluyeron que la renta fija acumula rentabilidad por días naturales mientras que la renta variable lo hace por días hábiles.
- El *efecto tamaño*: Según esta anomalía las empresas cuya capitalización bursátil es baja produce rendimientos superiores a los indicados por el CAPM, debido a la denominada "prima de liquidez".
- El *efecto olvido y el efecto liquidez*: Suponen que las empresas de menor tamaño tienden a ser olvidadas por los grandes operadores institucionales debido a que la información sobre tales compañías está menos disponible. Precisamente, esta deficiencia en la información hace más arriesgado invertir en dichas empresas por lo que se exige un rendimiento esperado más alto.
- El *efecto Enero*: Es conocido que los rendimientos bursátiles del mes de Enero suelen ser más elevados que los producidos en otros meses. Una de las explicaciones de esta anomalía es la de tipo fiscal la cual sugiere que un inversor que se desprendiera de las acciones que hubieran sufrido pérdida de valor al final del ejercicio fiscal, podría computar las minusvalías en su cartera. Si posteriormente recomprara las acciones al inicio del nuevo ejercicio la composición de su cartera no hubiera variado, pero habría obtenido un beneficio fiscal inmediato.

Véase, Modelo de valoración de activos. (IMTE)

apalancamiento. Se entiende por operaciones o transacciones apalancadas aquellas financiadas con deuda. El nivel de apalancamiento de un empresa viene determinado por la proporción entre deuda y capitales propios

Por extensión, se denomina apalancamiento a la razón entre la deuda soportada por la empresa y el valor total de sus activos. (JJDH)

apalancamiento financiero. Relación entre la rentabilidad de una inversión y el coste derivado del endeudamiento para financiarla. Analíticamente, muestra el efecto en la rentabilidad de una empresa del empleo de recursos externos de endeudamiento dentro de la estructura de financiación de una compañía siempre que dicha deuda tenga costes financieros fijos. Los efectos del apalancamiento en la creación de valor empresarial pueden ser positivos, negativos o neutros en función de la relación entre el rendimiento de las inversiones y su coste de financiación.

El coeficiente o ratio de apalancamiento se puede medir mediante cociente de deuda (total, a largo plazo) sobre el total de recursos (capitales propios más deuda) o únicamente sobre los capitales propios. La expresión del apalancamiento es:

$$R_F = R_E + \left[R_E - K_n(1-t)\right]\frac{D}{CP}$$

Siendo:

R_F Rentabilidad financiera (RoE, return on equity)
R_E Rentabilidad económica o sobre activos (RoA, return on assets)
K_n Coste de la deuda
t Tasa de impuestos sobre beneficios
D Deuda
CP Capitales propios
(MMB)

apalancamiento operativo. Relación entre la rentabilidad de una empresa y su nivel de ventas. La existencia de costes fijos y por tanto independientes de la facturación de una sociedad, permite que un incremento en el nivel de ventas produzca un incremento de mayor proporcionalidad en el beneficio de la compañía. Analíticamente, puede medirse como el cociente entre la variación del beneficio antes de intereses e impuestos (BAII) y el porcentaje de variación de las ventas.

$$Ao = \frac{\Delta BAII}{\Delta v}$$

donde :
$\Delta BAII$ = Variación en el Beneficio Antes de Intereses e Impuestos
Δv = Variación de las ventas

El apalancamiento operativo genera, por tanto una expansión en el Beneficio como consecuencia de un incremento en el nivel de ventas de la empresa. (MMB)

aplanamiento (*flatening*). Cambio en la forma de una curva (de tipos, precios, etc.) que muestra entre dos períodos una menor pendiente. En el caso de las curvas de tipos los precios entre los plazos serán más cercanos. (RAS)

aplicación. Se denomina aplicación bursátil a aquella operación en la que un mismo operador ejecuta de forma simultánea tanto la compra como la venta, con la misma cantidad de títulos y al mismo precio. Estas operaciones, al no existir contrapartida en la horquilla en la que se quieren realizar, se ejecutan automáticamente. (AMA)

aplicación de fondos. Véase, *E*stado de Origen y Aplicaciones de Fondos.

apreciación. Una moneda de aprecia en relación a otra cuando el precio de la primera en términos de una mitad monetaria de la segunda baja, es decir, la divisa (moneda extranjera) cuenta menos cantidad de moneda local (lo que se aprecia) (JJDH)

arancel. Impuesto que grava las importaciones de bienes y servicios. Pueden calcularse en función de factores «específicos» como, por ejemplo, unidad de producto o servicio, peso o volumen. Generalmente se trata de aranceles (o tarifas) *ad valorem*, es decir, que recaen sobre el valor de los bienes o servicios importados, o bien en tránsito por el país. Raramente se aplica a las exportaciones. (JJDH)

arbitrage pricing theory. Véase, Modelo de Valoración de Activos de Arbitraje

arbitraje.
Dentro de la negociación en los mercados financieros, es una operación de compraventa simultánea sobre activos cuyo objetivo es la obtención de un beneficio sin riesgo de mercado como consecuencia de una valoración ineficiente de los precios por parte del mercado en un momento dado del tiempo. El resultado de dichas operaciones, suele suponer la reversión hacia el equilibrio en el precio de los activos financieros.
En el ámbito jurídico económico, consiste en el sometimiento de un litigio entre partes al dictamen de uno o varios expertos (árbitros) para que éstos recomienden una solución al conflicto. (MMB)

arbitraje de intereses cubierto. Proceso mediante el cual un inversor obtiene ganancia sin asumir riesgo que consiste en 1) endeudarse en una moneda, 2) con estos recursos comprar otra moneda en el mercado de contando, 3) invertir la moneda extranjera a su tipo interés en su país, 4) vender a plazo (*forward*) lo invertido en moneda extranjera más los intereses devengados; esta operación se realiza en el momento de efectuar la inversión, 5) al vencimiento, con el producto de la venta a plazo se devuelve el préstamo con sus correspondientes intereses y 6) la diferencia es el beneficio obtenido. (JJDH)

arbitraje de intereses en cobertura. Cuando es posible realizar contratos a plazo (forward) en el mercado de divisas (o estos se pueden replicar sintéticamente) es posible cubrirse frente al riesgo de cambio mediante la compra o venta de una divisa a plazo. Así, a nivel de mercado se dice que existe equilibrio entre dos mercados monetarios concretos (en dos países) cuando se cumple la siguiente relación de paridad:

$$F_t = \frac{1+i}{1+i*} S_0$$

Es decir, el tipo cambio a plazo F_t viene explicado por la relación entre la tasa de interés local o doméstica y la tasa de interés extranjera, multiplicada por el tipo de cambio de contado.
La expresión anterior también se puede expresar de la siguiente manera:

$$\left(\frac{F_t}{S_0}\right) = \frac{1+i}{1+i*}$$

que se puede interpretar, que no existe incentivo para el movimiento de fondos entre dos economías cuando el premio (+) o descuento (-) de una divisa (primer miembro de la ecuación) es igual al diferencial de intereses entre dos economías. Es decir, lo que se podría ganar por el diferencial de intereses se pierde por el premio de la divisa extranjera, cuando esta habría que convertirla en divisa nacional. Cuando una divisa cotiza con premio la otra cotiza con descuento, cuyo cálculo vendrá dado por el inverso de F_t y S_0 en el primer miembro de la expresión anterior. (JJDH)

arbitraje directo. En la operativa de los mercados de futuros, estrategia consistente en vender un contrato de futuro y simultáneamente comprar el activo subyacente para la entrega a vencimiento con objeto de aprovechar el diferencial de precios entre ambos. Éste tipo de arbitraje puede darse si el precio del futuro en el mercado, supera su valor teórico (precio "*cash & carry*"). (MMB)

arbitraje inverso. En la operativa de los mercados de futuros, estrategia consistente en comprar un contrato de futuro y simultáneamente vender el activo subyacente, con objeto de aprovechar el diferencial de precio entre el activo a recibir en el vencimiento del contrato y el precio de venta del subyacente en el mercado al contado. Éste tipo de arbitraje puede plantearse si el precio del futuro en el mercado es inferior a su cotización teórica (precio "*cash & carry*"). (MMB)

arrendador. Agente económico (persona física o jurídica) obligado a la cesión de uso de un bien o prestación de un servicio a cambio de una renta de arrendamiento. (MMB)

arrendamiento. Contrato bilateral, por el que una parte (arrendador) se obliga a ceder un bien o prestar un servicio a otro agente económico (arrendatario) a cambio de una renta. Según el Código Civil los contratos de arrendamiento pueden recaer sobre cosas, obras o servicios. (MMB)

arrendatario. Agente económico (persona física o jurídica) que recibe un bien o servicio en arrendamiento, obligándose al pago de una renta de arrendamiento al arrendador. (MMB)

***asked price*.** *Véase,* Precio del vendedor, precio de demanda.

***asset-backed securities* (ABS).** Títulos emitidos con respaldo de activos. Como ejemplo pueden citarse los bonos garantizados por carteras hipotecarias (MBS). Gran parte de las emisiones referenciadas a activos hipotecarios han sido el origen de titulizaciones distribuidas a través de determinados vehículos de inversión entre diferentes inversores. (MMB)

***asset-swaps*.** Es la operación que combina la posición de compra o venta de un activo cubierto con un IRS de flujos opuestos, utilizada para modificar el tipo de los flujos (de fijo a variable o viceversa) o para especular sobre la diferencia entre la curva de riesgo del activo y la curva de IRS's. (RAS)

***at the money* (ATM).** *Véase*, Opción en el Dinero.

autocartera. La autocartera es el volumen de acciones propias que posee una compañía, siendo su principal objetivo el control de la cotización de la propia empresa en bolsa. Generalmente se suelen producir incrementos en la autocartera cuando el precio de las acciones de la empresa desciende en bolsa y por el contrario se producen reducciones cuando los precios aumentan. El valor de la autocartera no puede ser superior a un porcentaje de su capital social fijado por ley y es la Junta de Accionistas quien debe dar la autorización. (AMR)

autofinanciación. La autofinanciación o financiación interna de la empresa va a venir conformada por aquellos fondos generados en el interior de la propia empresa, sin necesidad de tener que acudir al mercado financiero.
Las partidas fundamentales que le dan cuerpo a la financiación interna son: las reservas y las amortizaciones.
La autofinanciación puede verse desde dos perspectivas: como fondo o stock, o como flujo o corriente. La autofinanciación como fondo viene definida por el total acumulado desde el nacimiento de la empresa hasta el momento de que se trate. Por lo tanto, su valor total será el resultante de la adición de los saldos de las reservas y fondos de amortización que figuran en el balance de situación. La autofinanciación como flujo vendrá determinada por su variación en un periodo concreto.
La autofinanciación, propiamente dicha, o autofinanciación por enriquecimiento, es la que está formada por las distintas cuentas de reservas, ya que las reservas o retención de beneficios suponen un aumento de la riqueza de la empresa.
La retención de beneficios se puede realizar de forma voluntaria o de forma obligatoria.
Estas retenciones pueden estar reflejadas contablemente en las cuentas de reservas, o puede ser que no aparezcan de modo expreso en el balance, caso de las reservas ocultas o tácitas, que se derivan de una infravaloración de los activos o de una sobrevaloración de los pasivos.
El otro componente de la financiación interna son las amortizaciones.
Las empresas deben dedicar, periódicamente, una parte de sus beneficios para compensar la depreciación de su activo, y al fondo de recursos financieros formado con este fin se le llama fondo de amortización de la empresa. Este fondo, al proceder de los beneficios, tiene el carácter de autofinanciación pero, a diferencia de la anterior, no es de enriquecimiento, sino de mantenimiento del valor y de la capacidad productiva de la empresa.
El fondo de amortización cumple una importante función financiera, ya que la depreciación del activo no se produce de forma instantánea, sino de forma gradual a lo largo del tiempo, razón por la cual se va formando, acumulativamente, un fondo de amortización que no necesita ser empleado como tal hasta la depreciación total del activo de que se trate y la reposición o sustitución del mismo. Pero hasta ese momento, estos recursos financieros pueden ser empleados en actividades de la empresa aunque de tal forma que esos fondos estén disponibles en el momento para el que fueron previstos.
En determinados supuestos, los fondos liberados a través del proceso de amortización pueden tener un efecto expansivo, (efecto conocido con el nombre de Lohmann-Ruchti), y consiste en que la amortización no sólo permite el mantenimiento de la capacidad productiva de la empresa, como es su función original, sino que incluso permite el creci-

miento de sus activos y la expansión de la misma.
Generalmente, las empresas suelen mantener una determinada proporción entre los recursos propios y los recursos ajenos, aunque cada empresa en particular suele ajustarse a un determinado tipo de relación que, normalmente, se mantiene invariable.
La autofinanciación, tiene un efecto multiplicador sobre los recursos financieros totales. Este efecto se produce en el caso en el que la empresa mantenga un ratio de endeudamiento constantemente igual al valor máximo admitido por la misma.
En esta situación, la autofinanciación permite aumentar el endeudamiento de la empresa en una cantidad que excede a la correspondiente a la autofinanciación, y a este exceso se le conoce como efecto multiplicador de la autofinanciación. (AMR)

auditoria. Es un proceso técnico que permite obtener y evaluar de manera objetiva los documentos e informes económicos financieros u otros aspectos relacionados con la actividad de la empresa, con el fin de contrastar la coincidencia de dichos documentos con la veracidad de los hechos realizados. La auditoria nace como herramienta de control y supervisión sobre las actividades y resultados de la empresa. (TPM)

aval. Compromiso solidario de pago a favor de un agente económico acreedor, que recibiría un pago del avalista (agente económico garante del aval), en caso de incumplimiento del sujeto avalado (deudor del agente económico acreedor). (MMB)

azar moral. *Véase,* Riesgo Moral.

B

back-testing. Procedimiento de validación a posteriori del modelo de riesgo, también conocido como "pruebas hacia atrás", que tiene por objeto evaluar la calidad predictiva del mismo. Chequear la validez de un modelo VeR consiste en evaluar si los rendimientos de la cartera son consistentes con el correspondiente, VeR, referido a la misma frecuencia temporal, con un determinado nivel de confianza. (RAS)

back-to-back loan. Es un contrato de préstamo acordado entre dos empresas localizadas en países diferentes que se intercambian (temas prestados) entre si la moneda de la contra parte durante un periodo de tiempo. La devolución recíproca del préstamo (en la moneda de la otra parte) se efectuará en la fecha de vencimiento acordado. En ocasiones los "dos préstamos" se canalizan a través de un intermediario bancario. (JJDH)

balance. El Balance de situación es la expresión contable, a una fecha determinada, del patrimonio de una unidad económica o empresa y en donde aparecen representados los elementos que lo constituyen, es decir los Activos, los Pasivos y el Patrimonio Neto. El Balance presenta una posición estática, a una fecha, de la situación financiera de la empresa.
El Balance, etimológicamente, ofrece una idea de equilibrio que es, además, consustancial con el principio de la partida doble o de doble representación de

las transacciones económicas, entradas-salidas, destino-origen, debe-haber, cargo-abono y de ahí las distintas denominaciones: Bilan, Bilancio, Balanza, Balance.

El contenido de este documento contable, que forma parte de las llamadas Cuentas Anuales, como un elemento o Estado Contable más, puede plantearse desde un doble punto de vista:

- Punto de vista patrimonialista: El Balance de una empresa es la expresión, en forma de estado o de cuenta, del conjunto de bienes, derechos poseídos por la empresa y del conjunto de obligaciones contraídas frente a terceros. La diferencia entre estos bienes y derechos constituye el patrimonio de la empresa que puede considerarse como las obligaciones frente a los propietarios y de ahí que el Patrimonio Neto se presente como formando parte del Pasivo. De ahí la identidad contable o ecuación fundamental contenida formalmente en el Balance:

ACTIVO = PASIVO + PATRIMONIO NETO

- Punto de vista económico-financiero: El Balance de una empresa es la expresión, en forma de cuenta o en forma de estado, de las inversiones y de los recursos financieros obtenidos, es decir constituye un estado o cuenta en donde en una de sus partes aparecen recogidas las inversiones realizadas (Activo) y en otra las fuentes de financiación (Pasivo) que han permitido realizar dichas inversiones, sean fuentes de financiación propias (aportadas por los propietarios) sean fuentes de financiación ajenas (aportadas por terceros).

En contabilidad a la hora de conceptualizar y definir los aspectos que configuran el Balance, se suele hacer uso de los siguientes pares de conceptos correlacionados, EN DONDE SU SIGNIFICADO ES SIMILAR:

ACTIVO ←→ PASIVO

APLICACION (INVERSION) ←→ ORIGEN (FINANCIACION)

ESTRUCTURA ECONOMICA ←→ ESTRUCTURA FINANCIERA

CAPITAL EN FUNCIONAMIENTO ←→ FUENTES DE FINANCIACION

El Balance, según lo recogido en la Tercera Parte del Plan General de Contabilidad, aprobado por el Real Decreto 1514/2007, de 16 de noviembre (B.O.E. 20-11-2007) dedicada a las Cuentas Anuales, en su norma 6ª se señala que deberá recoger separadamente el activo, el pasivo y el patrimonio neto de la empresa. El mismo alcance se da en el artículo 35.1 del Código de Comercio al señalar que el Balance comprenderá, con la debida separación el activo, el pasivo y el patrimonio neto.

En cuanto al Patrimonio Neto, dichos cuerpos normativos, señalan que al menos se diferenciarán los fondos propios de las restantes partidas que lo integran.

De acuerdo con lo señalado en el artículo 35 del Código de Comercio, apartado 6, en cada una de las partidas del balance deberán figurar, además de las cifras del ejercicio anterior, las correspondientes al ejercicio inmediatamente anterior. El apartado 7 señala que la estructura y el contenido de los documentos que integran las Cuentas Anuales se ajustará a los modelos aprobados reglamentariamente.

De forma resumida el formato de presentación del Balance según el Plan General de Contabilidad (PGC´07), sería el siguiente:

MODELO DE BALANCE DEL PLAN GENERAL DE CONTABILIDAD DE ESPAÑA 2007 FORMATO (PGC ´07)

ACTIVO	NOTAS	N	N - 1
A) ACTIVO NO CORRIENTE			
I. Inmovilizado intangible			
II. Inmovilizado material			
III. Inversiones inmobiliarias			
IV. Inversiones en empresas grupo y asociadas a largo plazo			
V. Inversiones financieras a largo plazo			
VI. Activos por impuesto diferido			
VII. Deudores comerciales no corrientes			
B) ACTIVO CORRIENTE			
I. Activos no corrientes mantenidos para la venta			
II. Existencias			
III. Deudores comerciales y otras cuentas a cobrar			
IV. Inversiones en empresas grupo y asociadas a corto plazo			
V. Inversiones financieras a corto plazo			
VI. Periodificaciones			
VII. Efectivo y otros activos líquidos equivalentes			
TOTAL ACTIVO (A + B)			
PATRIMONIO NETO Y PASIVO			
A) PATRIMONIO NETO			
A-1) Fondos propios			
A-2) Ajustes por cambio de valor			
A-3) Subvenciones, donaciones y legados recibidos			
B) PASIVO NO CORRIENTE			
I. Provisiones a largo plazo			
II. Deudas a largo plazo			
III. Deudas con empresas del grupo y asociadas a largo plazo			
IV. Pasivo por impuesto diferido			
V. Periodificaciones a largo plazo			
C) PASIVO CORRIENTE			
I. Pasivos vinculados con activos no corrientes para la venta			
II. Provisiones a corto plazo			
III. Deudas a corto plazo			
IV. Deudas con empresas del grupo y asociadas a corto plazo			
V. Acreedores comerciales y otras cuentas a pagar			
VI. Periodificaciones a corto plazo			
TOTAL PATRIMONIO NETO Y PASIVO (A + B + c)			

La columna de NOTAS está destinada a señalar, numéricamente, el lugar en la MEMORIA en donde aparece un detalle complementario y aclaratorio.

Las columnas N y N – 1 están destinadas a recoger las cifras correspondientes al ejercicio cerrado y a su inmediato anterior respectivamente. Estas cifras se presentaran en euros o en unidades más amplias (miles, millones .etc.,). No se recogerán partidas o elementos con saldo cero. (TPM)

balance consolidado del grupo. Documento contable que expresa la situación patrimonial (enumeración cualitativa de las partidas y su cuantificación monetaria) del grupo de sociedades consolidables de acuerdo con los criterios y reglas establecidas al efecto en las Normas para la Formulación de las Cuentas

Anuales Consolidadas (NFCAC) vigentes en España.

Según la normativa española, el Balance Consolidado comprenderá, con la debida separación, los activos y pasivos de la sociedad dominante y de las sociedades dependientes, sin perjuicio de los ajustes y eliminaciones que procedan (tipificadas en las propias normas de consolidación), así como el patrimonio neto que incluirá en partida específica la parte que corresponda a los socios externos del grupo.

También se integrarán en el Balance Consolidado los activos y pasivos de las sociedades multigrupo (sociedades que son gestionadas por una o varias sociedades del grupo con otra u otras sociedades ajenas al mismo, ejerciendo el control conjunto todas ellas sobre la sociedad multigrupo y en donde además existe una participación en el capital de todas ellas, no mayoritario a favor de ninguna de ellas, en las respectivas sociedades multigrupo), a las que se aplique el método de integración proporcional, en el porcentaje que represente la participación del grupo en su capital social, excepto cuando proceda su imputación directa al Patrimonio Neto de acuerdo con lo previsto en las Normas de Registro y Valoración del PGC 2008, y sin perjuicio de los ajustes y eliminaciones que procedan (tipificadas en las propias normas de consolidación), según las reglas específicas del método de integración proporcional.

Asimismo, en el Balance Consolidado lucirán también las partidas específicas derivadas de la aplicación de los distintos métodos de consolidación (p.e. Socios Externos, Fondo de Comercio de Consolidación...) e igualmente las partidas representativas que surjan de la aplicación del Procedimiento de Puesta en Equivalencia (reglas de valoración especiales para cuantificar el valor de la Participación Financiera en el capital de las sociedades a las que debe aplicarse dicho Procedimiento).

El formato normalizado para la presentación del Balance Consolidado es muy parecido al del Balance individual de las sociedades españolas, que figura en el PGC 2008, siguiendo la misma estructura y ordenación de partidas, debiendo ajustarse también a las reglas generales de elaboración de este documento contempladas en la norma de elaboración de las Cuentas Anuales (Norma 6ª sobre Balance) del PGC 2008, incorporándose también al documento, como es natural, las partidas contables específicas propias de los mecanismos de consolidación desarrollados en las NFCAC.

Naturalmente, los importes de las distintas partidas del Balance Consolidado se ajustarán a los criterios establecidos en las correspondientes reglas que rigen la consolidación de las cuentas, en particular una vez aplicados los ajustes y eliminaciones propias de la técnica de la consolidación de cuentas, descritos en las NFCAC. (JLCG)

banco agente (*agent bank*). Banco designado por un sindicato bancario para que administre el préstamo sindicado ocupándose de la gestión de cobros y pagos (principal, aplicación de intereses) (JJDH)

banco central europeo. Sustituyo al Instituto Monetario Europeo (IME), el cual había sido dotado de recursos financieros por un valor de 615,6 millones de Ecus. Estos recursos fueron suministrados por los Bancos Centrales de los Estados miembros, según un baremo basado en la proporción de cada país en la población y en el PIB comunitarios, según el método previsto para el BCE en la tercera fase de la UEM. La base jurídica de la política monetaria del área del euro se estableció en el Tratado constitutivo de la Comunidad Europea y en los Estatutos, estos tenían previsto la constitución del BCE y del Sistema Europeo de Bancos Centrales (SEBC) a partir del 1 de junio de 1998. Desde el 1 de enero de 1999 el BCE se hizo cargo de la política monetaria del área del euro. Al constituirse el Banco Central Europeo, se liquidó el IME, su pasivo y activo pasaron al BCE y su presidente cesó en sus funciones en el momento de la constitución del BCE. Los bancos centrales nacionales (BCN) de los Estados miembros de la Unión Económica y Monetaria tienen que transferir sus competencias en materia de política monetaria al BCE. El Banco es una institución monetaria con personalidad jurídica propia y es independiente de cualquier otra instancia. En colaboración con los bancos centrales nacionales elabora y aplica las decisiones de los órganos decisorios del Eurosistema. Sus órganos rectores son el Consejo de Gobierno que es la máxima instancia decisoria del Banco, el Comité Ejecutivo que se encarga de la gestión diaria del Banco y es el responsable de aplicar la política monetaria definida por el Consejo de Gobierno y de dar las instrucciones a los bancos centrales nacionales, el Consejo General que contribuye a las labores de coordinación del Banco. El objetivo principal del BCE es la estabilidad de precios. (ACH)

banco internacional de pagos (*bank of international settlements* - BIS). Banco situado en Basilea (Suiza) que funciona como banco para los Bancos Centrales europeos. (JJDH)
Siglas de Banco Internacional de Pagos de Basilea. Banco donde se reúnen trimestralmente los componentes del CCBS y que sirve de medio para elaborar y dar a conocer las normas de regulación en materia de previsión de riesgos. (RAS)

bancos aseguradores (*underwriters*). Bancos que adquieren el compromiso (*underwritters*) de colocar una emisión de bonos. Aquellos bonos que no son adquiridos por el público (por terceros) deben ser comprados por los bancos aseguradores. (JJDH)

barreras de entrada. En este concepto se agrupan las dificultades que ha de salvar una empresa para comenzar a actuar en un negocio concreto. Asimismo este concepto es útil para las empresas que ya están actuando en un negocio concreto, ya que cuanto más elevadas sean las barreras de entrada menos están expuestas al riesgo de que entren nuevos competidores. Porter ha sido el autor pionero en analizar con detalle las barreras de entrada en un sector. Los principales tipos de barreras de entrada son los siguientes:

- Economías de tamaño. Cuanto mayor sea la dimensión de una empresa menores son sus costes unitarios de producción. Esto se pone de manifiesto si el sector exige a las empresas unas inversiones muy elevadas que se concretan en costes fijos, por lo que tendrá que producir y vender muchas unidades para cubrir esos costes. Esto significa que el coste unitario disminuye considerablemente conforme aumentan las unidades producidas (economías de escala) o bien disminuye cuando se producen muchas unidades de productos distintos (economías de alcance).
- Diferenciación del producto. Si el producto que se vende en el mercado está muy diferenciado (por las propias características del producto o por la imagen de marca), una nueva empresa competidora tendrá más dificultades para conseguir ese nivel de diferenciación
- Necesidades de capital. Si se requiere un elevado nivel de capital para poder hacer frente a voluminosas inversiones iníciales, esto constituye una dificultad para un nuevo competidor.
- Coste de cambio. En ocasiones los clientes que desean cambiar de empresa suministradora han de sufrir una serie de costes monetarios o asociados a cambios que les ocasionan dedicación de otros recursos distintos a los monetarios. Si se dan estas circunstancias, un nuevo competidor tiene que hacer frente a esta dificultad.
- Acceso a los canales de distribución. Esta barrera se presenta en negocios en los que los canales de distribución de los productos están copados por las empresas establecidas y hay imposibilidad o se precisa cuantiosas inversiones para ampliarlos.
- Economías de aprendizaje o curva de experiencia. Hay sectores en los que las empresas consiguen reducir costes por el aprendizaje que han obtenido mediante la práctica en el mercado. En este caso, un nuevo competidor partirá con desventaja. (FGO)

barreras de salida. Son factores de carácter económico, financiero y emocional que influyen en que una empresa con rendimientos negativos no ocasionales se mantenga en el negocio. Entre estos factores cabe señalar los siguientes:

- Negocio con activos especializados que no tienen un uso en otros negocios. Esto se conoce como costes hundidos.
- Costes fijos de salida en forma de indemnizaciones obligatorias
- Barreras emocionales que se muestran en la renuencia a abandonar el negocio por parte de los administradores y propietarios de la empresa. (FGO)

base. En la terminología de los mercados de futuros, la base es la diferencia entre el precio del contado del instrumento de que se trate (spot) y el precio del futuro (forward) de dicho activo. En el caso de los futuros sobre la renta fija, por ejemplo, las tendencias de los tipos de interés determinan la evolución de la base de un contrato de futuros. Las tendencias se pueden representar por la siguiente situación de la curva de rendimientos (YC): si YC>0, la curva es normal o positiva siendo la rentabilidad (TIR) menor en el mercado spot que a plazo; por el contrario, una curva YC<0 es una curva de rendimientos invertida o negativa, en la que los rendimientos en el mercado spot son superiores para el mismo activo a su contratación a plazo. (AMA)

Basilea II. *Véase,* Acuerdos de Basilea.

basic swap. *Véase*, Permuta Financiera.

beneficio contable. Es la diferencia entre ingresos y gastos de todo tipo que refleja una empresa en su contabilidad oficial. El Nuevo Plan General de Contabilidad establece el cálculo del beneficio a distintos niveles. El último nivel es el denominado "Resultado del Ejercicio". Todos los ingresos y todos los gastos se han tenido en cuenta para calcular esta partida. (FGO)

bearmarket. *Véase,* Mercado Bajista.

beneficio económico. El beneficio económico constituye un medidor de creación de valor para la empresa. El objetivo de este medidor es observar si la empresa, en caso de que haya obtenido un beneficio contable positivo, ha obtenido un beneficio suficiente y adecuado a sus expectativas. El beneficio económico es positivo si el resultado del ejercicio reflejado en la contabilidad de la empresa ha sido suficiente para generar rentas para los accionistas que superen las rentas que ellos esperaban. Estas rentas esperadas se obtienen multiplicando los recursos propios por la rentabilidad mínima esperada en porcentaje (coste de los recursos propios). El producto de los recursos propios por su coste es, por definición, la rentabilidad monetaria esperada por los recursos propios, por lo que el beneficio económico será positivo si la rentabilidad obtenida supera a su coste o rentabilidad esperada. Cuanto mayor sea esa diferencia, mayor será el beneficio económico. (FGO)

beneficio por acción (Bpa). Indicador muy usado, especialmente por las sociedades cotizadas en Bolsa, y manejado habitualmente por los analistas financieros. Simplemente indica el número de unidades monetarias del beneficio neto del ejercicio que corresponde a cada una de las acciones en circulación que tiene la sociedad al cierre del ejercicio.

Bpa = Cifra de beneficio neto del ejercicio después de impuestos/ Número de acciones en circulación en la fecha de cierre del ejercicio.

El cálculo de este indicador requiere introducir ciertas precisiones con relación al denominador de la expresión, puesto que el numerador refleja el dato contable reflejado como partida final o saldo de la Cuenta de Pérdidas y Ganancias.

En efecto, la primera cuestión radica en la autocartera de acciones propias, cuyo número de acciones debería deducirse de las acciones en circulación en términos meramente jurídico-formales.

De otra parte, aunque no sea frecuente en el caso de las sociedades cotizadas, pudiera ocurrir que la sociedad tuviese una porción de sus acciones nuevas en circulación, parcialmente desembolsadas, frente al grueso de las acciones totalmente desembolsadas. Pues bien, este matiz diferenciador entre unas y otras acciones, por razones eminentemente pragmáticas, no tendrían ninguna repercusión para calcular este indicador, es decir, todas las acciones tendrían igual consideración a efectos del cómputo del número de las que se encuentran en circulación.

Un problema mayor a efectos del cálculo de este indicador podría surgir en el caso de que la sociedad tuviese diversos tipos o series de acciones en circulación (ordinarias, sin voto, rescatables...), cada una de ellas con diferentes derechos reconocidos, principalmente en cuanto a la cuota o al orden de percepción de beneficios o dividendos procedentes de la sociedad emisora.

Esta es una situación que debería ser estudiada según las circunstancias concretas de cada caso de esta naturaleza, para establecer sobre qué acciones debería calcularse la cifra del Bpa a ofrecer por la empresa en su Informe Anual, o los adecuados mecanismos de ajuste que deberían utilizar los analistas financieros en los supuestos de pluralidad de tipos de acciones en circulación según los respectivos derechos de participación en beneficios o de percepción de dividendos asignables a cada uno de estos tipos de acciones.

Solamente apuntar que una regla para ello sería considerar que en el cálculo del Bpa sólo deberían intervenir las acciones que figuran a efectos del cómputo de la rúbrica contable de Patrimonio Neto, es decir, no deberían tenerse en cuenta aquellas figuras de Acciones que, de acuerdo con las normas contables vigentes, debieran aparecer como pasivos (deudas a largo plazo) con características especiales según el PGC 2008 y su remuneración, aunque fuese de dividendos, debería reflejarse como gastos financiero en la Cuenta de Pérdidas y Ganancias en la sociedad emisora de tales acciones especiales representativas de pasivos contables. (JLCG).

beta o coeficiente de volatilidad. Según la teoría moderna de carteras, el coeficiente de volatilidad o *beta* de un activo financiero indica cuanto varía el rendimiento de dicho activo en función de las variaciones producidas en el rendimiento del mercado en el que aquél se negocia o del índice de dicho mercado. Según el modelo de mercado o modelo de Sharpe, gráficamente la beta es la pendiente de la recta de regresión lineal del rendimiento del título respecto al rendimiento del mercado o del índice de dicho mercado. Su valor se calcula como:

$$\beta_k \frac{\sigma(R_k,R_I)}{\sigma^2(R_I)} = \frac{\sigma_{K,I}\cdot\sigma_K\cdot\sigma_I}{\sigma^2(R_I)}$$

Es decir, se define como la covarianza entre el rendimiento del título y el rendimiento del mercado dividido por la varianza del mercado. O lo que es lo mismo, el cociente entre el producto del coeficiente de correlación entre las dos variables por las correspondientes desviaciones típicas entre la varianza del mercado.

Considerando que el mercado se mueve consigo mismo el 100%, asignamos al mismo una beta de 1. Los activos que tienen una beta de uno son considerados neutros respecto al mercado. A aquéllos activos cuya beta supera la unidad se les denomina activos agresivos y son los que más rápido ascienden ante un alza del mercado pero también son los que más rápido caen cuando el mercado se desploma; los activos cuyas betas son inferiores a la unidad son los que varían menos que el mercado en su conjunto, cuando éste sube o baja, y se les denomina activos defensivos.

Las carteras de activos también tienen su beta (bp), que se obtiene calculando la media ponderada de las betas de sus activos componentes (bi) con relación a la parte del presupuesto invertido en ellos (Xi). La expresión de la beta de la cartera es la siguiente:

bp = X1b1 + X2b2 + ... + Xnbn

Al igual que en el caso de los títulos, las carteras también se clasifican según su coeficiente de volatilidad, existiendo carteras neutras (beta 1), carteras agresivas (beta mayor que 1) y carteras defensivas (beta menor que 1). (IMTE)

beta apalancada. Las betas o coeficientes de volatilidad que habitualmente se observan en el mercado, corresponden a empresas que cotizan con un nivel de riesgo determinado, no solo riesgo relativo al del sector en el que cotizan, sino también al grado de endeudamiento de dicha empresa, es decir, la beta habitual tiene en consideración el Riesgo Financiero que soportan las acciones.

A esta beta o coeficiente de volatilidad se le denomina "beta apalancada", y expresa el nivel de riesgo, tanto operativo como financiero, que soportan las acciones. Si la empresa no tuviera deuda, la beta sería distinta por la desaparición del riesgo financiero. A esta se le denomina "beta desapalancada" y expresa el nivel de riesgo derivado de la actividad operativa de la empresa, es decir el riesgo de los activos de la empresa.

En la misma línea de lo comentado, una compañía tiene, en general, cuatro tipos de betas diferentes: la beta del activo cuando carece de deudas (beta desapalancada), la beta del activo cuando tiene deudas (beta apalancada), la beta de los recursos propios y la beta de la deuda. Es evidente que la beta del activo de la empresa debe ser la misma que la del

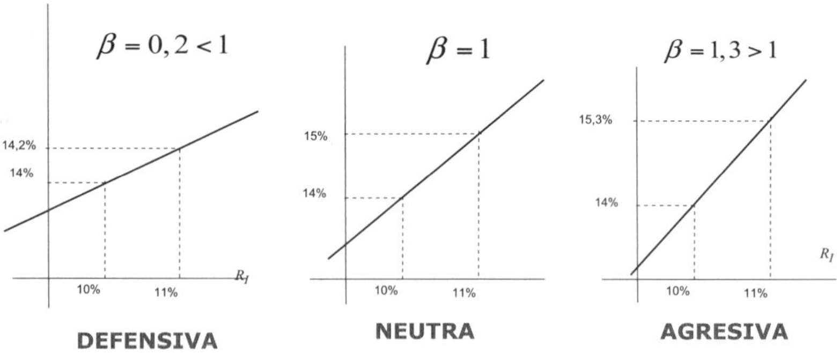

pasivo, por ello cuando la compañía carece de endeudamiento la beta del activo y la de los recursos propios coinciden. Por otro lado, cuando la empresa está endeudada la beta del activo debe coincidir con la beta del pasivo; ésta última se obtiene a través del promedio de las betas de los recursos propios y de la deuda ponderadas por la proporción de ambos en el pasivo de la empresa (el pasivo es una cartera formada por los recursos propios y por la deuda).
La fórmula que relaciona las diferentes betas o coeficientes de volatilidad es la siguiente:

$$\beta_e E + \beta_D D = \beta_u V_u + \beta_D t_D$$

Donde:
βe = beta apalancada
βd= beta de la deuda
βu = beta no apalancada
E = valor del equity o de las acciones
D = valor de la deuda
Vu = valor de la empresa sin deudas
t= tipo impositivo
Otra expresión muy utilizada y simplificada de la anterior ecuación es:

$$b_e = b_u \, [1 + (1\text{-}t)\, D/E]$$

La utilización de los distintos tipos de betas se debe a los cambios en la estructura financiera de la empresa y en cómo ésta debe reflejarse en la valoración de sus acciones en el mercado. Por ello, apoyándose en una compañía homóloga en cuanto a la actividad, hay que partir de la beta apalancada observada en la empresa de referencia, con su concreta situación de endeudamiento, después desapalancarla para encontrar la desapalancada de la compañía y posteriormente reapalancarla teniendo en cuenta el endeudamiento existente o proyectado en la empresa que se esté analizando.

bid price. *Véase,* Precio del Comprador, Precio de Oferta:

bank of international settlements (BIS). *Véase,* banco internacional de pagos.

blanqueo de capitales. El blanqueo de capitales, también conocido como *lavado de dinero,* consiste en ocultar y/o falsear el origen de fondos financieros en poder de una persona física o jurídica. Los motivos por los que se procede de esta forma son de dos tipos: (i) porque el origen del dinero proviene de una actividad ilegal, que en algunos casos también es criminal (trata de personas, narcotráfico, terrorismo y tráfico ilegal de armas), o (ii) porque se han obtenido mediante actividades en las que se ha evadido el pago de los impuestos correspondientes. (FGO)

blue chips. Títulos de primera categoría, con el mejor status de seguridad para los inversores. (JJDH)

bola alta. Consiste en lanzar una OPA con un precio suficientemente alto como para desanimar a otros competidores de que hagan sus propias ofertas, tanto si son amistosas como hostiles. Esta táctica tiene un inconveniente importante ya que, a veces, el comprador puede encontrarse pagando un precio superior al que esperaban los accionistas de la empresa objetivo. (JMPI)

bola baja. Consiste en ofrecer el precio más bajo posible en una OPA con la esperanza de conseguir adquirir la empresa por bastante menos de lo que vale en realidad para el comprador. La idea que subyace en esta táctica consiste en que cualquier oferta puede ser mejorada en cualquier momento, mientras que pocas ofertas han visto reducirse su precio y triunfar. El problema principal de esta táctica es obvio, puede desencadenar una guerra de precios al alza promovida por otros compradores. (JMPI)

bolsa de valores. Se trata de un mercado en el que se ponen en contacto dos figuras muy importantes en la economía: las empresas (con necesidades de financiación) y los ahorradores (con excedentes de capital), lo que facilita la canalización del ahorro hacia la inversión productiva. La bolsa también facilita la valoración eficiente de los activos financieros según las condiciones impuestas por la ley de la oferta y la demanda.
Las principales funciones de una Bolsa de Valores serían, entre otras, dotar de información, transparencia y liquidez a la negociación, ya que proporciona el entorno en el que se va a determinar y publicar el precio de los activos; en el que se va a establecer el marco adecuado para la puesta en circulación de los títulos mobiliarios (mercado primario) y va a proporcionar la liquidez para la negociación de los valores ya emitidos (mercado secundario). (SRC)

bolsas y mercados españoles (BME). Se trata de una empresa, constituida en 2002, que integra los mercados de renta variable, renta fija, derivados, así como los sistemas de compensación y liquidación en España. Está integrada por las empresas: Bolsa de Madrid, Bolsa de Barcelona, Bolsa de Valencia y Bolsa de Bilbao; MEFF (mercado oficial español de futuros y opciones, en el que se negocian contratos de futuros y opciones sobre activos de renta fija y renta variable), AIAF (Mercado bursátil secundario oficial español de negociación de valores de renta fija emitidos por entidades públicas o privadas), Senaf (Sistema Electrónico de Negociación de Activos Financieros, plataforma electrónica de negociación de Strips, Bonos y Obligaciones y Letras de Deuda Pública española, *Switches*, y Simultáneas), BME Consulting (ofrece soluciones tecnológicas para los mercados financieros, servicios de consultoría y programas de formación integrales), Iberclear (Depositario Central de Valores Español) y MAB (Mercado Alternativo Bursátil).
Esta sociedad asume, entre otras responsabilidades, la unidad de acción, decisión y coordinación estratégica de los sistemas de registro, compensación y liquidación de valores y los mercados secundarios españoles. (SRC)

bono. Deuda no garantizada, con un vencimiento normalmente inferior a diez años. En el caso de los Bonos de Estado, se trata de títulos de renta fija emitidos al portador, con un nominal de 1.000€, un plazo de amortización entre dos y cinco años y con un pago de intereses con cupones anuales.

Cuando un inversor compra un bono, está prestando su dinero a un gobierno, a un ente territorial, a una agencia del estado, a una empresa o simplemente al prestamista, a cambio, el emisor se compromete a pagar al inversor unos intereses, durante la vida del bono y a la devolución del principal cuando llega a la maduración o vencimiento. Es un producto similar a las obligaciones pero emitidas a medio plazo. *Véase*, Obligaciones. (SRC)

bono convertible. Son bonos en cuyas condiciones de emisión se contempla la posibilidad de su conversión futura en acciones de la sociedad emisora o de otra sociedad, a un precio establecido con anterioridad y en unas condiciones predeterminadas. Suele ofrecer a cambio un cupón (una rentabilidad) inferior al que tendría sin la opción de conversión. (IMTE)

bono cupón cero. Deuda emitida al descuento que no paga cupones. En el caso de estos bonos, la tasa interna de rendimiento (TIR) coincide con el tipo de interés al contado y va a depender, únicamente, del plazo del bono y no de la estructura de flujos puesto que únicamente existe un flujo. En el caso de estos bonos resulta indiferente hablar de tipo de interés al contado a un plazo determinado o de la rentabilidad al vencimiento (TIR). *Véase*: tasa interna de rentabilidad. (SRC)

bono del estado. Valor de deuda pública con cupón anual, emitido a un plazo comprendido entre dos y cinco años. Actualmente, se emite mensualmente a unos plazos típicos de tres y cinco años (RAS)

bono hipotecario. Activos garantizados por un crédito o grupo de créditos hipotecarios que se vinculan a su emisión mediante la correspondiente escritura pública. Su vencimiento medio no puede ser superior al de los créditos vinculados y sus intereses no pueden ser mayores. Como características de estos activos se pueden destacar que la forma de emisión es libre; los bonos en circulación no pueden tener un volumen superior al 9% de la cartera de créditos hipotecarios a los que se vinculan; los vencimientos oscilan entre uno y tres años; los tenedores de estos bonos son acreedores privilegiados del emisor (con la garantía de las hipotecas inscritas a favor de éste); y que las emisiones requieren inscripción registral, no pudiendo estar materializadas en anotaciones en cuenta. (SRC)

bono nocional. Bono teórico que se emplea como activo subyacente en los mercados de futuros sobre deuda pública como sustituto de los bonos reales, para favorecer la liquidez de dichos mercados. Sus características actuales, en el mercado MEFF Renta Fija para el plazo a diez años, son las siguientes: emitido a la par al vencer el futuro, con un nominal de 100.000 euros y un cupón anual del 4 %. (RAS)

bonos basura. Bonos emitidos por sociedades con un nivel bajo de solvencia y prestigio y, por lo tanto, son considerados de alto riesgo. Para compensar este nivel de riesgo de suspensión de pagos o insolvencia prometen mayores rendimientos que los bonos de mejor calidad, para hacer así atractiva su oferta en el mercado (*junk bonds*). (SRC)

bonos de alto rendimiento (*high yield bonds*). Bajo esta denominación de bonos basura (*junk bonds*) o bonos de alta rentabilidad (*high-yield bonds*) se engloba a un conjunto de activos de renta fija cuya particularidad radica en el hecho de que los emisores suelen ser de escasa calidad crediticia y poca solvencia, por lo cual reparten altos rendimientos. El riesgo de estos títulos es elevado ya que la probabilidad de impago es alta y, por consiguiente, se utilizan fundamentalmente con fines especulativos o cuando las empresas necesitan financiación urgente. (RAS)

bonos de disfrute. Figura típica que puede darse en sociedades mercantiles (normalmente en sociedades anónimas) que sobre todo desarrollan actividades de explotación intrínsecamente agotables de forma gradual o revertibles, es decir, aquellas que por circunstancias físicas, económicas o incluso legales, van a ver ir reduciendo de manera natural su nivel de explotación. Podría ser, por ejemplo, el caso de explotaciones mineras que explotan yacimientos gradualmente agotables o que explotan bajo concesión temporal con reversión final de activos determinados servicios de interés público. En este tipo de actividades, el volumen inicial de su capital social, podría verse sometido a un proceso lógico de reducciones sucesivas (amortizaciones forzosas de acciones con reintegro de efectivo), aunque la explotación podría continuar a su mismo nivel de actividad y de obtención de beneficios.
Por este motivo, los tenedores de las acciones que se van amortizando quedarían excluidos o privados por esta razón intrínseca de fuerza mayor (agotamiento gradual de la vida de explotación del negocio) de participar en los eventuales beneficios futuros a conseguir por la sociedad a la que contribuyeron a crear y desarrollar.
Así, la entrega a estos socios que han visto amortizar sus acciones de los conocidos como Bonos de disfrute sería una especie de justa compensación a su status previo de socios, condición que han tenido que perder respecto a las acciones amortizadas por el motivo expuesto, con lo que podrían seguir participando, en una determinada cuantía y bajo unas condiciones fijadas, en los eventuales beneficios futuros que pudiese seguir obteniendo la sociedad.
Esta figura no es muy frecuente y apenas tiene reconocimiento explícito en las disposiciones mercantiles vigentes. Hay una breve y escueta alusión a los bonos de disfrute en el art° 48.3 de la Ley de Sociedades Anónimas (RD 1564/1089, de 22 de diciembre), que únicamente dice: "Los bonos de disfrute entregados a los titulares de acciones amortizadas en virtud de reembolso no atribuyen el derecho de voto".
Por lo general, los bonos de disfrute otorgan a sus titulares cierta partici-

pación en los beneficios durante un periodo más o menos largo a partir de su entrega, o bien una cierta participación en los dividendos que la sociedad conceda a sus acciones vivas durante un cierto intervalo temporal, aunque también podría tener vida indefinida el correspondiente derecho recogido en la emisión de este tipo de bonos especiales. Mucho más raro, aunque es legalmente posible, es que se entreguen bonos de disfrute que reconozcan una cierta cuota para éstos procedente de la cifra o importe líquido correspondiente a la situación de disolución-liquidación de la sociedad.
Los bonos de disfrute entregados por la sociedad que otorgan un derecho de participación en beneficios futuros que pueda obtener la sociedad no deben ser reflejados en el sistema contable principal de la empresa, puesto que no son pasivos para ésta, al tener que pagarse, en su caso, con incrementos de activos correspondientes a los beneficios futuros. En otras palabras, bastaría con consignar, mediante en nota en la Memoria, sobre la existencia de estos bonos en circulación expresando, de manera condensada, los derechos que otorgan a sus tenedores y la duración temporal de tales derechos. (JLCG).

bonos de Fundador. Derechos especiales de contenido económico reconocidos a los fundadores o promotores de una sociedad mercantil (normalmente una sociedad anónima), consistentes en una participación en los eventuales beneficios que la sociedad que han promovido pudieran obtener en el futuro, normalmente reducido este derecho a un número de ejercicios económicos a partir de la constitución de la sociedad y sobre un determinado porcentaje de los beneficios sociales, cuyas condiciones generales se incorporan a un documento jurídico conocido con el nombre de bono de fundador.
Representa, pues, una forma de retribución específica a los promotores de la sociedad por las tareas, ideas o trabajos de distinta naturaleza que han tenido que realizar para constituir y poner en marcha la sociedad en beneficio de los socios de ésta, remuneración que se condiciona en su cuantía a la magnitud de los beneficios sociales obtenidos por la sociedad creada durante los primeros ejercicios de vida de la sociedad.
En principio, podría pensarse que la entrega de estos títulos (Bonos de Fundador) a los promotores representaría una deuda o pasivo para la sociedad, que debería registrarse y evaluarse a su valor razonable en la contabilidad de la sociedad promovida. Pero no es así, ya que, de una parte se trataría en todo caso de un pasivo de naturaleza contingente, puesto su devengo real estaría condicionado a la posible a la eventual obtención por la sociedad de beneficios futuros, pero también y sobre todo porque al devengarse en su caso ese pasivo sobre beneficios futuros, ello querría decir que no tendría que cancelarse ese supuesto pasivo inicial contra los activos reales iniciales de la sociedad, sino con el aumento de activos (o disminución de pasivos) futuros que necesariamente la obtención de beneficios comporta.

De aquí que la revelación informativa de la existencia de bonos de fundador debería hacerse a través del sistema de información complementario, es decir, mediante la correspondiente nota explicativa en la Memoria sobre la existencia y rasgos principales de estos bonos en circulación (plazo de vigencia, porcentaje de la participación en beneficios reconocida, etc.). (JLCG)

bonos de participación en beneficios en operaciones de combinación de negocios. Derechos o ventajas especiales, normalmente de contenido económico, reconocidos a los expertos independientes que intervengan en los proyectos u operaciones de combinaciones de negocios (fusiones, absorciones, escisiones...), así como también a los administradores de las sociedades que se combinan, a los de la absorbente o a los de la nueva sociedad, consistente normalmente en una participación en los beneficios futuros de la combinación de negocios resultante, durante un cierto y en un determinado porcentaje, bajo determinados requisitos y cláusulas reguladoras.
Esta figura está reconocida, aunque de manera escueta o poco precisa, dentro de las disposiciones legales españolas que regulan este tipo de situaciones y, de modo concreto, en el art.º 31.5 de la Ley 3/2009, de 3 de abril, sobre modificaciones estructurales de las sociedades mercantiles.
En todo caso, de otorgarse este tipo de derechos o ventajas (normalmente una participación en los superbeneficios futuros) provocados por una operación de combinación de negocios, al girarse esa participación sobre activos adicionales futuros a obtener por la empresa resultante que asume la obligación derivada de tales derechos, esto quiere decir los bonos de esta naturaleza no deberían ser reconocidos en el sistema contable principal de la empresa, como pasivo de ésta, sino que bastaría con mostrar dentro de la Memoria información adecuada sobre los principales rasgos de estos derechos reconocidos por la empresa correspondiente. En otras palabras, sólo deberá reconocerse el pasivo o deuda cuando efectivamente surgiera la obligación de tener que pagar a los tenedores de estos bonos de participación (un importe concreta y en un tiempo determinado). (JLCG).

bonos de titulización hipotecaría. Los bonos de titulización hipotecaria son títulos emitidos por los denominados Fondos de Titulización Hipotecaria, constituidos al efecto, y generalmente, por entidades financieras que tienen en su cartera diversos préstamos hipotecarios. Así, lo que hace el fondo hipotecario es transformar las cédulas, bonos y participaciones hipotecarias en otros títulos (los bonos de titulización hipotecaria) que se intercambian en mercados organizados.

bonos extranjeros. Son emitidos por un prestatario extranjero en el mercado de capitales y en la moneda de otro país. Están sometidos a la legislación del país donde se emiten. Su emisión y colocación corren a cargo de un sindicato de bancos domiciliados en dicho país. (JJDH)

bonos segregables (*strips*). Los *strips* (*Separated trading of registered interest and principal*) son bonos que incorporan la posibilidad de separar los cupones de los títulos de deuda para poder negociarlos por separado del título, a través de los denominados *strips*. Jurídicamente se basa en la separación del usufructo (cupones) y la nuda propiedad (principal). (RAS)

bonos y obligaciones del Estado. En los bonos u obligaciones indiciadas el importe de los cupones varía total o parcialmente en función de un índice de referencia preestablecido y seleccionado, ya sea bursátil o de carácter económico o financiero (como la inflación y los tipos de interés). Una modalidad de este tipo de bonos, son los llamados "bonos bolsa" cuya rentabilidad depende de un porcentaje sobre la revalorización del índice IBEX 35 del mercado continuo. (RAS)

bootstrap. Es una metodología que puede definirse como una simulación histórica aleatorizada. La idea básica es aplicar Monte Carlo sobre la distribución histórica. Permite aprovechar las ventajas de la simulación histórica (capturar la no linealidad de las dependencias entre activos) y con la riqueza que añade Monte Carlo (evita replicar exactamente el pasado). (RAS)

broker. Se trata de un Intermediario Financiero o agente especializado que, a cambio de una comisión (*brokerage fee*), buscan la contrapartida de las operaciones, es decir, únicamente realizan la labor de intermediación, generando economías de escala en el proceso de búsqueda. Esta figura se diferencia de la de d*ealer* en que éstos agentes últimos sí que pueden tomar posición propia, ganando el spread o margen de intermediación (la diferencia entre el precio de compra y de venta), proporcionando liquidez y profundidad al mercado. (SRC)

bull market. *Véase*, mercado alcista.

C

caballero blanco. Es nombre que se le da a aquel inversor que acude a ayudar financieramente a una empresa que va a ser objeto de una OPA hostil. Cuando la empresa objetivo considera que la toma de control hostil es inminente, el equipo directivo puede buscar una tercera empresa o inversor al que vender la totalidad o parte de la empresa.
El caballero blanco suele ser una empresa competidora que conoce bien la empresa objetivo en cuanto a su estrategia, historia, clientes, proveedores, negocio, etc., y que está dispuesta a invertir en la misma, acudiendo en su ayuda ante una toma de control hostil.
ejemplo: En junio de 2000 la empresa Unilever lanzó una OPA sobre la multinacional norteamericana Bestfoods por 24.300M$. Ésta intentó un acercamiento infructuoso a diversas empresas entre las que se destacan Campbell, Diageo y Heinz (caballero blanco). Finalmente fue Heinz quien lanzó primero una OPA a 66 $/acción aunque posteriormente se aumentó el precio de la acción a 73 $/acción. (JMPI)

caballero gris. Se denomina así al segundo *tiburón financiero* que aparece en escena para aprovecharse de los problemas entre el primero y la empresa objetivo. Se supone que ha tenido tiempo suficiente para analizar la operación y la estrategia consiguiente para quedarse con la empresa objetivo mientras ha observado como ataca el primer tiburón y los sistemas defensivos desplegados contra él. (JMPI)

caballero negro. Se da éste nombre a la empresa o inversor que quiere romper el acuerdo entre un caballero blanco y la empresa objetivo de la toma de control hostil (OPA). Cuando el potencial comprador ha llegado a un acuerdo sobre el precio con la dirección de la empresa objetivo, aparece otra empresa o inversor denominado caballero negro que ofrece un precio superior por la compra de la empresa objetivo. Puesto que el caballero negro ofrece un precio superior a otras ofertas, ni el equipo directivo ni los accionistas deberían oponerse a la nueva oferta, ya que el objetivo de ambos debería ser maximizar el valor de la empresa y de la operación.
La principal diferencia con los caballeros blancos es que éstos permitirán a la gerencia permanecer (sin reestructuración, cambio de estrategia...), mientras que la toma de control por parte del caballero negro supone un cambio radical con un nuevo enfoque empresarial. (JMPI)

calificación crediticia (*rating*). Calificación crediticia o *rating*, es la calificación asignada a las emisiones de deuda de empresas, organismos, instituciones o Estados. Esta calificación indica su nivel de riesgo crediticio y constituye una valoración de la situación económica, financiera, política y del grado de desarrollo de un país.
Esta labor la realizan las agencias de calificación crediticia o *raiting*, y pretende medir la solvencia de los emisores de deuda (capacidad para atender las obligaciones de pago), actuando como informadores del mercado y resolviendo los problemas de asimetría de información entre emisores e inversores. Cada agencia utiliza diferentes símbolos para asignar sus valoraciones, estableciendo una escala en la que intervienen una serie de grados (A, B, C) que pueden ir acompañados de un signo (positivo o negativo) indicando los distintos grados de solvencia. (NBD)

cámara de compensación (*clearing house*). Institución que tiene la función de realizar las operaciones de compensación de valores, es decir, de comparar las órdenes de compra y venta de los inversores, con el fin de que se permita un eficiente procesamiento de las transacciones. Se trata de un sistema integrado por un grupo de entidades bancarias con la finalidad de intercambiar y liquidar entre ellas todo tipo de activos y documentos compensables, evitando el movimiento físico de los títulos, proporcionando agilidad al sistema. Es la entidad encargada de la liquidación de las operaciones entre los participantes en el mercado de derivados, ejerciendo la función de garante de todas las transacciones al situarse como comprador frente al vendedor y en vendedor frente al comprador. (SRC)

cámara de liquidación. Institución que tiene la función de realizar las liquidaciones de las operaciones de compraventa realizadas en el mercado (en los días siguientes hábiles a la fecha de contratación que, para el caso del mercado bursátil español son tres días). Con el fin de facilitar el seguimiento de la liquidación por parte de las entidades

participantes, los saldos y movimientos resultantes se van a inscribir en un registro de transferencia de los valores que se derivan de una compra o de una venta, quedando la entrega condicionada al pago del efectivo o a la entrega de los valores.
En el caso español, la entidad encargada de realizar la compensación y liquidación de los valores es IBERCLEAR. *Véase*: Bolsas y Mercados Españoles. (SRC)

capacidad de endeudamiento. Volumen máximo de deuda que una persona física o jurídica puede conseguir en el sistema financiero. El caso de una persona física la cantidad de deuda que puede asumir depende de su volumen de ingresos y de sus costes fijos. La capacidad de endeudamiento de una empresa viene condicionada por una conjunto de variables de distinta naturaleza (*Véase* estructura de capital) (FUM)

capital circulante. Desde el punto de vista financiero, viene determinado por la diferencia entre la cifra contable del activo corriente y la del pasivo corriente (CC=Ac-Pc). Recursos que permiten a la empresa cubrir desajustes a corto plazo entre los cobros pendientes y los pagos que adeuda. Es la parte del activo corriente que se financia con fondos a largo plazo. El cálculo de la cifra de capital circulante, coincide con el fondo de maniobra de la empresa y permite analizar la situación financiera a corto plazo. Un capital circulante positivo (Ac-Pc>0) indica que la actividad a corto plazo (actividad corriente o de explotación) genera cobros superiores y anteriores a los pagos adeudados a corto plazo. Si el capital circulante de la empresa es superior a cero, existe un colchón financiero para afrontar posibles desajustes entre el efectivo recibido por actividades empresariales a corto plazo y las deudas pendientes de pago a corto plazo. Cuando el capital circulante es negativo (Ac-Pc<0), la actividad corriente no genera suficientes cobros para afrontar pagos a corto plazo. Si el capital circulante es menor que cero, existe la posibilidad de impagos por la situación desequilibrada del balance a corto plazo de la empresa, y puede desembocar en concurso de acreedores. (CMR)

capital económico. Conjunto de bienes físicos materiales e inmateriales (tecnológicos, comerciales y gerenciales) susceptibles de producir nuevos bienes y servicios. (JJDH)

capital económico regulatorio. Capital necesario para conseguir un determinado nivel de solvencia, objetivo de la entidad. Es el capital que garantiza con una determinada probabilidad y en un período determinado (habitualmente un año) que el negocio no quebrará. Permite comparar negocios, operaciones e inversiones en términos de riesgo y, además, es uno de los ingredientes básicos para la medición de la rentabilidad ajustada al riesgo. Es un concepto relacionado con el tamaño de la cola de la distribución de pérdidas y ganancias del banco (o segmento del negocio). Es habitual expresar el CE como un número de veces la pérdida no esperada. En ocasiones, se emplea la expresión Capital en Riesgo (CeR) para referirse a este concepto. (RAS)

capital financiero. Desde una perspectiva financiera general representa el conjunto de recursos financieros de los que dispone un sujeto para llevar a cabo sus actividades económicas. (IPF)
Cobro o pago que se recibe o entrega en un momento determinado de tiempo. Capital con dos dimensiones, el importe en unidades monetarias del capital y el momento del tiempo en el que se realiza el cobro o pago. (CMR)

capital market line. *Véase,* línea de equilibrio en el mercado de capitales.

capital riesgo (*venture capital*). El capital riesgo constituye una actividad financiera desarrollada por intermediarios especializados que tiene como principal objetivo inyectar financiación estable a largo plazo a favor de pequeñas y medianas empresas (en adelante PYME) no cotizadas en sus distintos estadios de desarrollo. El apoyo financiero consiste fundamentalmente en la inyección de recursos propios en forma de participaciones temporales y minoritarias en su capital social. La participación suelen tener carácter temporal, ya que el objetivo es permanecer en el capital de la empresa el tiempo que sea necesario. En el momento de que la empresa empieza obtener beneficios y el potencial de crecimiento de éstos es elevado, el inversor financiero (la Entidad de Capital Riesgo) intentará vender su participación obteniendo las máximas plusvalías que reinvertirá en nuevos proyectos. La participación también suele ser minoritaria. En este tipo de operaciones el objetivo es que la gestión de la empresa quede en manos del grupo promotor (el empresario). El socio financiero tan sólo apoyará al grupo promotor en aquellas decisiones estratégicas en las que sea necesario. Además del apoyo financiero vía inyección de recursos propios, también es posible la utilización de otros instrumentos de cuasicapital como los préstamos participativos y, con carácter complementario, instrumentos de deuda ordinaria para sus empresas participadas. Además del apoyo financiero, otro de los rasgos distintivos que suele caracterizar a este tipo de intermediarios es la importante labor de asesoramiento y asistencia técnica que efectúan en favor del empresario. En teoría, son potenciales beneficiarios del capital riesgo aquellos proyectos empresariales desarrollados en el seno de PYME escasamente capitalizadas que, por su elevado riesgo, tengan muy restringido su acceso al crédito a largo plazo. Este sería el caso de PYME en estadios iniciales de desarrollo (capital semilla y capital arranque), así como proyectos de base tecnológica con fuerte contenido innovador en los que existan buenas expectativas de rentabilidad. Sin embargo, tanto en España como en el resto de países del entorno (fundamentalmente la Unión Europea) la evolución del sector no ha sido la esperada. En la actualidad la mayor parte de las operaciones tienen como destino proyectos de menor riesgo desarrollados en el seno de empresas de tamaño mediano en fases de expansión (capital expansión) y operaciones de compra apalancada. Atendiendo a la tipología del inversor es posible distinguir entre el sector de capital riesgo "informal", configurado por número indeterminado de Sociedades de Inversión y *Business Angels* que invierten en el capital de empresas y el sector de capital riesgo "formal" constituido por un conjunto de Intermediarios de Capital Riesgo especializados regulados de acuerdo a una determinada normativa (España las ECR se regulan por la Ley 25/2005 de 24 de noviembre y se agrupan en la Asociación Española de Entidades de Capital Riesgo). En el ámbito de ECR, en función de la forma jurídica adoptada podemos distinguir: las Sociedades de Capital Riesgo (en adelante SCR) y los Fondos de Capital Riesgo (en adelante FCR). Las SCR son sociedades anónimas cuyo consejo de administración es el encargado de gestionar los recursos que son aportados por sus accionistas (propietarios). No suelen tener duración limitada y normalmente incrementan sus recursos mediante sucesivas ampliaciones de capital. Por su parte, los FCR se configuran como fondos patrimoniales de duración y recursos limitados. La dirección y administración se regirá por lo dispuesto en el reglamento de gestión de cada Fondo, debiendo recaer su gestión necesariamente en una Sociedad Gestora de Entidades de Capital Riesgo (en adelante SGCR) o en una Sociedad Gestora de Instituciones de Inversión Colectiva. Actualmente en la mayoría de países en los que el Capital Riesgo ha alcanzado un cierto nivel de desarrollo el sector se concentra en manos de estas SGCR. Respecto a la operativa y funcionamiento de este tipo de operaciones, en general es posible identificar tres etapas: 1) negociación, 2) seguimiento y control y 3) salida o desinversión. La fase de negociación suele ser la más laboriosa y compleja del proceso. En esta fase el inversor financiero hace un estudio exhaustivo de la operación, comprobando y evaluando toda la documentación suministrada por el grupo promotor. Normalmente antes de la aprobación de la operación, la ECR hace una oferta de las condiciones generales de la participación. Aprobada la operación, la decisión se materializa en el contrato de inversión en el que se fijan los términos definitivos. Una vez materializada la inversión, la siguiente fase consiste en el control y seguimiento de la operación. El objetivo consiste en comprobar que el desarrollo de la actividad se corresponde a las previsiones efectuadas y, en su caso, detectar posibles desviaciones. En esta fase el seguimiento es muy importante dada la elevada asimetría de la información existente y los conflictos de agencia que pueden surgir entre las partes. La última fase consiste en la salida o desinversión por parte de la ECR. Trascurrido el tiempo (especificado o no en contrato), en función de la evolución de la actividad y las expectativas de crecimiento, el inversor financiero procederá a la venta de sus participaciones de acuerdo a los cláusulas fijadas en el contrato. Esta fase suele ser la más compleja, al surgir conflictos a la hora de fijar o interpretar los métodos de valoración, la fecha o el plazo de la desinversión y los canales de venta (recompra, venta a terceros o salida a bolsa). *Véase*: préstamo participativo. (LCP)

capital social. El Capital social es un concepto más jurídico que económico, pues representa una cifra permanente de contabilidad que no responde fielmente al patrimonio social. Está integrado por los recursos aportados, inicial o sucesivamente, por los socios y accionistas, y es representado por un número determinado de acciones, que representan una parte alícuota de la propiedad de la empresa.

El capital social ha de venir fijado obligatoriamente en las escrituras de constitución y en los estatutos sociales de la sociedad salvo la parte no desembolsada. Del mismo modo, ha de señalarse el número de acciones y participaciones con derecho a dividendo, su valor nominal, clase y serie, con excepción de los derechos a ellas atribuidos.

La cifra de capital social no tiene necesariamente que tener una correlación directa con el patrimonio de la sociedad, ya que éste depende en gran medida de los resultados del ejercicio económico.

En otra acepción más amplia, hay quien entiende el capital social como el conjunto de vínculos humanos existentes en una empresa. Así, la terminología inglesa distingue entre el *bonding social capital* (de *bond*, unir), y el *bridging social capital* (de *bridge*, puente). El primero o capital social integrador, haría referencia a los distintos vínculos de unión entre personas, mientras que el capital social "puente" haría referencia a la existencia de redes relacionales que permiten a los individuos trascender su entorno más inmediato y acceder a otros entornos sociales o económicos. Los contratos en empresas o en países extranjeros serían ejemplo de este tipo de capital social en funcionamiento. (AMA)

capitalización. La capitalización bursátil o valor de una empresa en bolsa, es el resultado de multiplicar el precio de mercado o cotización de la acción por el número total de acciones. Este dato refleja el valor total que el mercado confiere a dicha compañía. Para completar esta definición es conveniente conocer los conceptos "*free float*" y "capitalización bursátil del mercado"

El *free float* es la proporción del capital de la empresa que cotiza libremente en el mercado, es por tanto la parte de la capitalización bursátil que no está controlada por los inversores institucionales estables (los que controlan un 5% o más) y que en consecuencia resulta más susceptible de cambiar de manos.

La capitalización bursátil del mercado es la suma de la capitalización de cada uno de los valores cotizados y permite su comparación con otros mercados y calcular su dimensión relativa. (NBD)

carta de confidencialidad. Sirve para comunicar al comprador de la empresa que cierta información proporcionada (la del *cuaderno de venta*, por ejemplo) es de vital importancia y, por tanto, no debe ser revelada so pena de dañar la situación del vendedor. Con la firma de tal carta el comprador acuerda mantener en secreto la transacción y toda la información que se le proporcione para ello. En todo caso, la información proporcionada en estos momentos sólo deberá entregarse a los principales ejecutivos de la compañía potencialmente adquirente y sólo se les proporcionará la estrictamente necesaria. (JMPI)

carta de intenciones. No es un contrato legal, sino que sólo representa un acuerdo moral, aunque, se puede incluir algún elemento que obligue legalmente, como la existencia de una opción de compra sobre las acciones de la vendedora o como el derecho exclusivo para negociar durante un período de tiempo sin tener que preocuparse de otros competidores.

La carta de intenciones, una vez firmada por ambas partes, representa un acuerdo preliminar. Generalmente, describirá los principales términos y condiciones de la transacción, dejando los definitivos para el compromiso de compra, que deberá ser firmado posteriormente. A menudo, incluirá cláusulas de escape que permitan al comprador o al vendedor interrumpir la transacción si cambiasen las circunstancias antes de firmar el compromiso de compra (en este caso, hay que reseñar las posibles indemnizaciones a pagar a la parte perjudicada por la ruptura de las negociaciones).

Si la presenta el comprador hace la función de una oferta; aquél espera que el vendedor realice una contraoferta o una indicación al adquirente de que revise su oferta inicial. Aquí la carta de intenciones es más un medio de comunicación inherente al proceso de negociación que un acuerdo legal.

La carta de intenciones puede ser de tipo genérico o de tipo específico, según lo elija el comprador. El primer tipo sólo se refiere a los puntos más importantes acordados en la negociación dejando el resto para posteriores negociaciones. El segundo tipo obliga más a las partes comprometiéndolas legalmente.

Tiene tres funciones importantes:

1. Sintetiza y clarifica lo que ya se ha acordado.
2. Este acuerdo de principio está suficientemente detallado para que los abogados y los expertos fiscales trabajen en el acuerdo final.
3. Prohíbe a los vendedores negociar otros posibles acuerdos al margen.

En la carta de intenciones se suelen incluir los siguientes puntos:

a) Una oferta de adquisición a un precio estipulado
b) Una explicación de la forma de pago
c) Una descripción de lo que el comprador quiere adquirir (ej.: una división, los activos de la compañía, la compañía, etcétera)
d) Las principales condiciones unidas a la oferta
e) El acuerdo por parte del vendedor de proporcionar al comprador la debida información de cara a completar la adquisición
f) Un acuerdo por el que ambas partes se comprometen a no negociar con terceros
g) Una descripción de los pasos necesarios para concluir el acuerdo
h) El tiempo límite de la oferta

i) Los objetivos contables y fiscales de ambas partes
j) La forma como se van a tratar los restantes instrumentos de deuda del vendedor (opciones, *warrants*, obligaciones convertibles, etc.)
k) Si el comprador va a asumir la deuda del vendedor o no.
l) Qué ocurrirá si existen cláusulas restrictivas sobre la deuda del vendedor
m) Qué va a ocurrir con los ejecutivos principales del vendedor. (JMPI)

carta de revelación. En la que el vendedor revela ciertos hechos que el comprador debe conocer y que no han aparecido en la carta de intenciones o en el proceso de diligencias debidas. (JMPI)

cartera de inversión. Es un conjunto de activos financieros —tales como bonos, acciones, participaciones en fondos... etc.— en los que invierte una persona o una empresa y que se construye ajustando la proporción de cada activo de acuerdo con la tolerancia al riesgo y las expectativas de retorno de la inversión previamente determinados.
La mayor o menor tolerancia al riesgo se acota mediante la diversificación de las inversiones —cartera de inversiones— dado que la expectativa de riesgo de una cartera completa será menor que la suma ponderada de sus partes.
Existen dos modelos de valoración de carteras:

1. Modelos que se basan en los fundamentos de los inversores frente al riesgo. Destacan: el Modelo de Selección de Carteras con criterio de elección de media-varianza, desarrollado por Harry Markowitz (1952, 1959) y el Modelo de Valoración de Títulos CAPM (*Capital Asset Pricing Model*) que es una extensión del anterior introduciendo la Tasa Libre de Riesgo, desarrollado por William Sharpe en 1964.
2. Modelos de rendimientos con argumentos de arbitraje. (NBD)

cartera de mercado. En el contexto de la Teoría de Cartera, si suponemos que hay un mismo tipo de interés sin riesgo para prestar y pedir prestado, al que se puede pedir prestado sin limitaciones, que los individuos coinciden en sus previsiones sobre los rendimientos medios y los riesgos que tienen las diferentes carteras y que el mercado ha llegado al equilibrio, todos los individuos repartirán su inversión entre una cartera óptima con riesgo (que podemos denominar R*) y títulos sin riesgo (que también podrán tener en negativo: es el caso de pedir prestado).
En estas condiciones R* es la cartera de mercado pues deberá contener todos los títulos con riesgo y en las proporciones que están en el mercado: si un título no está en R* nadie lo comprará y todos comprarán en las proporciones de R*.
La cartera de mercado suele aproximarse con un índice bursátil, y, siguiendo la teoría, son muchos los inversores que invierten en carteras basadas en esos índices, lo que les permite una correcta diversificación. (FGB)
Véase, Modelo de Selección de Carteras de Markowitz.

cartera de valores. Se entiende por cartera de valores a una combinación de activos financieros que forman parte del patrimonio de una persona física o jurídica. (MMB)

***cash flow return on investments* (CFROI).** Acrónimo inglés de rendimiento de los flujos de caja sobre la inversión. Equivale a la tasa interna de rendimiento calculada en términos de flujos de caja de todos los activos de la empresa. Éste concepto, desarrollado inicialmente por la empresa HOLT Value de Chicago, se calcula usualmente en base anual, comparándose con el coste de capital de la empresa para determinar si la empresa ha creado o destruido valor. Analíticamente el CFROI puede aproximarse como el cociente entre el flujo de caja generado por la empresa (neto de amortizaciones) y el valor de las inversiones de la compañía.

$$CFROI = \frac{\text{Flujo de Caja - Amortizaciones}}{\text{Valor de las Inversiones}}$$

(MMB)

CDO (*collateralized debt obligations*). Un CDO consiste en una estructura que engloba el riesgo de crédito de varias empresas, a través de la creación de una cartera de productos financieros que son divididos en diferentes tramos según las perdidas. Estos tramos pueden ser vendidos a compradores (inversores) que asumirán las perdidas a cambio del cobro de un cupón o spread. Generalmente existen tres tramos, en los cuales los inversores del primer tramo suelen responsabilizarse del 5% de las pérdidas (*equity*), el 2º tramo (*mezzanime*) cubre del 5% al 10%, mientras que el tercer tramo (senior) cubre el 90%. Estos instrumentos invierten habitualmente en bonos corporativos, titulizaciones y préstamos generalmente, en el espectro crediticio de más riesgo, como los *high yields*. Hasta ahora, venían financiándose mediante estrategias de arbitraje, tomando financiación a corto (tanto bancaria como de papel comercial), basados en un rating favorable de las Agencias e invirtiendo sus recursos en activos de mayor duración. Su generalización ha permitido distribuir la financiación del crecimiento del mercado hipotecario americano entre inversores institucionales en diversas partes del mundo.

Se diferencian:

- CBO (*collateralized bond obligations*)**:** Cuando se titulizan bonos corporativos o de alto riesgo (*high yield o junk bonds*), entre otros.

Además, es posible distinguir entre:

- CDO de ABS: CDO en el que en la cartera titulizada se incorporan bonos que provienen de otras titulizaciones (ABS).
- CDO *Square*: CDO en el que en la cartera titulizada se incorporan otros CDO. (IPF y RAS)

CDS (*credit default swap*). Es un contrato derivado de crédito, mediante el cual un agente "vendedor de protección" se compromete a indemnizar a otro, "comprado de protección", por la pérdida en que pueda incurrir por falta de pago del título asegurado. Este derivado de crédito, en el que se intercambia un margen a cambio de la opción de vender una emisión determinada, en caso de que la calidad crediticia del

emisor se deteriore. Este deterioro crediticio puede tener diferentes grados y el contrato puede contemplar, en sus cláusulas, todos o algunos de los eventos que reflejen el deterioro.
Son, por tanto, instrumentos que se utilizan como garantía del riesgo de crédito, en los que el comprador acepta el riesgo de impago de compañías o entidades financieras. (JJDH)

Cedel. Es un sistema de depósito legal y de giro de títulos valores (especialmente eurobonos), constituido en Luxemburgo en el año 1970 por varios bancos europeos. El motivo u objetivo de esta institución es reducir al máximo la transferencia material de los títulos sustituyéndola por un mecanismo de compensaciones. En julio de 2002 se fusiona con la Cámara de Compensación de la Bolsa de Frankfurt, constituyendo Clearstream (JJDH)

cédulas hipotecarias. Título de crédito que representa todo o una parte alícuota de un crédito, garantizado por los créditos hipotecarios concedidos por la entidad emisora. También se pueden definir como un tipo de bono que posee como garantía los préstamos de las *entidades financieras*, ya que quien adquiere una de estas cédulas se asegura su cobro mediante las propiedades inmuebles gravadas con *hipoteca* del mismo banco. Por esto, los tenedores de cédulas pueden considerarse acreedores privilegiados del emisor recibiendo, además, una tasa mayor que los *depósitos a plazo fijo*, devengándose cada mes, capital e intereses. Asimismo, el inversor al tratarse de un bono puede venderlo en la bolsa, con el consiguiente riesgo de fluctuación de precios. Las ventajas que ofrecen para las entidades emisoras son los plazos largos de emisión y su diversificación en inversores, lo que disminuye los riesgos para la entidad, asegurando así su retribución. (SCR)

central de anotaciones en cuenta. Una central de anotaciones es el registro electrónico en el queda reflejada la titularidad de aquellos valores o títulos financieros que existen en forma de anotaciones en cuenta, esto es, no existen físicamente sobre un soporte documental en papel. En el caso español, la entidad Iberclear gestiona la central de anotaciones de los títulos de renta fija, tanto pública como privada, y de renta variable.(FGO)

centro financiero offshore (*offshore financial center*). Centros financieros internacionales (en el exterior-offshore) que proporcionan ventajas legales, fiscales y libertad de movimientos de capitales para sociedades de inversión, entidades bancarias y otras transacciones financieras (JJDH).

certificados de acciones (*depositay receipts, stock certificates*). Son títulos o certificados que se emiten en función de acciones depositadas en un banco, con la intención de negociarlas (venderlas) en mercados extranjeros. Los denominados ADR (*american depositary receipty*) son emitidos en los mercados estadounidenses. (JJDH)

certificados cotizados. Producto perteneciente a la categoría de "estructurados", en el que confluyen notas típicas de los instrumentos derivados y de los activos financieros de deuda. Con una fiscalidad de rendimientos todavía ambigua en España, cuentan entre sus características más relevantes:

- Es un activo financiero (que puede utilizar diversos subyacentes) originado por un emisor, libremente transmisible en el mercado de valores o bien por colocación o negociación privada.
- Son activos de rendimiento implícito, con rentabilidad variable (pueden adoptar la forma de "cupón cero"), con un plazo es variable (bien con un horizonte fijo o a perpetuidad).
- A diferencia de las acciones no generan derechos políticos o económicos. Pueden asimilarse a instrumentos de "cesión a terceros" de capitales propios. (RAS)

certificados de depositos (CD). Son títulos negociables representativos de depósitos a plazo emitidos por un banco, son negociables y devengan intereses. (JJDH)

cesión de activos. Proceso jurídico en virtud del cual un agente económico traspasa un bien o derecho del que es titular a un tercero de modo voluntario. (IPF)

cesión de un préstamo. Potestad de un banco previamente convenida con el prestatario para realizar la cesión de un préstamo a un tercero. (JJDH)

cesiones de activos financieros de deuda con pacto de recompra (REPO). Mediante una cesión de deuda se transmite o se adquiere, temporalmente, un título de deuda con el compromiso de realizar la operación contraria en un momento posterior, es decir, es una cesión con compromiso de recompra. Es común que dicha cesión se lleve a cabo en períodos temporales preestablecidos no superiores al año, es decir, a un día, a una semana o a uno, tres, seis y doce meses, al término de los cuales el comprador de la cesión devuelve el activo o si se trata de un vendedor, vuelve a adquirirlo posteriormente.
Las cesiones temporales de deuda se presentan bajo dos modalidades: a) En la operación temporal, doble o repo, el comprador o adquirente y el vendedor acuerdan la compraventa al contado de determinados valores, con un compromiso de deshacer la operación en una fecha determinada. El adquirente del título no tiene la propiedad del mismo y b) En la operación simultánea se contrata a la vez una compraventa simple al contado y otra a plazo de signo contrario, ambas a precio fijo y relativas a la misma cantidad, clase y emisión de valores anotados. El adquirente temporal del título sí se convierte en propietario de los valores durante el período de cesión y puede disponer libremente de ellos.
En inglés se denomina *repurchase agreement*. (RAS)

cláusula de insolvencia cruzada. Cláusula mediante la cual el impago de cualquier préstamo por el prestatario es considerado como impago de todos los demás préstamo a efectos de la resolución de contratos. (JJDH)

clearing house. *Véase*, cámara de compensación.

clearing member. *Véase*, miembro liquidador.

coaseguro. Contrato a través del cual varias aseguradoras comparten la cobertura de los riesgos asegurados en las proporciones técnicamente aconsejables, para conseguir homogeneizar cuantitativamente la composición de sus carteras de pólizas. Contrato entre coaseguradoras que comparten el riesgo, la responsabilidad, la prestación y el precio de los seguros o primas, en las proporciones convenidas. Contrato entre varias empresas aseguradoras que tienen la obligación de responder ante el asegurado, por la cobertura de riesgos, de forma independiente cada coaseguradora. (CMR)

coberturas contables. Por coberturas contables se entiende cualquier mecanismo o transacción que concierta la empresa para fijar o garantizarse un determinado valor monetario, o una cifra mínima o máxima de éste para ciertos elementos patrimoniales ya poseídos por ésta, o que espera se produzcan como entradas y salidas de tales elementos en fechas futuras, en lugar de quedar expuestas a que el valor de mercado correspondiente de tales elementos pudiera quedar expuesto a riesgos de elevación o baja con respecto al valor monetario tope que quiere garantizarse la empresa.
Por su parte, el PGC 2008 describe las coberturas contables en los siguientes términos: "Mediante una operación de cobertura, uno o varios instrumentos financieros, denominados instrumentos de cobertura, son designados para cubrir un riesgo específicamente identificado que puede tener impacto en la cuenta de pérdidas y ganancias, como consecuencia de las variaciones en el valor razonable o en los flujos de efectivo de una o varias partidas cubiertas". Así, pues, la cobertura de un riesgo puede referirse a elementos patrimoniales poseídos por la empresa en un momento dado, o también puede establecerse con respecto a compromisos en firme de operaciones principales a realizar por la empresa en un futuro próximo, identificables y evidenciables de forma realista o fehaciente.
Cuando se cumplan determinados requisitos que permitan establecer de manera clara y fiable una vinculación entre una partida contable o elemento patrimonial de una empresa y uno o varios instrumentos financieros o cualquier otra forma contractual, por la que resulte que las posibles variaciones del valor razonable experimentadas por dicha partida o elemento patrimonial son neutralizadas simultáneamente y de manera simétrica por variaciones de valor de signo contrario de los referidos instrumentos financieros o de otra fórmula contractual existentes en dicha empresa, en ese caso habrá que presumir, salvo prueba en contrario, la existencia de cobertura del riesgo de precio, del tipo de interés,

del tipo de cambio o de los flujos de efectivo, etc. inherentes a la operación principal. En tal caso, las reglas de tratamiento contable de los efectos valorativos correspondientes a las operaciones o instrumentos de cobertura deben ser simétricas, respecto a las establecidas para el tratamiento contable de los efectos valorativos de signo contrario de la operación o elemento patrimonial principal con el fin de que se compensen los efectos valorativos contrarios de ambas operaciones, de tal modo que el efecto conjunto de ambas reflejaría el fondo económico perseguido por la empresa de lograr la cobertura efectivo frente a un determinado riesgo o riesgos inherentes a la operación principal o elemento patrimonial correspondiente.

En muchos casos, la cobertura del riesgo o riesgos de precio, de tipo de interés, de tipo de cambio, etc. inherentes a las operaciones o elementos patrimoniales de las empresas se realiza mediante la contratación de los llamados instrumentos financieros derivados (futuros, opciones, permutas financieras -swaps-. contratos a plazo de préstamos -fra´s-)

El PGC 2008, en su tratamiento sobre las coberturas contables, distingue tres tipos o categorías específicas de éstas:

a) Cobertura del valor razonable de activos o pasivos reconocidos por la empresa, o de compromisos en firme aun no reconocidos o de una parte concreta de los mismos, atribuible a un riesgo en particular que puede afectar a la Cuenta de Pérdidas y Ganancias (p.e. la contratación de una permuta financiera -swap- para cubrir el riesgo de una financiación a tipo de interés fijo).

b) Cobertura de los flujos de efectivo cubre la exposición a la variación de los flujos de cobros o pagos futuros atribuible a un riesgo concreto asociado a activos o pasivos ya reconocidos por la empresa, o a una transacción prevista o altamente probable, siempre que pueda afectar a la Cuenta de Pérdidas y Ganancias (p.e. la cobertura del tipo de cambio relacionada con activos o pasivos concertados en moneda extranjera).

c) Cobertura del valor en moneda nacional de la inversión neta en un negocio extranjero de una empresa nacional (p.e. participaciones en sociedades dependientes, asociadas, negocios conjuntos, sucursales o establecimientos permanentes), cuyas actividades de negocio se llevan o están basadas en una moneda funcional distinta de la empresa española que ha de preparar las Cuentas Anuales. (JLCG).

coberturas financieras. Estrategia financiera que tiene por objeto y efecto reducir la exposición de un agente económico a un determinado riesgo. Dicha estrategia implica tomar una posición en un activo de cobertura que compense el riesgo del activo cubierto. Para que una estrategia de cobertura funcione, deben darse tres condiciones. En primer lugar, el vencimiento del activo de cobertura debe coincidir con el de la operación a efectuar sobre el activo cubierto. En segundo lugar, debe existir correlación entre los factores que afectan al valor de ambos activos. Por último, tanto el activo de cobertura como el activo cubierto deben estar expresados en la misma divisa. Entre otras, pueden diferenciarse diferentes categorías.

a) cobertura corta: Estrategia de cobertura consistente en la venta del activo utilizado para contrarrestar el riesgo de pérdida en el elemento cubierto. El objetivo de la operación es compensar las pérdidas derivadas de la depreciación del elemento cubierto a vender, con las ganancias obtenidas en el elemento de cobertura.

b) cobertura dinámica: Es el método que consiste en cubrir la posición de una opción a través de los cambios de posiciones en el activo subyacente.

c) cobertura estática: Es aquella en la que permanece invariable el plazo de cobertura durante toda la vida de la posición o estrategia.

d) cobertura larga: Estrategia de cobertura consistente en la compra del activo utilizado para contrarrestar el riesgo de pérdida en el elemento cubierto. El objetivo de la operación es compensar las pérdidas derivadas de la apreciación en el activo cubierto a comprar, con las ganancias obtenidas al vender el elemento de cobertura. (MMB)

cobro. Operación consistente en la materialización monetaria de un ingreso. Flujo de caja positivo. Entrada de tesorería. Eventualmente, puede estar vinculado a una operación en especie. (JJDH)

código de buen gobierno. El programa de *actuaciones para el Buen Gobierno*, aprobado en España en el Consejo de Ministros de 18 de febrero de 2005, supone la incorporación de las mejores prácticas del sector privado y la aplicación de las recomendaciones de las organizaciones internacionales.

Su pretensión básica es la de garantizar que los altos cargos de las empresas tanto públicas como privadas desarrollen su trabajo de acuerdo a lo que la sociedad espera de ellos, y que los ciudadanos puedan depositar su confianza en los responsables de la Administración, sabiendo que se han implementado los mecanismos adecuados para corregir los comportamientos que no estén de acuerdo con lo esperado.

Este código de buen gobierno surge por la necesidad de que los poderes públicos ofrezcan a los ciudadanos el compromiso de que todos los altos cargos en el ejercicio de sus funciones estén obligados a cumplir no sólo las obligaciones previstas en las leyes, sino que, además, su actuación se guíe por principios éticos y de conducta no expresamente plasmados en las normas, pero sí fácilmente deducibles de las mismas.

El código, por tanto, no sólo establece y garantiza el cumplimiento de las normas legales o reglamentarias, sino también de otras garantías adicionales, entendibles como un pacto tácito de los poderes públicos con los ciudadanos. (AMA)

co-directores (co-managers). Son los bancos que colaboran y coparticipan con el banco director o jefe de fila (lead manager) en la organización de una operación internacional de financiación. Son invitados a participar en la operación por el banco director a instancias del prestatario. (JJDH)

coeficiente de Caja. Se utiliza fundamentalmente en las instituciones financieras ya que es la proporción de efectivo que las instituciones poseen sobre los depósitos totales, es decir, representan un tanto por ciento de los depósitos que los bancos poseen. También se denomina coeficiente de caja al depósito obligatorio que las entidades financieras tienen que mantener en el Banco de España. (IPF)

coeficiente de endeudamiento. Porcentaje de deuda a medio y largo plazo contraída con respecto a los recursos propios de la empresa. Es decir, indica el importe financiado con deuda por cada unidad monetaria de recursos propios de la empresa. Puede expresarse como:

$$C_e = \frac{\text{Deuda}}{\text{Patrimonio Neto}} \quad \text{o}$$

$$C_e = \frac{\text{Deuda}}{\text{Valor de Mercado de los Recursos Propios}}$$

También puede expresarse como el cociente desde el valor de la deuda y el total del activo (pasivo). (FUM)

coeficiente de solvencia. Ratio entre activo circulante y pasivo circulante de una empresa, puede ser un indicador de posibles problemas de liquidez.
Es una ratio entre los recursos propios y la suma ponderada de activos con riesgo de la entidad financiera, viene definido por el banco central y es de obligado cumplimiento. (FUM)

coeficiente mínimo de capital. Este coeficiente, que se conoce también como coeficiente de recursos propios, ha de ser cumplido por las entidades bancarias de cada país. Los Acuerdos de Basilea han establecido un marco regulatorio común sobre la materia que los países incorporan a su marco normativo. El coeficiente se define como Capital computable / Activos Ponderados por Riesgo. La normativa emanada de los Acuerdos de Basilea establece un coeficiente mínimo del 8%. Tanto la configuración del numerador como del denominador del coeficiente han ido variando desde los primeros acuerdos en 1988 hasta la actualidad. En cuanto a los Activos Ponderados por el Riesgo, los Acuerdos de Basilea I contemplaban solo el riesgo de crédito. En el año 1996 se reforman los Acuerdos de Basilea I y se exige que se incluya también el riesgo de mercado de los activos. Más tarde, con los Acuerdos de Basilea II en el año 2004 se exige valorar también el riesgo operativo. Así pues, cada vez que se añade un nuevo riesgo, aumenta el denominador y, por lo tanto, aumentan las exigencias de capital. En cuanto al numerador, se permite que compute, aunque con limitaciones, otras partidas distintas a capital y reservas, que son recursos propios de primera calidad. Entre estos otros recursos propios computables destacan los instrumentos de deuda de carácter subordinado, esto es, títulos de deuda que se sitúan en el último lugar en el orden de prelación de créditos. La crisis financiera global que se inicia en 2007 y estalla en 2008 genera una presión regulatoria hacia las entidades financieras, y más en concreto, en relación con las exigencias de capital. En este contexto surgen los Acuerdos de Basilea III, que entrarán en vigor en 2013, si bien muchos países se están adelantando. Las implicaciones de Basilea III en relación con el nivel del coeficiente se centran en las exigencias de un mayor peso de los recursos propios de primera calidad. En este sentido, como mínimo, 4,5 puntos porcentuales de los 8 del coeficiente han de estar formados por capital y reservas, es decir, recursos propios de máxima calidad. Asimismo se establece un colchón adicional de conservación de 2,5 puntos porcentuales adicionales al nivel del 8%, los cuales han de ser cubiertos también con capital y reservas. (FGO).

colas gruesas (*fat tails*). Característica de muchas series de variables aleatorias, particularmente presente en las distribuciones de rendimientos financieros y que significa que los movimientos extremos de precios ocurren con más frecuencia que la que implicaría una distribución normal. Cuando, además, la distribución presenta mayor apuntamiento en torno a la media, se dice que la distribución es leptocúrtica.

colateral. Activo ofrecido por un agente (prestatario) como garantía de una deuda contraída con un prestamista. (JJDH)

***collar*.** Operación que, en lugar de una única tasa, permite garantizar una banda de tipos de interés. Reduce el coste de la cobertura a cambio de ceder parte de las ganancias potenciales a favor del vendedor. Pueden ser de dos tipos:

collar Prestatario: Equivale a la compra de un CAP y la venta simultánea de un *floor* al banco vendedor del CAP. El tipo garantizado en el *floor* ha de ser inferior al garantizado en el CAP. Así, la cobertura resulta más barata pues la prima pagada se reduce en la cuantía recibida por la venta del *floor*.

collar Prestamista: Representa la compra de un *floor* y la venta simultánea de un CAP al vendedor del *floor*. El tipo garantizado por el CAP debe ser superior al garantizado por el *floor* Este tipo de *collar* permite cubrirse de un descenso de los tipos de interés mediante un *floor*, abaratando la cobertura a cambio de reducir el potencial de ganancias por una subida de los tipos.

colocación en firme. Es una de las formas de colocación de títulos, en el mercado primario, a través de una entidad financiera. La colocación se considera en firme, cuando la entidad financiera suscribe o compra una emisión por su cuenta y riesgo y posteriormente trata de colocar los títulos entre los posibles inversores al precio que se hubiese establecido y durante un plazo determinado. En este caso el agente de colocación está asegurando la emisión. Otras formas de colocación a través de una entidad financiera son: colocación Stand By y colocación al mayor esfuerzo o a comisión.

En la colocación Stand By, el agente se compromete, asimismo, a comprar aquellos títulos que no fueran adqui-

ridos por el público, pero a un precio especial acordado en el momento en el que se diseña la operación.
En la colocación al mayor esfuerzo, la entidad financiera trata de colocar los títulos entre los inversores, cobrando una comisión por cada título vendido, pero sin asumir posiciones ni riesgos. (AMR)

comercio intraempresa. Tiene lugar entre unidades (divisiones) de la misma empresa. El comercio entre filiales de empresas multinacionales localizadas en diferentes países representa una parte significativa del comercio mundial. A los precios en los que se realizan estas transacciones se les denomina precios de transferencia. (JJDH)

comercio intraindustrial. Importaciones y exportaciones de un país referidas a bienes similares (de un mismo sector o rama de actividad). (JJDH)

comisión de agencia. Es la comisión que cobra el banco agente por su participación en un préstamo sindicado. El banco agente es el banco que instrumenta la operación de préstamo y quien lleva todas las relaciones entre el sindicato de bancos y el prestatario. (AMR)

comisión de apertura. Es la comisión que cobran los bancos al inicio de ciertas operaciones, tanto crediticias como de otros tipos, que viene justificada por los gastos de elaboración y redacción de documentos así como por cualquier estudio previo necesario para la operación. Suele ser frecuente que estas comisiones se establezcan como un porcentaje del valor de la operación, si bien en casos como la apertura de cuentas corrientes y otros similares puede también establecerse una cantidad fija.
La comisión de apertura es fijada libremente y se suele percibir de una sola vez al inicio de la operación, si bien no es obligatoria su existencia. (AMA)

comisión de aseguramiento (*underwriting commision*). Comisión que percibirán los bancos aseguradores como pago o compensación por el compromiso adquirido. (AMR)

comisión de cobro. Cuantía dineraria a percibir por la gestión de un cobro, suele presentarse como un tanto por ciento de la cantidad total que se trata de cobrar. (AMR)

comision de compromiso (*commitment fee*). Comisión percibida por los bancos aseguradores de una emisión de bonos o de otros activos financieros (JJDH)

comisión de dirección (*management fee*). Es la comisión que cobran los bancos directores o codirectores por su participación en un préstamo sindicado. Los bancos directores suelen ser los bancos que mayor participación asumen en el préstamo y son los que en la fase de búsqueda de bancos para formar el sindicato se comprometen conceder el volumen "no colocado". Es decir, aseguran en cierto modo el préstamo. (AMR)

comisión de disponibilidad. La comisión de disponibilidad o también llamada comisión de no disposición, es aquella que se cobra con periodicidad trimestral sobre el saldo medio no dispuesto del límite contratado en una póliza de crédito. (AMR)

comisión de estudio. Comisión que se paga como consecuencia de la solicitud de un préstamo y que tiene como objetivo cubrir el coste del análisis del riesgo que para la contraparte supone la operación. (IPF)

comisión ejecutiva. La Comisión Ejecutiva es un órgano delegado del Consejo de Administración, que se configura como un órgano de gestión encargado de la preparación, documentación y cumplimiento de los acuerdos y directrices fijadas por el consejo y la junta directiva. (IPF)

comisiones. Cuantías, representadas de modo habitual en términos porcentuales, que percibe un sujeto por la realización de una gestión por cuenta de su cliente. (IPF)

comité de Basilea para la supervisión bancaria (CSBB). Organización formada en 1975, por los Gobernadores de Bancos Centrales del Grupo de los Diez (G-10), actualmente integrada por autoridades bancarias de: Bélgica, Canadá, Francia, Alemania, Italia, Japón, Luxemburgo, Holanda, Suecia, Suiza, Reino Unido, España y los Estados Unidos. Usualmente se reúne en el Banco de Pagos Internacionales en Basilea (BIS), Suiza, donde se encuentra ubicada permanentemente su secretaría.
No es una Autoridad Supervisora supranacional formal, es decir, sus conclusiones no tienen fuerza legal. Su accionar se limita a la formulación de estándares y recomendaciones en materia de supervisión y buenas prácticas financieras.
El Comité de Basilea busca la convergencia de los estándares de supervisión financieros en aras de armonizar las técnicas de supervisión con los sistemas financieros propios de cada país.

commodities. *Véase*, mercado de materias primas.

compensación. Operación que tiene por objeto y efecto la liquidación de posiciones ligadas a la compraventa de activos. Como ejemplo, puede citarse el procedimiento de compensación de transacciones deudoras y acreedoras intragrupo (intra empresa), para reducir las cuantías de transferencia. (JJDH))

compensación neta (*netting*). En el ámbito de la dirección financiera internacional de la empresa, procedimiento consistente en la compensación de contrapartidas en las transacciones intragrupo (intra empresa) para reducir los costes asociados a la liquidación de las cuantías de cada transferencia.
En la operativa de entidades bancarias, proceso por el que se extinguen apuntes deudores entre dos agentes económicos, equilibrando las deudas que recíprocamente se tengan reconocidas, siempre que están sean de monto equivalente. Por extensión, procedimiento por el que

dos entidades de crédito equilibran los saldos deudores/acreedores incorporados a un documento de pago.
En el ámbito de los mercados financieros, la compensación neta de valores se asocia al proceso que determina las obligaciones, derivadas de una compraventa de activos, de entrega de valores por parte de las posiciones vendedoras y de transferencia de medios de pago a cargo de las posiciones compradoras. (MMB)

compras apalancadas (*leverage buy outs* - LBOS). Esta forma de cooperación consiste en la compra de una empresa mediante fondos propios y la cooperación de socios externos. Se trata de uno de los procedimientos más comunes para la adquisición de empresas, financiando la mayor parte del precio de compra con recursos financieros ajenos, recursos garantizados tanto por la capacidad crediticia del comprador como por los activos de la empresa a adquirir y los flujos futuros de caja que la empresa promete generar.
Estas operaciones suelen llevarse a cabo en empresas en crisis, con la intención de reflotarlas con pocas aportaciones de capital y con una expectativa de resultados importantes. Entre las principales ventajas que aporta este instrumento de financiación de empresas se destaca que permite que empresas, o grupos financieros con un pequeño capital, puedan adquirir grandes compañías con una inversión relativamente escasa.
En función de quien sea el grupo o inversor que adquiere la compañía, la operación de compra apalancada o LBO recibe diferentes nombres. Los más destacados son:

- *leveraged management buy-out (MBO)*: La adquisición la efectúa el equipo directivo de la misma empresa objeto de la operación.
- *employee buy-out (EBO):* La adquisición de la empresa la realiza la totalidad o parte de los empleados de la misma empresa.
- *leveraged management buy-in (LMBI):* Cuando la adquisición la hace un grupo de inversión o directivos externos.

(IMTE)

compraventa a crédito. Se denomina crédito al mercado a las operaciones bursátiles de contado en la que determinadas entidades financieras otorgan o bien un préstamo en dinero para comprar valores (compra a crédito) o bien conceden un préstamo de valores para su venta (venta a crédito). Las operaciones de crédito al mercado conllevan un nivel de riesgo financiero mayor que las de spot por el apalancamiento financiero subyacente que permite al inversor operar sobre importes superiores a su disponibilidad efectiva inicial.
La previsión del comprador a crédito es de evolución alcista del mercado. La operatoria en la compra a crédito se inicia con la adquisición de valores en el mercado spot por parte del inversor. Los recursos financieros necesarios para la compra de valores proceden de un préstamo a corto plazo (plazo máximo de tres meses) garantizado por los propios valores adquiridos. Estos valores son depositados en la entidad financiera

que otorga el préstamo, quien además dispone de una orden irrevocable de venta por parte del comprador a crédito. El inversor pagará los intereses del préstamo más los gastos derivados de las comisiones del intermediario y los cánones oficiales del mercado. El inversor aportará además una garantía inicial (entre el 25% y el 35% del precio de mercado de los valores) y garantías complementarias en la fecha en la que se produzca una bajada de cotización (entre el 5% y el 10%) con relación al último precio de cálculo de las mismas. El importe total de las garantías deberá cubrir en todo momento el 25% del valor efectivo de los títulos a precios de mercado más la pérdida derivada de la diferencia de cotización respecto al precio inicial de la operación. Las garantías depositadas son remuneradas por el agente financiero. Los derechos económicos de los valores (dividendos, derechos de suscripción, etc.) son propiedad del inversor y sus importes son retenidos por la entidad financiera con el fin de ampliar las garantías. En el momento que el inversor decide cancelar la operación se procederá a la venta de los valores y a liquidar los gastos correspondientes.

La previsión del vendedor a crédito es de evolución bajista del mercado. El inversor de venta a crédito recibe, inicialmente, un préstamo de valores por parte de un inversor particular o institución, El prestamista no pierde la titularidad de los valores ni los derechos económicos, recibiendo a cambio un alquiler. Una vez que el inversor dispone de los valores procede a enajenarlos en el mercado spot. El importe recibido de la venta más una garantía inicial (sobre el 35% del valor de mercado de los valores) son depositados en la entidad financiera, quien dispone además de una orden irrevocable de compra por parte del vendedor a crédito. Al igual que en las operaciones de compra a crédito, se aplican garantías complementarias cuando se registran variaciones significativas en el precio. El inversor hace frente a la totalidad de los gastos inherentes a la operación (derechos del mercado, comisión intermediario y liquidación, etc.). Las garantías depositadas son retribuidas por la entidad financiera. En el momento que el inversor decide cancelar la operación, se procede a comprar los valores recibidos en préstamo con el fin de devolverlos a su propietario. (MLG)

compromisos (*covenants*). Compromisos de los prestatarios para con los prestamistas de cumplimiento de una serie de cláusulas durante la vida del préstamo. Las estipulaciones que recogen estos compromisos se suelen referir a: limitación del nivel de endeudamiento (de la empresa prestataria, limitación de la distribución de dividendos, cláusula *pari parsu*. El incumplimiento de estos compromisos puede constituir causa de resolución del contrato. (JJDH)

concurso de acreedores. Procedimiento legal que se genera cuando un agente económico (persona física o jurídica) incurre en una situación de insolvencia patrimonial presente o esperada, que impide hacer frente a los pagos que adeuda. El concurso de acreedores puede ser solicitado a instancia del deudor (concurso voluntario) o del acreedor (concurso necesario). (MMB)

conglomerado. Grupos de empresas con diferentes actividades de negocio bajo una dirección general común. Su constitución puede obedecer a diferentes razones entre las que cabe citar: aprovechamiento de sinergias, diversificación de riesgos, razones tecnológicas o comerciales, etc... (JJDH)

cono de volatilidad. Estrategia creada para el posicionamiento exclusivo en volatilidad y pensada para eliminar el riesgo Delta y el riesgo Gamma de la posición en derivados. Se realiza mediante la compra simultánea o diferida de una opción CALL o una opción PUT. *Véase*. *Straddle* (IMTE)

consejero delegado. Es aquel miembro del Consejo de Administración de una sociedad mercantil (por lo general, anónima) en quien se delega su administración. En caso de suprimirse el propio órgano del consejo, por acuerdo de la junta general de accionistas, quien asume la delegación recibe el nombre de "administrador único".
Forma parte del órgano administrativo y ejecutivo de la sociedad, que suele actuar de forma colegiada. Es nombrado y cesado por la Junta General de Accionistas. (AMA)

consejo de administración. Es un órgano consultivo y ejecutivo en las sociedades anónimas cuyos poderes son muy extensos, de forma que solamente quedan fuera de su ámbito aquéllos que según los estatutos correspondan a la junta general de accionistas. A su vez, el Consejo puede delegar dichos poderes en un consejero delegado.
Sus funciones son, ante todo, de dirección y vigilancia, si bien sus facultades son tan amplias que suelen incluir tareas como la planificación, evaluación y control de actividades, e incluso las de elaboración de normativa.
El número de integrantes es variable, siendo fijado por los estatutos de la sociedad, si bien es habitual que se establezca un mínimo de tres.
Jerárquicamente, el Consejo de Administración está entre la Junta General de Accionistas y la Dirección General de la sociedad.
Dentro del Consejo de Administración pueden existir los denominados Consejeros Comunes, que son aquéllos que desempeñan la función de miembros de un Consejo de Administración en dos o más sociedades a la vez. Para evitar su proliferación, ciertas legislaciones han implementado limitaciones legales a su existencia. Así, en España los consejeros de banco no pueden estar en más de otros tres consejos. (AMA)

consejero independiente. Miembro del Consejo de Administración de una compañía, no vinculado ni con el equipo de gestión ni con los grupos de accionistas mayoritarios, cuya función es la de defender los intereses de los accionistas minoritarios. (AHA)

consejero dominical. Miembro del consejo de administración de una empresa que representa los intereses de un grupo de accionistas los cuales tienen capacidad para influir en el control de la sociedad (AHA)

***constant proportion dynamic obligations* (CPDO).** Variante de producto estructurado, de utilidad en entornos de cierto desorden (RAS)

contrato a futuro. Acuerdo de compra (venta) diferido en el tiempo, sobre un activo real o financiero, cuyas cláusulas de contratación se encuentran estandarizadas, siendo susceptible de negociación en un mercado organizado. En la actualidad, se negocian futuros sobre una amplia variedad de activos, tanto físicos (agrícolas, materias primas, metales, energía, etc;), como financieros (Divisas, tipos de interés, Bonos, Acciones e Índices).La negociación de estos contratos, se efectúa a través de una Cámara de Compensación que asume el riesgo de crédito. Como contrapartida ésta exige a las partes el depósito de una fianza o margen. Los contratos pueden liquidarse en el vencimiento o antes del mismo, girando la Cámara diariamente las ganancias/pérdidas derivadas del cambio en los precios del futuro. (MMB)

contrato a plazo. Acuerdo de compra (venta) diferido en el tiempo, sobre un activo real o financiero a un precio especificado en el momento del acuerdo. A diferencia de los contratos de futuros, no se negocian dentro de un mercado organizado, ni tienen cobertura de riesgo de crédito a través de Cámara de Compensación, ni admiten liquidaciones antes del vencimiento. (MMB)

contrato blindado. Consiste en la obligación contractual por la que la empresa objetivo se obliga a pagar una alta remuneración a una serie de sus directivos en el caso de que la empresa cambie de manos (hostil o amistosamente) e, incluso, en el caso de despedirles. Este tipo de repelente es típico en la panoplia defensiva de las potenciales empresas objetivo.
Michael Jensen opina que los contratos blindados permiten a los directivos principales responder positivamente a una amenaza y negociar mejores primas para sus accionistas sin miedo a su futuro personal; cuando estos contratos se realizan apropiadamente son beneficiosos porque ayudan a reducir los conflictos de intereses entre los accionistas y los directivos en el momento de la toma de control.
Un clásico contrato blindado proporciona una serie de pagos a ciertos directivos cuando abandona su empleo voluntaria o involuntariamente (normalmente, si el abandono se produce durante el año posterior al cambio de dueño de la compañía). El blindaje puede tener una duración fija o ampliarse automáticamente durante otro período si no ha existido ningún cambio de control en la empresa.
El contrato se realiza específicamente para cada persona, de ahí que haya muchos tipos de *contratos blindados* distintos, pero todos ellos tienen una serie de características comunes:

a) Incluyen una definición de lo que significa que haya ocurrido «un cambio en el control» de la empresa.
b) Contienen un sistema que proteja al ejecutivo de las consecuencias adversas específicas de un cambio en el control.
c) Hay una descripción de lo qué ocurre cuando el ejecutivo pierde su trabajo. Esta es la sección que más debe airearse de cara a repeler a un potencial agresor. (JMPI)

contrato de crédito. Contrato mediante el cual una entidad bancaria otorga un límite de endeudamiento al solicitante de financiación (acreditado). Dicho contrato devenga intereses cargados al acreditado sobre el importe dispuesto, así como, diferentes comisiones calculadas sobre el límite de endeudamiento y el importe del saldo medio no dispuesto. (MMB)

contratos por diferencias (*contract for diferences* - CFD). Los contratos por diferencia son productos apalancados en los que dos partes intercambian la diferencia entre el precio de compra y el de venta de un activo. En el momento del cierre de la posición, obtendrá o perderá la diferencia entre el precio al que compró el CFD y el precio del momento en el que cerró la operación. La ventaja, frente a la compra directa de acciones, es que el inversor puede obtener beneficio si el mercado baja (si el inversor está convencido de que las acciones de una compañía caerán, optará por vender CFD de la empresa. Si el valor cae, el inversor puede cerrar la operación y ganará la diferencia). A diferencia de los warrants, los CFD no vencen y su liquidez es diaria. (RAS)

control de gestión. Las organizaciones son instituciones de control tendentes a reducir los comportamientos espontáneos y hacer predecibles los resultados. Para ello se sirven de un conjunto de instrumentos o herramientas que, dentro de la estructura organizativa o de gobierno, conforman los sistemas de control de gestión, los cuales permitirán la medición de lo que se debe controlar, teniendo en cuenta que lo que no se mide no se controla y lo que no se controla no se gestiona.
Así, el control de gestión podría definirse como el proceso mediante el cual los principales influyen sobre los agentes de la organización con el objetivo de implantar las estrategias de ésta.
Los sistemas de control de gestión actúan conectando la información y los derechos de decisión para obtener la combinación de recursos más eficiente que conduzca a un buen acuerdo de cooperación.
En este sentido, el control de gestión actúa como estrategia para transferir información a los individuos con capacidad de decisión, transferir capacidad de decisión a los individuos con información, evaluar la actuación de esos individuos y recompensar o castigar esa actuación. Todo ello, en aras de conseguir la combinación de recursos más eficiente, la cual se alcanzará: reduciendo los problemas derivados de la asimetría de la información y la incertidumbre, al permitir la visualiza-

ción de los procesos y los comportamientos; limitando los comportamientos oportunistas, al observar el esfuerzo y las acciones del agente, y garantizar la contrapartida contractual del principal; influyendo y motivando, al introducir nuevos elementos sobre el comportamiento de los agentes no incorporados a los contratos; separando la gestión de la decisión y el control de la misma, favorece la descentralización del poder de decisión impulsando su ubicación al lado del conocimiento relevante capaz de mejorar el rendimiento.
El control de gestión se aplica a cualquier dimensión de empresas y resulta imprescindible para conseguir que una empresa sea viable a largo plazo. (BPG)

convenio de doble imposición. Acuerdo o tratado entre diferentes naciones (puede ser bilateral o multilateral) para evitar el efecto de la doble tributación fiscal en transacciones internacionales (JJDH)

convertibilidad. Característica de la que disponen determinados títulos valores de poder ser canjeados por otros de naturaleza distinta. También representa la cualidad de la que disponen las divisas de ser canjeables por otras a precio de mercado. (IPF)

convexidad. Es la variación que experimenta la pendiente de una curva respecto a una variable dependiente. En el caso concreto de los bonos es la medida de la forma de la curva TIR/Precio, de tal forma que podemos comprobar que en diferentes niveles de la curva la sensibilidad de la TIR a la mínima variación del precio no es la misma. Matemáticamente, equivale a la segunda derivada de la fórmula del precio de un bono. Un título tiene convexidad positiva si el valor del instrumento incrementa al menos tanto como la duración predice cuando los tipos descienden, y decrece menos de lo que la duración predice cuando los tipos suben.
Medida de la exposición de un activo financiero a las variaciones en el tipo de interés de mercado, de carácter complementario a la duración. Matemáticamente, equivale a la segunda derivada de la fórmula del precio de un bono Un título tiene convexidad positiva si el valor del instrumento incrementa al menos tanto como la duración predice cuando los tipos descienden, y decrece menos de lo que la duración predice cuando los tipos suben. Proporciona información sobre la fiabilidad de la duración como aproximación del riesgo de tipo de interés. (RAS)

correlación. Es una medida del grado de fiabilidad con el que se puede predecir el comportamiento de una variable en función de los cambios en otra variable. El coeficiente de correlación expresa la medida en que dos variables varían conjuntamente. Puede tomar valores entre -1 (indicando que están inversa y perfectamente relacionados) y +1 (indicando una relación directa y perfecta). La correlación entre dos variables es igual a la covarianza entre las dos variables dividido por el producto de las desviaciones típicas de cada una de ellas. (RAS)

correlación de cambio de *rating*. Probabilidad de que el cambio de rating de un acreditado afecte al cambio de rating del resto de los acreditados de la cartera. (RAS)

correlación de impago. Probabilidad de que el incumplimiento de un acreditado afecte al incumplimiento del resto de los acreditados de la cartera. (RAS)

coste de amortizado. Es uno de los criterios básicos de la valoración analítica (por elementos patrimoniales individuales) que sustentan la elaboración de la información financiera periódica de las empresas (modelo de las Cuentas Anuales -individuales y consolidadas-, según la terminología de la regulación contable española). Se aplica para valorar determinados activos y pasivos financieros a lo largo de todo el proceso de tenencia de éstos por parte de las empresas, a efectos de calcular los efectos sobre el resultado contable de cada periodo correspondientes a dichos activos y pasivos financieros y para expresar la valoración de éstos en el Balance y demás documentos contables requeridos por este modelo.

De modo concreto, de acuerdo con la normativa contable vigente (PGC 2008) sólo se valorarán al coste amortizado los siguientes instrumentos financieros:

En cuanto a activos financieros:

- los que debieran formar parte de la subcartera de "Inversiones mantenidas hasta el vencimiento", que serían aquellos valores representativos de deuda de terceros, con fecha de vencimiento fijada, serie de cobros a percibir determinados o determinables en cuantía y momentos, que se negocien en un mercado activo y que la empresa tenedora de tales activos financieros tuviese la intención efectiva de conservarlos hasta su vencimiento.
- En cuanto a pasivos financieros (comerciales o no comerciales):
  Sólo se valorarán así, por lo general, aquellos débitos de la empresa con vencimiento superior a un año, con fecha de vencimiento fijada para los pagos determinados o determinables a realizar.

El PGC 2008 define este criterio de valoración en los siguientes términos: "*El coste amortizado de un instrumento financiero es el importe al que inicialmente fue valorado un activo o un pasivo financiero, menos los reembolsos de principal que se hubieran producido, más o menos, según proceda, la parte imputada en la cuenta de pérdidas y ganancias, mediante la utilización del método del tipo de interés efectivo, de la diferencia entre el importe inicial y el valor del reembolso en el vencimiento y, para el caso de los activos financieros, menos cualquier reducción de valor por deterioro que hubiera sido reconocida, ya sea directamente como una disminución del importe del activo o mediante una cuenta correctora de su valor.*"

En relación, con el tipo de interés efectivo de que se habla en la definición, se dice que éste es "*el tipo de actualización que iguala el valor en libros de un instrumento financiero con los flujos de efectivo estimados a lo largo de la vida esperada del instrumento, a partir de sus condiciones contractuales y sin considerar las pérdidas por riesgo de crédito futuras; en su cálculo se incluirán las comisiones financieras que se carguen por anticipado en la concesión de financiación".*

La denominación "*coste amortizado*" es una traducción directa al castellano del término "*amortized cost*" con que figura en los textos de la regulación contable anglosajona (p.e. en IASB). En realidad, este criterio es el valor de capitalización continua de activos o pasivos financieros a largo plazo (más de un año) de renta fija con un calendario de cobros o pagos determinado, en donde la valoración contable inicial de los títulos se realiza por el importe pagado como coste de adquisición satisfecho por el adquirente (activos financieros) o por el importe líquido percibido en el momento de la colocación por el emisor (pasivos financieros). Sobre estos importes y en función del calendario de cobros (activos) o pagos (pasivos) prefijado en los respectivos contratos de los respectivos instrumentos fijados se podrá calcular la tasa de rendimiento anual efectiva para el tenedor de dichos activos (x), o la tasa de coste efectivo anual para el emisor de tales pasivos (x´). La valoración posterior, en los sucesivos momentos de cierre contable se atendrá a esta expresión:

$$CA_j = CA_{j-1}(1+x) - FC_j \quad (j = 1, 2, \ldots n)$$

siendo

CA_j = valor al final de cada ejercicio del activo o del pasivo financiero (coste amortizado).

CA_{j-1} = valor al inicio de cada ejercicio del activo o del pasivo financiero (coste amortizado). Cuando j= 1, C_0 ò $C_0´$ reflejará respectivamente el importe pagado por el adquirente como coste de adquisición del título (incluidos los gastos de adquisición a su cargo) o el importe líquido neto percibido por el emisor del título (deducidos los gastos de venta o colocación a su cargo).

FC_j = Flujos de pagos (de intereses o de principal) realizados por el deudor o prestatario (pasivos financieros) o de cobros (de intereses o principal) percibidos por el tenedor o prestamista (activos financieros), durante el ejercicio, según las condiciones establecidas en el contrato del correspondiente instrumento financiero

x ò x´ = tasa inicial de rendimiento financiero efectivo (activo) o de coste (pasivo) del instrumento financiero para los FC_j contractuales del título y para el importe líquido (C_0) pagado como coste de adquisición (activo financiero) o para el importe líquido ($C_0´$) percibido como importe líquido neto por el emisor (pasivo financiero). Hay que significar que por, lo general, x y x´no tienen que ser exactamente iguales, ni aun en el momento de la colocación directa del instrumento financiero correspondiente, puesto que los gastos de compra para el adquirente del título serán mayor coste de adquisición para el inversor del título (activo), mientras que los gastos de venta o colocación del título a cargo del emisor (pasivo) serán menor importe líquido percibido por éste. La tasa puede calcularse sobre la fracción temporal que se quiera asignar al ejercicio (anual, semestral, mensual, diario…). En caso de trabajar con ejercicios y por tanto con tasas anuales, la valoración del título al término del primero ejercicio, caso de haber sido emitido (suscrito) éste en fecha intermedia del ejercicio (momento k), la valoración final del título según el criterio del coste amortizado tendría esta expresión:

$$CA_1 = CA_0\ (1+x)^{(365\text{-}k/365)} - FC_{(365\text{-}k)}$$

Hay que tener en cuenta también que, según las normas valorativas del PGC 2008, el coste amortizado resultante al término de cada ejercicio según la aplicación del algoritmo expuesto, en el caso de la tenencia de activos financieros, deberá ser sometido a la correspondiente prueba o *test* de deterioro de valor (pérdida potencial o reversión posterior de una pérdida anteriormente reconocida por deterioro), en los términos fijados en la correspondiente norma del PGC 2008 para estas situaciones (Norma valorativa 9ª. 2.1.3. de Instrumentos Financieros). (JLC).

coste de traslado (*cost of carry*). Se denomina al coste neto de mantenimiento de un activo en cartera hasta una fecha futura, para en ese momento proceder a su venta.(RAS)

coste de capital medio ponderado (*weigthed average cost of capital* - WACC). Coste medio de los recursos propios y ajenos que componen el pasivo de la empresa. Tasa de descuento de los flujos de caja producidos por un proyecto de inversión, utilizada para el cálculo del Valor Actual Neto de dicho proyecto. Para el cálculo del coste de capital, cada tasa de coste de la fuente de financiación se pondera por el peso que éste elemento del pasivo tiene con respecto al pasivo total de la empresa. La financiación de la actividad empresarial lleva asociada el pago a los inversores por la renuncia al consumo actual y por el riesgo asumido. El pasivo de la empresa lleva implícito una exigencia de retribución por su tiempo, vía intereses (R) y dividendos, denominado coste de capital (k).

El coste medio ponderado de capital constituye una estimación del coste de capital. Es una media ponderada del coste de las fuentes de financiación, utilizando como ponderación el peso relativo de cada una de ellas. Si únicamente tuviésemos dos fuentes homogéneas de financiación los recursos propios y la deuda, el coste medio de capital sería:

$$k_{WACC} = \frac{\text{Recursos Propios}}{\text{Activo Total}} k_a + \frac{\text{Deuda}}{\text{Activo Total}} k_d (1-\tau)$$

Siendo k_a coste de capital acciones, k_d coste de la deuda, τ tipo impositivo. (MMB y FUM)

coste de la deuda. Coste efectivo para la empresa de las fuentes de financiación ajenas o deudas. Remuneración del capital que la empresa recibe de los acreedores o mediante financiación ajena (pasivo). Coste de los fondos del pasivo de la empresa o coste del pasivo no corriente (deudas a largo plazo) y del pasivo corriente (deudas a corto plazo). Intereses exigidos por los acreedores de la empresa a cambio de ceder su efectivo. Remuneración cobrada por prestamistas, bonistas, obligacionistas, arrendadores, proveedores y otros acreedores de la empresa, a cambio de la cesión a la empresa de fondos líquidos. Precio pagado por el deudor al acreedor/es como remuneración por la disposición de su efectivo durante un plazo de tiempo (largo y corto).Coste del pasivo del balance de situación de la empresa (pasivo no corriente y corriente). Cociente del importe de las cargas o gastos financieros en concepto de intereses entre el importe del pasivo del balance de situación. Porcentaje de tipo de interés efectivo anual que expresa el coste de las deudas y que se despeja de una ecuación de equivalencia que iguala las entregas de capitales de las dos partes de la operación financiera (el efectivo recibido de los acreedores y los pagos futuros a realizar por el deudor), valorando dichos capitales con la ley de descuento compuesto. Los pagos futuros se obtienen sumando las cuotas de amortización de las deudas y los intereses pagados al acreedor, y restando el ahorro fiscal de los intereses, obtenido por la deducción fiscal de los gastos financieros en la imposición sobre la renta (de Sociedades o de personas físicas). (CMR)

coste de los recursos propios. Remuneración del capital que la empresa recibe de los propietarios o socios mediante financiación propia. Coste de los fondos del patrimonio empresarial, capital social y reservas. Rentabilidad exigida por los socios de la empresa a cambio de ceder su efectivo a la empresa de la cual son propietarios. Remuneración exigida por los accionistas y socios a cambio de la cesión a la empresa de sus fondos líquidos. Precio pagado por la empresa al socio como remuneración por la disposición de su efectivo durante un plazo de tiempo largo. Coste del patrimonio neto del balance de situación de la empresa (capital social y reservas). Cociente del importe de dividendos o resultado de ejercicio distribuido entre los socios entre el importe del patrimonio de la empresa. Porcentaje de tipo de interés efectivo anual que representa el coste de los recursos propios o patrimonio empresarial. (CMR)
Véase, Modelo de valoración de Activos de Capital.

coste de mantenimiento de inventario. Se consideran aquellos derivados de la posesión del inventario, es decir, intereses, seguros, almacenamiento, maquinaria necesaria para el almacenamiento u otro tipo de utillaje. (IPF)

coste de oportunidad del capital. Representa la rentabilidad de la mejor alternativa posible a la que se renuncia al tomar una determinada decisión de inversión, considerando el riesgo o, en su caso, la inmovilización financiera. (IPF)

coste efectivo (TAEC). Tasa anual equivalente del cliente. Tipo de interés efectivo anual que se despeja de una ecuación de equivalencia financiera que iguala las entregas de efectivo de dos partes de una operación financiera incluyendo, en dichas entregas de capitales, todos los gastos y comisiones entregados por una parte de la operación a la otra parte y también gastos pagados a terceros. (CMR)

coste financiero. Coste derivado de la utilización de recursos ajenos. Son los derivados de asumir deudas, es decir, por utilizar recursos ajenos. Entran todos los costes derivados de dicha utilización tales como: de apertura, de disposición, de estudio, así como los intereses de dichas deudas. (IPF)

coste histórico. Es uno de los criterios básicos de la valoración analítica (por elementos patrimoniales individuales) que sustentan la elaboración de la información financiera periódica de las empresas (modelo de las Cuentas Anuales —individuales y consolidadas—, según la terminología de la regulación contable española). Según el PGC 2008, se utilizará para valorar la entrada de activos o la construcción interna de activos por la empresa, pero también para valorar la "salida" o reconocimiento inicial de pasivos o deudas incurridas por la empresa.

A) *Coste histórico de activos*

El PGC 2008 lo denomina como "Coste histórico o coste" y lo define así:

"El coste histórico o coste de un activo es su precio de adquisición o coste de producción", según que se tratase de activos adquiridos directamente del mundo exterior o que se tratase de activos producidos internamente por la empresa y que en la fecha de la valoración se encontrasen totalmente concluidos o en proceso de producción o construcción.

A continuación define los ingredientes que han de formar parte del precio de adquisición y del coste de producción para un activo en los siguientes términos:

I) "El precio de adquisición es el importe en efectivo y otras partidas equivalentes pagadas o pendientes de pago más, en su caso y cuando proceda, el valor de las demás contraprestaciones comprometidas derivadas de la adquisición, debiendo estar todas ellas directamente relacionadas con ésta y ser necesarias para la puesta del activo en condiciones operativas."

Ello quiere decir que el cálculo del coste o precio de adquisición de un activo debe comenzar cuando se produzca la entrada o reconocimiento contable del activo correspondiente y debería integrar todos los sacrificios monetarios que la empresa ha de soportar necesariamente para garantizar la titularidad legal y económica de éste. Igualmente, el proceso de cálculo debería concluir cuando el activo estuviese en condiciones de ser utilizado dentro del correspondiente proceso de producción de bienes o servicios o de generación de ingresos al que el activo estuviese destinado.

Conviene señalar:

a) con respecto a los activos adquiridos a crédito o con plazo de pago no superior a un año que, según el PGC 2008, se podrán valorar, en cuanto a la porción de pago aplazado, por el importe nominal de la deuda comprometida, "cuando el efecto de no actualizar los flujos de efectivo (a pagar) no sea significativo."
b) con respecto a activos adquiridos que sean elementos del inmovilizado material que necesiten un periodo superior a un año para estar en condiciones de uso, que según

el PGC 2008, dentro del precio de adquisición se incluirán los gastos financieros devengados antes de la puesta en funcionamiento del elemento, girados por el proveedor de éste o que correspondan a préstamos u otro tipo de financiación ajena, genérica o específica, directamente atribuible a la adquisición, fabricación o construcción del mismo.

c) sólo se incluirán en el precio de adquisición de los activos, aquellos impuestos indirectos de naturaleza finalista que gravasen su adquisición, o sea, que no fuesen impuestos recuperables directamente de la Hacienda Pública (p.e. el IVA soportado y deducible en su momento del IVA repercutido).

II) " El coste de producción incluye el precio de adquisición de las materias primas y otras materias consumibles, el de los factores de producción directamente imputables al activo, y la fracción que razonablemente corresponda a los costes de producción indirectamente relacionados con el activo, en la medida que se refieran al periodo de producción, construcción o fabricación, se basen en el nivel de utilización de la capacidad normal de trabajo de los medios de producción y sean necesarios para la puesta del activo en condiciones operativas".

En el caso de los activos de inmovilizado material construidos internamente por la empresa con plazo de fabricación, construcción o entrada en funcionamiento superior al año, formarán parte de su coste de producción los gastos financieros girados por el proveedor del activo o de partes integrantes de éste, o bien los procedentes de préstamos, en las mismas condiciones indicadas para el cómputo anteriormente indicado del precio de adquisición. Igualmente, regirá el régimen señalado antes en cuanto a la incorporación o no de los impuestos indirectos al coste de producción de activos fabricados internamente por la propia empresa.

B) *Coste histórico de pasivos o deudas incurridas*

El PGC 2008 da esta definición:

" El coste histórico de un pasivo es el valor que corresponde a la contrapartida recibida a cambio de incurrir en la deuda o, en algunos casos, la cantidad de efectivo y otros activos líquidos equivalentes que se espere entregar para liquidar una deuda en el curso normal del negocio".

Hay que llamar la atención respecto a la denominación imprecisa que utiliza el PGC 2008, al utilizar la denominación precio de adquisición de un pasivo, puesto que en rigor "adquisición" implica la entrada de algo en la empresa, es decir, de los activos, mientras que el reconocimiento inicial de pasivos por la empresa implica la salida o entrega de los instrumentos de deuda a quienes los adquieren o suscriben (prestamistas o acreedores de la empresa). En otras palabras, en puridad, debería hablarse de precio de venta o de colocación inicial de los pasivos o instrumentos de deuda y no de precio de adquisición al crearse o colocarse éstos por la empresa prestataria.

Pero al margen de esta imprecisión terminológica, el llamado por el PGC

2008 coste histórico inicial de un pasivo, estaría señalando la regla lógica de que su valoración debería hacerse, por lo general, por el importe nominal líquido recibido por la empresa prestataria o que asume la deuda, deducidos en su caso los gastos de emisión directos a su cargo por el pasivo correspondiente. No obstante, la definición se refiere de manera indefinida e imprecisa a que, en algunos casos, la valoración inicial del pasivo deberá hacerse por la cantidad de efectivo y otros activos líquidos que el deudor tendrá que entregar a la parte acreedora al vencimiento de la deuda para liquidar ésta, lo cual dista de coincidir con la denominación "coste histórico de un pasivo". Esta parte de la definición del PGC 2008 no es desde luego muy acertada y sí más bien resulta incongruente. (JLCG).

coste, seguro y flete (*cost, insurance and freight*). Precio mediante el cual el exportador incluye en el mismo los costes en que se incursa (transporte, seguro; coste de embalaje, etc.) hasta que la mercancía está disponible en el puerto de destino (en el que el importador se hace cargo de los bienes). (JJDH)

coste y transporte (*cost and freight*). Cuando el precio de exportación incluye el coste de transporte hasta el puerto de destino. (JJDH)

costes de agencia. Son los costes en que se incurre para el alineamiento de los objetivos e intereses de los propietarios y la dirección. A título de ejemplo pueden citarse los costes de auditoria, la remuneración variable de la dirección, etc... (JJDH)

costes hundidos. Coste asociado a un proyecto de inversión (se realice o no) que se efectuaron con anterioridad a la puesta en marcha, por lo que no se valoran a efectos de la viabilidad del proyecto. (FUM)

cotización. Es el precio o valor que da el mercado y al que se puede realizar un contrato de un determinado activo como consecuencia del concurso de la oferta y la demanda del mismo. Ese precio no tiene porque coincidir con el valor real del mimo. (IPF)

***covenants*.** *Véase,* compromisos.

***crashmetrics*™.** Metodología desarrollada por Wilmott para estimar la exposición de una cartera a movimientos extremos (*crash*) del mercado. Las únicas hipótesis que se realizan son que los movimientos del mercado tienen un límite en términos de tamaño y que el número de escenarios extremos es limitado (RAS)

creador de mercado (*market maker*). Particular o entidad que se dedica a negociar títulos a los precios de cotización tanto de oferta como de demanda. Los creadores de mercado "hacen" mercado y mueven precios, para ello suelen contar con una cartera de activos a su disposición. (IPF)

crecimiento. Es el incremento de tamaño de una empresa que obedece a una decisión estratégica de la misma.

Al crecimiento están asociadas decisiones de una enorme relevancia para la empresa, como son las integraciones verticales, las fusiones y adquisiciones, la diversificación por producto o internacional. Estas decisiones tienen un importante impacto en la estructura de capital de la empresa. (FUM)

crédito. Modalidad de préstamo formalizada en una póliza donde se establecen unas cláusulas. La entidad financiera abre una cuenta de crédito al prestatario para que éste disponga de ella como estime más conveniente dentro del plazo y cuantía estipulada, la cantidad máxima de disposición se denomina límite del crédito.
El coste de la operación está en función del crédito utilizado (comisión de disponibilidad), el resto del dinero está a disposición del prestatario pero sin pagar intereses. Llegado el plazo del vencimiento se puede volver a negociar su renovación o ampliación.
Las diferencias fundamentales entre préstamo y crédito son:

	Préstamo	**Crédito**
Importe	El prestatario recibe de la entidad una cantidad determinada de dinero.	El prestamista pone a disposición del cliente dinero hasta un cierto límite
Vencimiento	Se devuelve el importe íntegro.	Sólo se devuelve el importe dispuesto.
Intereses	Se calculan al principio de la operación.	Se calculan en función del saldo medio utilizado.

(NBD)

crédito comercial. El crédito comercial o crédito de proveedores, es la principal fuente de financiación a corto plazo de carácter espontáneo que tienen las empresas. Es el crédito que los proveedores conceden a la empresa a través del pago aplazado de sus compras en bienes del activo circulante.
El crédito comercial tiene un coste implícito, que está relacionado con el hecho de la existencia del descuento por pronto pago. Desde el punto de vista financiero el descuento por pronto pago ha de entenderse como un cargo que se aumenta por no hacer efectiva una factura en el periodo de pago, y no como una recompensa por hacerlo en dicho período. En los casos en los que el proveedor no contraponga un descuento por pronto pago si se paga al contado, casi siempre se van a producir unos costes llamados costes ocultos (costes de administración, costes de cobertura de riesgos de pérdidas incobrables, costes operativos etc.) que el proveedor no asumirá sino que tratará de incorporar a sus precios, fundamentalmente, cuando los fije a mayores plazos. La empresa debería, por lo tanto, tratar de determinar el coste que le supone este tipo de financiación y compararla con otras posibles fuentes antes de hacer un uso indiscriminado del mismo. El crédito comercial es una modalidad financiera muy flexible, ya que la cantidad de financiación obtenida se acomoda en todo momento al volumen de negocio. (AMR)

crédito renovable rotativo (*revolving rate*). Equiparable a un línea de crédito o también a un crédito en descubierto (*overdraft credit*). Una vez reembolsado se puede volver a utilizar durante un determinado periodo. Se dispone del mismo cuando se necesita, pagándose intereses sobre las cantidades retiradas y una comisión de no disponibilidad sobre la parte no dispuesta del crédito. (JJDH)

***credit link note* (CLN).** Derivado de crédito titulizado en forma de bono. El emisor del bono, ligado a un derivado de crédito, tiene derecho, si se produce un evento de crédito, a devolver un valor inferior al principal del bono. El importe dependerá del efecto que el evento de crédito tenga sobre el subyacente utilizado como referencia del derivado crediticio. (RAS)

***creditportfolio manager*™.** Modelo cuantitativo de valoración del riesgo de crédito creado por KMV en el que la probabilidad de impago se calcula según el método de valoración de opciones de Merton. (RAS)

***creditportfolio view* ™.** Modelo cuantitativo de valoración del riesgo de crédito creado por McKinsey. El riesgo de impago se estima a partir de un modelo de simulación que tiene en cuenta los movimientos que se producen en el entorno macroeconómico. (RAS)

***Creditrisk*™.** Modelo cuantitativo de valoración del riesgo de crédito creado por Credit Suisse. La distribución de la pérdida potencial se calcula por medio de modelos estadísticos similares a los empleados por el sector asegurador. (RAS)

***creditmetrics*.** Modelo de cartera de riesgo de crédito tipo VAR, desarrollado en 1997 por JP Morgan (http\\ www.riskmetrics.com), cuyo objetivo es obtener la distribución de los cambios que se pueden producir en el valor de una cartera crediticia (bonos, préstamos, etc.) En el horizonte temporal considerado.
Utiliza una metodología *mark-to-market,* donde la cartera se valora a precio de mercado al principio y al final del horizonte temporal. Esta diferencia puede ser positiva negativa (pérdida crediticia), en función de cuál haya sido la evolución en el rating de los deudores que la componen.
A diferencia de los modelos de impago (*default models*), la utilización de un modelo *mark-to-market* implica que en *creditmetrics* un préstamo puede ver disminuido su valor por el simple deterioro de la calidad crediticia del deudor (vía matriz de transición), aunque la empresa no haya incurrido en impago
Por último, en este modelo, las correlaciones de impago y de cambio de calificación crediticia se obtienen a partir de correlaciones entre índices de precios de acciones. (RAS)

***credit crunch*.** Expresión anglosajona acuñada para referirse a un fenómeno de contracción o estrangulamiento del crédito, como el que ha derivado de la crisis financiera y económica iniciada a mediados de 2007.
Define un escenario caracterizado simultáneamente por fuertes limitaciones a las posibilidades de endeudamiento (reducción de la oferta de fondos a

prestar), con el consiguiente deterioro del consumo, y por un aumento de la demanda de fondos.
Propicia, a su vez, un círculo vicioso al afectar a los mercados bursátiles y de renta fija, que amplifican las limitaciones de financiación de las empresas y repercuten en el valor de los activos disponibles para realizar coberturas de deuda. (RAS)

crédito de interés variable. Crédito a medio y largo plazo a un tipo de interés revisable periódicamente (cada 3 o 6 meses, por ejemplo), normalmente teniendo en cuenta el tipo de interés de referencia (EURIBOR, LIBOR,...) (JJDH)

crédito documentario. Acuerdo, convenio o contrato con la finalidad de garantizar el pago de las transacciones en plazas extranjeras, en virtud del cual un banco, a petición y de acuerdo con las instrucciones de su cliente, deberá efectuar un pago a un tercero, o a su orden, o deberá pagar, aceptar o negociar las letras de cambio libradas por este último, o autorizar que tales pagos sean efectuados, aceptados o negociados por otro banco, contra entrega de los documentos prescritos, cumplidas las condiciones estipuladas contractualmente. (IPF)

crédito hipotecario. Crédito que goza de la garantía real de un bien inmueble. (IPF)

crédito puente. Crédito a corto plazo destinado a cubrir necesidades transitorias de circulante hasta que se formalice definitivamente una operación financiera definitiva (JJDH)

cuaderno de venta. Incorpora los principales datos de la empresa que se pone a la venta. Se proporciona directamente en procesos como las privatizaciones donde hay transparencia para todo el mundo y aquellos bancos de inversión con mandato lo solicitan al banco de inversión que asesora al vendedor para poder preparar una oferta no vinculante con la que iniciar las negociaciones. Este cuaderno suele incluir la siguiente información:

- Historia de la empresa: fundadores, evolución, propietarios actuales, tamaño, etc.
- Objeto social de la compañía.
- El plan estratégico de la empresa tendente a cumplir el objeto social.
- Una descripción pormenorizada del sector o subsector industrial en el que opera la empresa, incluyendo perfil de los clientes y proveedores, productos, líneas de distribución, etcétera.
- Listado del personal principal de la empresa, sus edades y antigüedad en la compañía y en el sector.
- Ingresos, beneficios y cantidades vendidas por productos, servicios y líneas de negocios durante los últimos cinco años.
- Listado de los principales clientes y la cifra de ventas a los mismos durante el último quinquenio.
- Estado tecnológico de los diferentes productos de la empresa
- Fuerzas y debilidades de la compañía
- Plan de marketing que se desea implantar.

- Listado de los principales competidores actuales y futuros.
- Listado de los principales proveedores de materias primas
- Una descripción de los activos tangibles e intangibles incluidos en el balance y una valoración reciente de los mismos.
- Estados financieros históricos (cinco años) incluyendo, balances, cuentas de resultados, y análisis de origen y aplicación de fondos.
- Organigrama de la compañía, especificando el nombre y puesto de los directivos clave.
- Descripción de cómo está estructurada la financiación ajena de la compañía

En todo caso, esta información no debe suministrarse a nadie que no firme previamente una *carta de confidencialidad*. (JMPI)

cuadro de financiación (estado de origen y aplicación de fondos). El Cuadro de Financiación, es un estado contable de flujos de fondos, un Estado Contable más que trata de ampliar la información contenida en el Balance de Situación, que como sabemos se limita a reflejar los saldos (fondos – stocks) de los elementos del activo por un lado y de los elementos del pasivo y del patrimonio neto, por otro. El Balance de Situación ofrece una información insuficiente por estar referida a una fecha determinada (visión estática), normalmente la de final de ejercicio. Un modo de corregir esta insuficiente información es incorporar o añadir, como un Estado más, el estado de origen y aplicación de fondos (una versión del mismo es el Cuadro de Financiación) Este estado viene a explicar los flujos de fondos producidos durante un ejercicio, pasándose así de la estática a la dinámica.

Existen diferentes acepciones del término fondo pudiéndose señalar las siguientes:

- Para el profano de la disciplina contable, el concepto fondo es equivalente a efectivo.
- Para los contables y analistas financieros el término fondo puede tener el alcance y significado de Fondo de Maniobra, esto es, diferencia entre activo corriente y pasivo corriente. Esta magnitud también se identifica como la parte del Activo Circulante (Activo Corriente) que debe ser financiada con fondos financieros permanentes, ya sean propios o ajenos.
- Para otros usuarios de la información contable, el término fondo puede ser equivalente al activo monetario neto es decir los activos de esta naturaleza (efectivo, los derechos de cobro, las inversiones financieras temporales) menos los pasivos monetarios a corto plazo (corrientes).
- Cabe incluso asignar el término fondo para referirse al Neto Patrimonial.

La mayoría de los pronunciamientos contables profesionales optan por asignar al término fondo el alcance o concepto de magnitud contable agregada Fondo de Maniobra (Activo Corriente menos Pasivo Corriente). De esta manera el Estado de Origen y Aplicación de Fondos, en su versión de variación del Fondo de Maniobra, recogerá de un lado el origen o procedencia de los recursos financieros que han incrementado el Fondo de Maniobra, y de otro, la aplicación o destino dado a los mismos que suponen una disminución de dicho Fondo de Maniobra durante un ejercicio determinado. En definitiva se trata de un Estado Contable en donde quedan explicadas las causas (operaciones) de la variación del Fondo de Maniobra a lo largo de un periodo económico.

El Plan General de Contabilidad de 1990 denomina Cuadro de Financiación al estado contable que recoge los recursos obtenidos en un ejercicio y sus diferentes orígenes, así como la aplicación o el empleo de los mismos en inmovilizado (activo no corriente) o circulante (activo corriente). Este cuadro forma parte de la Memoria, como un Estado más que la misma contiene, y al igual que para el Balance de Situación como para la Cuenta de Pérdidas y Ganancias, se acompañarán a las cifras del ejercicio que se cierra las cifras correspondientes al ejercicio anterior.

El Plan General de Contabilidad de 1990, en el apartado 20 de la Memoria recoge el modelo del Cuadro de Financiación que presentamos a continuación de forma resumida:

CUADRO DE FINANCIACION

APLICACIONES	EJ N	EJ N-1	ORIGENES	EJ. N	EJ. N-1
1. Recursos aplicados en las operaciones.			1. Recursos procedentes de las operaciones		
2. Gastos de establecimiento y formalización de deudas.			2. Aportaciones de accionistas.		
3. Adquisición de inmovilizado.			3. Subvenciones de capital.		
4. Adquisición de acciones propias.			4. Deudas a largo plazo.		
5. Reducciones de capital.			5. Enajenación de inmovilizado.		
6. Dividendos.			6. Enajenación de acciones propias.		
7. Cancelación o traspaso a corto plazo de deudas a largo plazo.			7. Cancelación anticipada o traspaso a corto plazo de inmovilizaciones financieras.		
8. Provisiones para riesgos y gastos.					
TOTAL APLICACIONES			TOTAL ORIGENES		
EXCESO DE APLICACIONES SOBRE ORIGENES			EXCESO DE APLICACIONES SOBRE ORIGENES		
(AUMENTO DEL CAPITAL CIRCULANTE)			(DISMINUCION DEL CAPITAL CIRCULANTE)		

En el Plan General de Contabilidad en vigor a partir de 1-1-2008 (PGC´07) este Estado deja de ser un documento a incluir en las Cuentas Anuales. Se ha considerado que la información contenida en el mismo queda cubierta con la que se presenta en el Estado de Flujos de Efectivo y en el Estado de Cambios en el Patrimonio Neto. (TPM)

VARIACION DEL CAPITAL CIRCULANTE	EJERCICIO N		EJERCICIO N - 1	
	AUMENTTOS	DISMINUCIONES	AUMENTOS	DISMINUCIONES
1. Accionistas por desembolsos exigidos.				
2. Existencias.				
3. Acreedores.				
4. Inversiones financieras temporales.				
5. Acciones propias.				
6. Tesorería.				
8. Ajustes por periodificación				
TOTAL				
VARIACIÓN DEL CAPITAL CIRCULANTE				

cuenta de pérdidas y ganancias. La Cuenta de Pérdidas y Ganancias recoge el resultado del ejercicio, formado por los ingresos y los gastos del mismo, excepto aquellos gastos e ingresos imputados directamente al Patrimonio Neto. La Cuenta de Pérdidas y Ganancias es un Estado Contable de naturaleza dinámica al recoger los flujos económicos de ingresos y gastos del periodo derivados de las operaciones y transacciones realizadas. Estos flujos dan origen al excedente económico (renta generada por la empresa) o resultado (bruto o neto según se considere o no el impuesto sobre beneficios).

Siguiendo el Marco Conceptual del Plan General de Contabilidad de 2007 y el artículo 36.2 del Código de Comercio, los elementos que se registrarán en la Cuenta de Pérdidas y Ganancias cuando cumplan los criterios de reconocimiento establecidos son:

INGRESOS: *incrementos en el patrimonio neto de la empresa durante el ejercicio, ya sea en forma de entradas o aumentos en el valor de los activos, o de disminución de los pasivos, siempre que no tengan su origen en aportaciones, monetarias o no, de los socios o propietarios.*

GASTOS: *decrementos en el patrimonio neto de la empresa durante el ejercicio, ya sea en forma de salidas o disminuciones en el valor de los activos, o de reconocimiento o aumento del valor de los pasivos, siempre que no tengan su origen en distribuciones, monetarias o no, a los socios o propietarios, en su condición de tales.*

Se acude a distintas causas y argumentos para justificar la determinación del resultado con carácter periódico, figurando entre ellas las siguientes:

De naturaleza legal (jurídicas y tributarias). El legislador ha considerado necesaria la presentación del resultado periódico como un medio de protección de los derechos de los propietarios y de acreedores, incluido el erario público.

De naturaleza de gestión. La propia entidad, titular de las Cuentas Anuales es la primera interesada de la marcha de la empresa; los resultados periódicos

constituyen una medida de la eficiencia de la actividad desarrollada y un vehículo de información a terceros de la misma.
De información a usuarios externos. El abanico de potenciales usuarios de la información suministrada por las empresas a través de las Cuentas Anuales es amplio y diverso. Analistas Financieros, inversores, consultores, etc., requieren información sobre los resultados periódicos obtenidos por las empresas para su análisis y tomo de decisiones.
Existen distintas categorías que se suelen distinguir en la presentación de los resultados de la empresa, pudiéndose distinguir las siguientes clasificaciones, entre otras:
El Código de Comercio en su artículo 35.2 señala:
"La Cuenta de Pérdidas y Ganancias recogerá el resultado del ejercicio, separando debidamente los ingresos y los gastos imputables al mismo, y distinguiendo los resultados de explotación, de los que no lo sean. Figurarán de forma separada, al menos, el importe de la cifra de negocios, los consumos de existencias, los gastos de personal, las dotaciones a las amortización, las correcciones valorativas, las variaciones de valor derivadas de la aplicación del criterio de valor razonable, los ingresos y gastos financieros, las pérdidas y ganancias originadas en la enajenación de activos fijos y el gasto por impuesto sobre beneficios".
La Cuenta de Pérdida y Ganancias contemplada en el PGC´07 responde al formato de lista (Estado) y a una clasificación de los gastos según su naturaleza. Igualmente existen dos modelos de contenido: el modelo normal y el modelo abreviado.
La información contenida en ambos modelos de cuenta de pérdidas y ganancias se agrupa en torno a dos conceptos o agregados principales:
Ingresos y gastos de operaciones continuadas. Están integrados por los gastos e ingresos de explotación y por los gastos e ingresos de naturaleza financiera.
Ingresos y gastos de operaciones interrumpidas. Comprende el resultado neto de impuestos procedente de operaciones interrumpidas.
El modelo de Cuenta de Pérdidas y Ganancias del PGC´07 se presenta a continuación:

CUENTA DE PÉRDIDAS Y GANANCIAS CORRESPONDIENTE AL EJERCICIO TERMINADO EL 31 DE DICIEMBRE DE 200X

		(Debe) Haber	
	Nota	200X	200X-1
A) Operaciones continuadas:			
1. Importe neto de la cifra de negocios:			
a) Ventas			
b) Prestaciones de servicios			
2. Variación de existencias de productos terminados y en curso de fabricación			
3. Trabajos realizados por la empresa para su activo			

4. Aprovisionamientos:			
a) Consumo de mercaderías			
b) Consumo de materias primas y otras materias consumibles			
c) Trabajos realizados por otras empresas			
5. Otros ingresos de explotación:			
a) Ingresos accesorios y otros de gestión corriente			
b) Subvenciones de explotación incorporadas al resultado del ejercicio			
6. Gastos de personal:			
a) Sueldos, salarios y asimilados			
b) Cargas sociales			
c) Provisiones			
7. Otros gastos de explotación			
a) Servicios exteriores y otros gastos de gestión corriente			
b) Tributos			
8. Amortización del inmovilizado			
9. Imputación de subvenciones de capital			
10. Variación de provisiones			
11. Deterioro, bajas y enajenaciones del inmovilizado:			
a) Deterioro			
b) Bajas			
c) Enajenaciones y otras (con signo negativo si fuera beneficio)			
12. Otros resultados			
A.1) RESULTADO DE EXPLOTACIÓN (1+/-2+3-4+5-6-7-8+9+/-10+/-11+/-12)			
13. Ingresos financieros :			
a) De participaciones en instrumentos de patrimonio			
a 1) En empresas del grupo y asociadas			
a 2) En terceros			
b) De valores negociables y de créditos del activo inmovilizado			
b 1) De empresas del grupo y asociadas			
b 2) De terceros			
14. Gastos financieros:			
a) Por deudas con empresas del grupo y asociadas.			
b) Por deudas con terceros			
15. Variación de valor razonable en instrumentos financieros			
a) Cartera de negociación y otros			
b) Derivados financieros			
c) Imputación al resultado del ejercicio por activos disponibles para la venta			
16. Diferencias de cambio (netas)			
17. Deterioro, bajas y enajenaciones de instrumentos financieros			
a) De empresas del grupo y asociadas			
b) De terceros			
A.2) RESULTADO ANTES DE IMPUESTOS (A.1+ 13-14+/-15+/-16+/-17)			
18. Impuestos sobre beneficios			
A 3) RESULTADO DEL EJERCICIO PROCEDENTE DE OPERACIONES CONTINUADAS (A.2+/-18)			
B) Operaciones interrumpidas:			
19. Resultados del ejercicio procedentes de operaciones interrumpidas			
A.4) RESULTADO DEL EJERCICIO (A.3+/-19)			

(TPM)

cuenta de pérdidas y ganancias consolidada del grupo. Documento contable que expresa, de forma ordenada. Los resultados alcanzados en el ejercicio por el grupo de sociedades consolidables (enumeración cualitativa y cuantificación monetaria de las partidas ingresos y de gastos) del grupo de sociedades consolidables de acuerdo con los criterios y reglas establecidas al efecto en las Normas para la Formulación de las Cuentas Anuales Consolidadas (NFCAC) vigentes en España.
Según la normativa española, la Cuenta de Pérdidas y Ganancias Consolidada comprenderá, con la debida separación, los ingresos y los gastos de la sociedad dominante y de las sociedades dependientes, excepto cuando proceda su imputación directa al Patrimonio Neto de acuerdo con lo previsto en las Normas de Registro y Valoración del PGC 2008, sin perjuicio de los ajustes y eliminaciones que procedan (tipificadas en las propias normas de consolidación), y la cifra del resultado consolidado del ejercicio, con distinción de la parte atribuida a la sociedad dominante y a los socios externos del grupo.
También se integrarán en la Cuenta de Pérdidas y Ganancias Consolidada, los ingresos y gastos de las sociedades multigrupo (sociedades que son gestionadas por una o varias sociedades del grupo con otra u otras sociedades ajenas al mismo, ejerciendo el control conjunto todas ellas sobre la sociedad multigrupo y en donde además existe una participación en el capital de todas ellas, no mayoritario a favor de ninguna de ellas, en las respectivas sociedades multigrupo), a las que se aplique el método de integración proporcional, en el porcentaje que represente la participación del grupo en su capital social, sin perjuicio de los ajustes y eliminaciones que procedan (tipificadas en las propias normas de consolidación), según las reglas específicas del llamado Método de Integración Proporcional.
Asimismo, en la Cuenta de Pérdidas y Ganancias Consolidada lucirán también las partidas específicas derivadas de la aplicación de los distintos métodos de consolidación (p.e. Resultado atribuible a socios externos...). Igualmente, los Ingresos y los Gastos que surjan de transacciones con sociedades incluidas en la consolidación incluidas en la consolidación por el procedimiento de puesta en equivalencia o por el método de integración proporcional en la parte no eliminada se mostrarán de forma separada en el documento, así como también lo harán los ingresos y gastos procedentes de transacciones con empresas del grupo, multigrupo y asociadas.
El formato normalizado para la presentación de la Cuenta de Pérdidas y Ganancias Consolidada es muy parecido al de la Cuenta de Pérdidas y Ganancias individual de las sociedades españolas, que figura en el PGC 2008, siguiendo la misma estructura y ordenación de partidas, debiendo ajustarse también a las reglas generales de elaboración de este documento contempladas en la norma de elaboración de las Cuentas Anuales (Norma 7ª sobre Cuenta de Pérdidas y Ganancias) del PGC 2008, incorporándose también al documento, como es natural, las partidas contables

específicas propias de los mecanismos de consolidación desarrollados en las NFCAC. Naturalmente, los importes de las distintas partidas de la Cuenta de Pérdidas y Ganancias Consolidado se ajustarán a los criterios establecidos en las correspondientes reglas que rigen la consolidación de las cuentas, en particular una vez aplicados los ajustes y eliminaciones propias de la técnica de la consolidación de cuentas, descritos en las NFCAC. (JLCG).

cuota participativa. Título valor emitido por las Cajas de Ahorros cuya remuneración se desprende de los beneficios obtenidos por la entidad y que no conlleva aparejados derechos políticos. (IPF)

cupón. Derecho (certificado) unido al bono o titulo emitido que posibilita su tenedor el cobro de intereses (o dividendos) y el ejercicio de sus derechos (JJDH)

cupón cero. El pago de los intereses se acumula al vencimiento de la operación financiera. (JJDH)

curva cupón cero. También conocida como estructura temporal de los tipos de interés (ETTI). Se trata de una estructura de tipos de interés construida, en un momento determinado, a partir de instrumentos financieros emitidos al descuento, o bien de un conjunto de bonos cupón cero, con la misma calidad crediticia y para diferentes plazos. A partir de los precios de mercado de estos activos financieros, se puede determinar los tipos de interés exigidos al contado para cada plazo. Existen diferentes curvas observables en el mercado: el perfil creciente o normal, que se presenta cuando a mayor plazo se asocia mayor tipo de interés; un perfil decreciente o invertido, cuando los tipos de interés son mayores en los plazos más cortos, y una estructura temporal plana, cuando el tipo de interés es el mismo, independientemente del plazo. Se utilizan diferentes metodologías para su cálculo y, en especial, estimación para puntos no observables de la curva de tipos, por ejemplo, el *Bootstrapping*". (SRC)

curva de rentabilidad. Resultado de la representación de los rendimientos con relación al riesgo de un determinado conjunto de activos financieros. Generalmente la curva se va estableciendo cuando los activos tienen distintos rendimientos para un mismo riesgo pero con duraciones diferentes. A la relación entre las tasas de interés y sus vencimientos se le llama Estructura Temporal de Tipos de Interés (ETTI e IPF)

custodian clearing member. *Véase,* miembro liquidador custodio.

cheque. Documento que recoge un mandato de pago, ordenado por el librador (aquel que expide el cheque) a cargo del librado (que necesariamente ha de ser una Entidad de crédito).
Los requisitos que debe contener un cheque son: La denominación de cheque en el texto del documento, la orden de pagar una determinada cantidad de dinero, el lugar y la fecha de emisión

del mismo, el lugar de pago, la firma del librador y el nombre del que debe pagar (librado).

El cheque puede ser emitido: para que se pague al portador, a una persona determinada con o sin la cláusula "a la orden"(endosable), con la cláusula de "no a la orden"(solo puede ser cobrado por la persona a cuyo nombre está emitido) y cruzado (solo puede depositarse y cobrarse por otra entidad financiera). (AMR)

D

dealer. Término anglosajón que define a una clase de intermediario en los mercados de valores organizados. Son agentes que toman posición propia, ganando el spread o margen de intermediación (la diferencia entre el precio de compra y de venta). Proporcionan liquidez y profundidad al mercado. (SRC)

decisiones de reemplazamiento. Hace referencia al momento en que un activo fijo tal como un bien de equipo debe ser sustituido por otro. Ello requiere de un estudio detallado y continuo de su depreciación desgaste, vida útil, obsolescencia, entre otros. (IPF)

defensa bloqueo. Se utiliza, más que para prevenir un ataque hostil, como medio de elección del adquirente más deseado por parte de la empresa objetivo. Consiste en obstruir el ataque de un comprador no deseado para que no obtenga un paquete inicial de acciones de un tamaño tal que le permita lanzar una OPA hostil. Y la forma de hacerlo es prometerle a un *caballero o escudero blanco* los activos más valiosos (*las joyas de la corona*) si el agresor se hace con el control de la empresa. Es decir, es como si el *caballero blanco* tuviera dichos activos "bloqueados" quedándose con ellos si el control de la empresa cambia de manos. También puede diseñarse para que le resulte mucho más caro al agresor hacerse con el control de la empresa. (JMPI)

defensa comecocos. Es un movimiento ofensivo-defensivo consistente en la oferta de adquisición parcial, o total, sobre las acciones de la empresa atacante realizada por la sociedad atacada. Se utiliza como respuesta a una amenaza real o latente por parte de un comprador hostil. (JMPI)

defensa Jonestown. Es una estrategia defensiva consistente en comprometer a la empresa objetivo en negocios potencialmente ruinosos, con el consiguiente deterioro de los resultados de la compañía, en lugar de intentar oponerse a la OPA hostil. (JMPI)

delta de la opción. Se trata de un indicador de la sensibilidad de la prima o precio de la opción ante pequeños cambios en la cotización del subyacente. Matemáticamente es la primera derivada del precio de la opción e indica la cantidad necesitada para cubrir el subyacente. Se suele expresar en términos porcentuales, en el caso de las opciones de compra, *call*, el valor de delta varía entre 0 y 100%; para el caso de las opciones de venta, *put*, varían entre -100% y 0.
Es una de las medidas de riesgo asociadas con las opciones que son colectivamente conocidas como las griegas de las opciones. (SRC)

depo-repo (diferencial). Es el diferencial existente entre la curva de depósito interbancario a corto plazo y la curva de tipos de cesión de activos de deuda pública a corto plazo (repos o simultaneas). (RAS)

depósito. Operación formalizada contractualmente por el cual un sujeto (depositante) entrega un bien mueble a otro (Depositario) quedando éste último obligado a custodiarlo y devolverlo, en atención a las condiciones establecidas contractualmente, cuando sea reclamado. (Arts. 1758 a 1789 del Código Civil y 303 del Código de Comercio). (IPF)

depósitos a la vista. Aquellos que permiten la libre disposición de los fondos y son disponibles en ventanilla o mediante cheque o transferencia. Son también conocidas como conocidas cuentas corrientes. Producto de total liquidez, lo que motiva que, generalmente, ofrezca bajas remuneraciones. (RAS)

depositos a plazo/imposiciones a plazo fijo. Aquellos en los que es preciso esperar a que finalice el plazo de la imposición para poder recuperar la cantidad invertida. Su rescate temprano soporta una penalización. Garantizan el capital aportado y proporcionan una rentabilidad que puede ser fija, mixta o variable.
Una modalidad son los depósitos con interés creciente, cuya remuneración crece a medida que se aproxima el vencimiento. (RAS)

depósitos estructurados. Contrato financiero consistente en un depósito bancario ligado a uno o varios activos financieros, usualmente derivados, con el objeto de ofrecer una rentabilidad final compuesta por una parte fija y por otra variable que depende del comportamiento bursátil de una empresa cotizada y/o de un índice financiero. (RAS)

depósitos indizados/indixados. Depósitos referenciados a un determinados índice de referencia (IBEX 35, EURIBOR,...) que proporcionan un rendimiento final que, generalmente, se compone de una parte fija y de otra parte variable, esta última condicionada al comportamiento de un índice de referencia. Generalmente suele exigirse una determinada cuantía mínima, con un plazo de imposición determinado. El pago de los intereses se realiza al vencimiento como un porcentaje de la revalorización (media, generalmente) del índice de referencia. (RAS)

depreciación. Disminución del valor de algo dentro de un conjunto homogéneo en relación con el valor presentado en un momento anterior. Puede representar la disminución del valor de una divisa, de un título valor, u otros elementos análogos. Cuando se refiere a un activo real, según su naturaleza, la depreciación puede producirse de modo sistemático como consecuencia de su uso, desgaste, factores tecnológicos o simplemente envejecimiento (amortización) o por circunstancias puntuales (deterioro).
Depreciación de Divisa en el ámbito de los Mercados de Divisas, una moneda se aprecia en relación a otra cuando el precio de la primera en términos de unidades monetarias de la segunda baja siendo por tanto necesarias menos unidades de la segunda para la adquisición de la primera, es decir, la divisa (moneda extranjera) cuenta más cantidad de moneda local (la que se deprecia) (JJDH) (IPF)

derechos de cobro. Facultad legítima de exigir que la contraparte en una transacción económica materialice la entrega del valor adeudado. (IPF)

derecho de suscripción preferente. Derecho otorgado al antiguo accionista de una empresa, consistente en la opción de adquisición de nuevas acciones en una ampliación de capital, para evitar el efecto dilución de su cuota de propiedad en la Sociedad. El valor económico del derecho de suscripción se obtiene a través de la siguiente expresión.

$$d = \frac{P_0 - P_1}{1 + \frac{N}{M}}$$

d = Valor Teórico del derecho de suscripción preferente.
P_o = Precio de Mercado de una acción antigua
P_1 = Precio de emisión de una acción nueva.
N = Número de acciones antiguas en circulación.
M = Número de acciones nuevas emitidas.
Véase, Valor Teórico de los Derechos de Suscripción Preferentes de acciones o participaciones sociales.
(MMB)

derivados de crédito (*credit derivatives*). Son productos derivados OTC en los que los intercambios y las coberturas tienen como subyacente el riesgo de crédito de un emisor, ya sea un país o una compañía privada. La variedad de estos productos es altísima, ya que además de combinar cestas de varios emisores o emisiones, se agrupan diferentes eventos sobre el cambio de la calidad crediticia de cada emisor. (RAS)

descubierto. Los descubiertos en cuenta corriente se producen cuando se realiza una retirada de dinero sin que haya saldo suficiente, adelantando la entidad financiera los fondos necesarios. El titular de la cuenta tiene la obligación de:

- Devolver de forma inmediata el anticipo.
- Pagar los intereses del descubierto.
- Pagar las comisiones bancarias.

El coste del descubierto (intereses y comisiones) está legalmente limitado, no puede superar en 2,5 veces el interés legal del dinero.
Si se produce un descubierto, la entidad debe comunicar el detalle de la liquidación efectuada en la cuenta corriente.
La entidad no puede cobrar comisiones bancarias si los descubiertos son generados por causas ajenas al cliente, por ejemplo, como consecuencia de distintas fechas de valoración de los ingresos y reintegros en la cuenta corriente por la mecánica bancaria habitual. (Norma 3.3.Circular del Banco de España 8/1990). (NBD)

descuento comercial de efectos. Contrato bancario típico de financiación a corto plazo a las empresas, por el cual la entidad bancaria anticipa a su empresa-cliente el valor actual de un conjunto de letras comerciales procedentes de las ventas a crédito con vencimiento a corto plazo (normalmente ≤90 días), bajo la cláusula "salvo buen fin", lo que significa que si el banco que descontó el valor nominal de cualquiera letra no obtiene a su vencimiento el cobro de ella del cliente de la empresa obligado a ello, automáticamente cargará su importe nominal (junto con los gastos o comisiones derivados del impago) en la cuenta de la empresa a quien descontó la letra en su momento.
Se trata, de una fórmula habitual que utiliza la banca de conceder una línea de crédito comercial con un límite máximo, para anticipar el valor actual de los efectos comerciales a cobrar de las empresas frente a sus clientes, sin transmisión del riesgo de crédito al banco, ya que el banco tendría el derecho de recurso o por vía de regreso de los efectos impagados frente a la empresa que los creó y a la que descontó su importe con anterioridad a su vencimiento, es decir, cargaría automáticamente en la cuenta corriente de la empresa cedente el importe nominal del efecto impagado y devuelto a la empresa-cliente con abono simultáneo, como contrapartida, de otro tanto en la cuenta de crédito comercial concedida por la entidad bancaria.
La entidad bancaria además gestionará el cobro de los efectos descontados por la empresa cedente de éstos, en nombre y representación de esta última ante los obligados al pago de los efectos descontados por la referida empresa cedente.
Esta es la posición mantenida por el PGC 2008 al considerar el descuento

de efectos comerciales a cobrar de las empresas como operación de financiación a corto plazo de éstas, de tal manera que el valor nominal de los efectos descontados por el banco debe ser reconocido como una deuda a corto plazo (cuenta de pasivo a corto plazo frente a la entidad bancaria que descuenta los efectos). Esta cuenta después se cargará o cancelará por los efectos pagados por los clientes de la empresa obligados a ellos, con abono a la cuenta de activo en la que estuviesen registrados tales efectos (clientes o efectos comerciales a cobrar) o, en su caso, por los no pagados a su vencimiento por los clientes obligados al pago, cuyos efectos son devueltos por el banco a la empresa, con el correlativo abono en la cuenta corriente bancaria que descontó en su momento los efectos que no han sido pagados por los clientes a su vencimiento, en donde también se añadirían los gastos que implicase la devolución de los efectos a cargo de la empresa titular o libradora de dichos efectos.

El coste del descuento de efectos se compone de tres elementos principales: El tipo de interés nominal anual aplicado por la institución financiera a la operación, la comisión de cobro y el timbre del efecto.

Cuando se entrega una remesa de efectos a una entidad financiera para ser descontados, el tenedor de esos efectos va a recibir, en ese momento, el nominal de los efectos menos los intereses descontados, las comisiones y los timbres. El coste efectivo de la operación consistirá en la tasa que iguale todos los flujos de fondos que se van a producir en el tiempo. El coste del descuento es menor cuanto mayor es el plazo de vencimiento de los efectos como consecuencia de la existencia de costes fijos, comisiones y timbres para el descuento. (AMR y JLCG)

descuento de flujos de caja. Actualización o proyección financiera hacia el pasado de unos flujos de efectivo (cobros y/o pagos) futuros. Proyección financiera al momento actual de unos flujos de efectivo futuros “Ft”, utilizando una ley financiera de descuento compuesto $(1+i)^{-t}$, para una tasa de descuento “i” o tipo de interés efectivo anual. Expresión matemática $Ft(1+i)^{-t}$, siendo “t” el número de años que transcurren desde el momento actual al momento futuro en el que se cobra el efectivo, e “i” la tasa de descuento o tipo de interés efectivo anual. (CMR)

desdoble de acciones (*split*). El *split* o desdoblamiento consiste en dividir el valor nominal de las acciones de una compañía en una proporción determinada y, de forma simultánea, multiplicar el número de acciones. Las cotizaciones se rebajan al reducir el valor nominal de las acciones emitidas. Por ejemplo, tras la realización de un *split* de 2x1, quien tuviera una acción de valor nominal 30 euros pasa a tener dos acciones de 15 euros y el precio bursátil será también la mitad.

El objetivo de esta operación es aumentar la liquidez de la acción mediante el aumento del número de acciones en circulación y la disminución de su valor nominal. Además puede producir

un efecto psicológico de abaratamiento de la acción (el precio de la acción se reduce).
La operación inversa se denomina *reverse split* y supone la agrupación de acciones de forma que aumente su precio unitario. (NBD)

desintermediación. Acción que consiste en eliminar a los intermediarios con el objetivo de ajustar adecuadamente los precios de los recursos entre origen y destino. Supone, en el campo de la actividad financiera, que los diferentes agentes económicos prescindan de la participación de intermediarios financieros en el proceso de canalización del ahorro hacia la inversión. (IPF)

desinversiones. Actuaciones destinadas a recuperar los fondos previamente invertidos conjuntamente con las plusvalías o minusvalías generadas. (IPF)

deuda. Obligación que asume una persona o institución pública o privada de pagar una cierta cantidad de dinero en un momento o momentos futuros establecidos. (IPF)

deuda garantizada. Operaciones de endeudamiento asumidas por los agentes económicos que se caracterizan porque éstas se encuentran respaldadas con la garantía de determinados activos. (IPF)

deuda prioritaria o preferente. Operación de endeudamiento que se caracteriza porque las obligaciones de pago que se desprenden de ésta deben ser atendidas antes que el cumplimiento de cualquier otra obligación. (IPF)

deuda pública. Se entiende por deuda pública los activos de renta fija que son emitidas por las administraciones públicas. En el caso español se distinguen tres categorías de administraciones públicas que pueden emitir deuda pública: el Estado o Administración Central, las administraciones regionales o Comunidades Autónomas, y las administraciones municipales o Ayuntamientos. Las emisiones más relevantes, tanto por volumen como por atractivo entre los inversores, son las correspondientes a la deuda pública estatal. El Estado español emite actualmente tres tipos de títulos: letras del Tesoro, bonos del Estado y obligaciones del Estado. Asimismo también se emiten estas dos últimas categorías en su modalidad de segregables o *strip* de deuda pública. (FGO)

deuda subordinada. Operación de endeudamiento que se caracteriza por ofrecer un interés explícito superior al que se ofrece por el endeudamiento ordinario a cambio de quedar limitada su capacidad de cobro al cumplimiento previo del resto de las obligaciones asumidas. (IPF)

deudor. Agente económico (persona física o jurídica) obligado al pago de una deuda o prestación contraída con otro agente económico (persona física o jurídica acreedora). (MMB)

devaluación. Reducción del tipo de cambio oficial de una divisa.. Es por lo tanto un ajuste en el tipo de cambio de una moneda con respecto a otra moneda tomada como de referencia. (IPF)

diferencia negativa de consolidación. Conceptualmente, en términos generales, es la diferencia monetaria negativa resultante a efectos de la consolidación de cuentas del grupo de sociedades entre el valor monetario pagado por la dominante al adquirir las participaciones financieras en el capital de las sociedades dependientes mostrado por la sociedad dominante en sus Cuentas Anuales individuales y el valor monetario asignado a los distintos activos menos los pasivos procedentes de las correspondientes sociedades dependientes asignados a efectos de la presentación de las Cuentas Anuales Consolidadas (CAC) del grupo, según lo establecido al efecto en las Normas de Formulación de las Cuentas Anuales Consolidadas (NFCAC), respecto a la tasa o porcentaje de participación en el Capital Social de las dependientes detentado por la sociedad dominante, producida al realizarse la llamada eliminación inversión–patrimonio neto propia del método de integración global.
El cálculo de esta eventual diferencia negativa señalada (Diferencia Negativa de Consolidación) se hará aplicando las reglas específicas que correspondan a cada caso, dentro de la casuística de situaciones concretas contempladas dentro las NFCAC.
La Diferencia Negativa de Consolidación vendría a ser el infraprecio pagado por la dominante al adquirir la o las sucesivas participaciones en capital de sus sociedades dependientes sobre el valor neto patrimonial (valor razonable de Activos – Pasivos), mostrados por éstas en la fecha de la consolidación inherente al porcentaje de participación en el capital de la sociedad dependiente. Este supuesto se califica como situación excepcional por parte de las NFCAC, aunque no se justifica el por qué de tal calificación.
De acuerdo con la normativa contable vigente en España, se establece de modo taxativo, sin justificación de su por qué, que esa diferencia se impute directamente como ganancia o resultado positivo en la Cuenta de Pérdidas y Ganancias Consolidada en el ejercicio en que se adquiriera la participación financiera que denotase ese infraprecio pagado sobre el equivalente del patrimonio neto adquirido de la sociedad dependiente y en las reservas de consolidación al producirse la eliminación inversión-patrimonio neto en la consolidación de los ejercicios posteriores. (JLCG).

diferencial. Cuantía que se aplica sobre un indicador de referencia para la obtención del valor de un tipo de interés o concepto análogo. En las operaciones financieras de derivados con futuros representa la diferencia entre el precio al contado y el precio a futuro. Cuando se refiere a la comparación de tipos de interés, representa la diferencia entre los tipos de interés aplicados entre conjuntos de operaciones, sectores o áreas geográficas distintas. En el marco del análisis de los niveles de variación de precios representa la diferencia entre el nivel de inflación entre países, áreas o zonas geográficas diferentes. Es la cuantía en que un precio venta excede al precio de compra, también es denominado spread. (IPF)

diferencias de cambio en moneda extranjera. Este concepto se sitúa fundamentalmente dentro del espacio de la contabilización de los efectos de las operaciones concertadas en moneda extranjera y afecta esencialmente a operaciones de naturaleza financiera: tenencia de de moneda extranjera, activos financieros a cobrar en divisas, así como también las deudas o pasivos a pagar en divisas, junto con los ingresos o gastos financieros a cobrar o a pagar igualmente en divisas, que, en su caso, tales operaciones comportasen.

A estos efectos, de acuerdo con la Norma de Valoración 11ª del PGC 2008, "una transacción en moneda extranjera es aquella cuyo importe se denomina o exige su liquidación en una moneda distinta de la funcional en la que opera la empresa. Salvo prueba en contrario, se presumirá que la moneda funcional de las empresas domiciliadas en España es el euro".

Las diferencias de cambio inherentes a este tipo de operaciones pueden ser evidentemente de dos tipos: a) negativas o portadoras de pérdidas para la empresa titular de las operaciones; b) positivas o portadoras de ganancias para ésta.

Al mismo tiempo se puede hablar de diferencias de cambio materializadas o potenciales, según que tales diferencias surjan al vencimiento efectivo del cobro o del pago del correspondiente concepto de activo o pasivo financiero en divisas (diferencias materializadas), o que se evidencien en cualquier momento del tiempo que media entre la fecha de registro contable de las operaciones y la fecha del vencimiento efectivo de cualquier cobro o pago de esta naturaleza, sobre todo al cierre del ejercicio contable de la empresa y a los posibles efectos de registrar de algún modo las diferencias de cambio de los activos y pasivos financieros expresados en divisas entre su valor contable reflejado en moneda nacional (euros) con anterioridad al cierre y su valor contable en moneda nacional según el tipo de cambio de mercado de la divisa correspondiente en la fecha de cierre del ejercicio (diferencias potenciales).

Según la normativa contable española (PGC 2008.Norma de Valoración 11ª), las diferencias de cambio, reales (al vencimiento) o potenciales (al cierre del ejercicio) derivadas de partidas monetarias en divisas (de activo o de pasivo), calculadas según el tipo de cambio medio de contado del momento correspondiente, se reconocerán, con carácter general o salvo excepciones concretas tipificadas en dicha Norma 11ª, como ganancias (diferencias positivas) o como pérdidas (diferencias negativas) del ejercicio en el que surjan o tengan que reflejarse, tanto si fuesen materializadas como si fuesen meramente potenciales.

Caso de que se produjeran diferencias de cambio inherentes a operaciones de deudas en divisas, genérica o específicamente destinadas a financiar la adquisición, fabricación o construcción de

elementos concretos del inmovilizado, con periodo superior a un año para estar en condiciones de uso o de entrada en funcionamiento, tales diferencias de cambio se incluirán o se imputarán algebraicamente en el coste de adquisición o de producción de los correspondientes elementos del inmovilizado.
En relación con esto, hay que significar que el PGC 2008.Norma de valoración 2.1., habla de modo general de la capitalización de gastos financieros, en tales circunstancias, por lo que hay que sobreentender que no sólo se refiere a los intereses de tales deudas, sino también a los demás conceptos integrados dentro de la partida contable de Gastos Financieros, donde se encontrarían obviamente también las diferencias negativas de cambio.
En el caso de partidas no monetarias expresadas originalmente en moneda extranjera (p.e. elementos del inmovilizado o instrumentos de patrimonio neto de otras compañías poseídos por la empresa y clasificados como activos disponibles para la venta (ver Norma de Valoración 9ª del PGC 2008), las diferencias de cambio se reconocerán, no como pérdidas o ganancias del ejercicio, sino directamente en el patrimonio neto, sin que la valoración, obtenida en euros para dichos elementos, excediese el importe recuperable por la empresa en euros aplicando el tipo de cambio al cierre a la partida contable correspondiente.
Un concepto próximo a las diferencias de cambio en moneda extranjera, aunque distinto de éstas, son las llamadas "diferencias de conversión" las cuales surgirán cuando cunado la moneda funcional que utilice la empresa sea distinta del euro y los importes de las partidas contables correspondientes tuviesen que ser convertidos a euros a efectos de la formulación por la empresa de sus Cuentas Anuales, tal como viene exigido por la normativa contable española. En ese caso, la conversión a euros de las partidas contables expresadas en la moneda funcional, se hará aplicando los criterios sobre "Conversión de estados financieros en moneda funcional distinta de la moneda de presentación" en las Normas de Formulación de las Cuentas Anuales Consolidadas". Además, las diferencias de conversión resultantes se imputarán directamente en el Patrimonio Neto de la empresa y no en la Cuenta de Pérdidas y Ganancias, lo que significa un tratamiento contable evidentemente desigual, que resulta llamativo puesto que el fondo económico de esta situación es bastante similar al de las diferencias de cambio propiamente dichas tratadas en la parte principal de este comentario. (JLCG).

diferencias de conversión. Partida contable, reconocida bajo tal denominación, dentro de la regulación contable española (PGC 2008 sobre presentación de las Cuentas Anuales individuales y también dentro la normativa sobre Cuentas Anuales Consolidadas del grupo).
Así, dentro de la Quinta Parte del PGC 2008 (Definiciones y Relaciones Contables), en donde se enuncian las cuentas correspondientes a los distintos grupos o rúbricas contables, dentro de las cuentas del Grupo 1. Financiación Básica, se

contempla la cuenta 135 Diferencias de Conversión que surge al convertir a la moneda de presentación de las partidas del Balance y de la Cuenta de Pérdidas y Ganancias (que es el euro), aquellas partidas correspondientes a elementos patrimoniales cuyas entradas y salidas hubiesen sido registradas originalmente en una moneda funcional distinta de la moneda de presentación, según los criterios de conversión previstos al efecto dentro de las Normas de Registro y Valoración del PGC 2008 (en concreto, en la Norma 11ª. Moneda Extranjera. 2. Conversión de las Cuentas Anuales a la moneda de presentación).

La referida Norma 11ª.2. del PGC 2008 señala que la moneda de presentación es la moneda en que se formulen las Cuentas Anuales, es decir, el euro. Sin embargo, excepcionalmente, cuando la moneda o monedas funcionales de presentación sean distintas del euro, la conversión de los importes de las referidas partidas a euros se realizará aplicando los criterios establecidos sobre "Conversión de estados financieros en moneda funcional distinta de la moneda de presentación en las Normas para la Formulación de las Cuentas Anuales Consolidadas (NFCAC) que desarrollan el Código de Comercio.

En otras palabras, el PGC 2008 contempla la posibilidad, aunque sólo con carácter excepcional, de que ciertas operaciones en moneda extranjera puedan ser registradas inicialmente en una o varias monedas funcionales distintas del euro, aunque luego, al final del ejercicio y a efectos de presentación de las Cuentas Anuales individuales de la sociedad, esas partidas expresadas en monedas funcionales distintas del euro tendrán que ser convertidas en euros mediante unos determinados métodos de conversión previstos en las normas sobre consolidación de cuentas, de las que podrán surgir diferencias de conversión. Pues bien, en ese caso, las Diferencias de Conversión (positivas o negativas) a euros que surgiesen de esos importes expresados en moneda funcional distinta del euro formarán parte de la rúbrica contable de Patrimonio Neto, mostrándose en un epígrafe específico "Diferencias de Conversión" que se creará dentro de la subagrupación "A-2 Ajustes por cambios de Valor" dentro de la rúbrica de Patrimonio Neto del Balance (individual y consolidado).

Esta situación sólo podrá darse cuando una empresa española sea partícipe en en activos o explotaciones en el extranjero controlados conjuntamente según se definen éstos en la Norma 20ª del PGC 2008 relativa a negocios conjuntos (negocios en participación en el extranjero en los que participase una empresa española) y la moneda funcional de esos negocios no fuese el euro. También serían aplicables tales criterios a las sucursales de las empresas españolas en el extranjero. (JLCG).

diligencia debida (*due diligence*). Es una revisión del negocio con objeto de confirmar las hipótesis sobre las que se ha tomado una determinada decisión vinculada, habitualmente, a procesos de fusiones, adquisiciones o ventas de negocios, *joint ventures*, salidas a bolsa, u obtención de financiación. No sólo comprenderán aspectos financieros, sino también aspectos comerciales, fiscales, legales, tecnológicos, de personal, etcétera. Permitirá:

- Mejorar la comprensión del negocio
- Facilitar información sobre aspectos concretos
- Identificar puntos fuertes y débiles del negocio, así como potenciales problemas y oportunidades. (JMPI)

dilución. Es la pérdida de valor de las acciones ordinarias así como de los beneficios como consecuencia de un aumento de capital. (IPF)

dinero. Medio de cambio aceptado y reconocido en una sociedad que se utiliza para el intercambio de bienes y servicios, jugando el triple papel de unidad de medida, medio de intercambio e instrumento de mantenimiento de valor. (IPF)

director principal (*leads manager*). Banco que actúa como representante de los miembros de un sindicato bancario en una emisión de bonos o préstamos sindicados. Negocia los términos de la operación financiera asociada a la emisión de títulos o a la concesión de un préstamo sindicado. (JJDH)

diversificación geográfica. Una empresa que tiene filiales o que realiza actividades en el exterior, esta diversificada, geográficamente. La diversificación geográfica puede reducir el riesgo de la empresa. El proceso de internacionalización de la empresa es considerado una estrategia de diversificación geográfica que debería tener incidencia en el riesgo sistemático de la empresa. El debate académico plantea si la diversificación geográfica de la empresa a través de la inversión directa en el exterior (o de filiales) tiene un mayor efecto sobre el riesgo y el valor de la empresa, que la podría obtenerse mediante una cartera diversificada internacionalmente. (FUM)

diversificación sectorial. Proceso que consiste en dirigir las actuaciones hacia diversos sectores de actividad de un modo simultaneo. Este tipo de diversificación puede afectar al riesgo y rentabilidad de la empresa. (IPF)

dividendo. Se denomina así a la retribución que, periódicamente, la empresa hace a sus accionistas. Cada socio recibirá una retribución proporcional a su porcentaje de participación en el capital de la sociedad. . El dividendo y las plusvalías obtenidas por la revalorización en el precio de las acciones de la entidad, determinan la rentabilidad que generan las acciones de la sociedad y es el principal atractivo para los inversores constituyendo, éstos, una de las principales fuentes de financiación de la sociedad. La forma en la que se materializa el pago de dividendos suele ser en efectivo o con acciones.

Nada se puede afirmar de forma tajante acerca de las ventajas o desventajas de la distribución de dividendos entre los accionistas y, de forma semejante al debate suscitado en la búsqueda de la estructura financiera óptima, este planteamiento dio lugar a diferentes corrientes de opinión, teniendo en cuenta que la decisión sobre el reparto de dividendos repercute de forma diferente en los accionistas y en la empresa.

La relevancia o irrelevancia de la *política de dividendos* depende, en cierto modo, del punto de vista con que se analice, ya que no tienen por qué coincidir los intereses de los accionistas con los intereses de la empresa.

- Para los accionistas.

  Parece lógico pensar que los accionistas prefieran más dividendos que menos, no obstante, al considerar los impuestos sobre la renta de las personas físicas puede que, algunos de ellos, cambien sus preferencias como consecuencia de ver incrementado el pago del mismo.

  El tipo de dividendo a percibir por los accionistas, al margen de los impuestos, puede ser idéntico o variable durante un determinado número de años. Esto suele serles indiferente siempre que consigan un nivel satisfactorio de dividendos y la riqueza a percibir sea la misma.

  Cuando la política de la empresa requiera de una ampliación de capital, el accionista verá compensados sus menores dividendos con los derechos de suscripción preferente, con lo que su riqueza permanecerá igual.

  Una consideración importante para defender la irrelevancia del pago de dividendos, es la posibilidad de recompra de acciones por parte de la empresa, ya que de esta forma, al accionista le será indiferente un reparto de dividendos que la recompra de las acciones, pues el beneficio por acción compensaría, en este último caso, la ausencia de repartos de beneficios.

- Para la empresa.

  Un menor pago de dividendos permite que ésta destine una mayor aplicación a reservas con el consiguiente aumento de su valor y de sus posibilidades de crecimiento. En esta política los gerentes deben ser cautos, ya que la insatisfacción de los accionistas puede deteriorar la imagen de la empresa, conduciendo todo ello a una *caída en la cotización de sus títulos en el mercado*, lo que puede dificultar, en el caso de necesitar efectuar una ampliación de capital, la colocación de nuevas acciones. Esto es debido a la información que, para el público en general, significa el reparto de dividendos.

  Se supone que una empresa que durante su trayectoria ha practicado una política de dividendos determinada y la cambia al *alza* es síntoma de que la empresa evoluciona positivamente, con lo que se hace atractiva en el mercado y no sólo los accionistas mantienen sus acciones, sino que éstas son cada vez más demandadas en el mercado lo que provoca *un crecimiento del valor de las mismas*. Por el contrario, una política de cambio en el reparto de dividendos *a la baja*, se tomará como un indicador de problemas en la empresa, lo que ocasionará la reacción contraria, es decir, no sólo no habrá demanda, sino que puede haber una excesiva venta, haciendo que el precio de *cotización de estas acciones caiga*.

Lintner estudia el planteamiento de los directivos frente a la política de dividendos, y considera que lo adecuado es una política de dividendos suavemente creciente de forma estable a largo plazo, independientemente de las ganancias obtenidas por la empresa, ya que si en un año existen fuertes ganancias y se incrementan los dividendos pero al año que viene estos dividendos no se reparten, la imagen de la empresa se pone en situación de alerta. Este estudio es corroborado posteriormente por Fama y Babiak.

Otra consideración importante para defender la irrelevancia del pago de dividendos, es la posibilidad de recompra de acciones por parte de la empresa, ya que de esta forma, al accionista le será indiferente un reparto de dividendos que la recompra de las acciones, pues el beneficio por acción compensaría, en este último caso, la ausencia de repartos de beneficios. (IPF)

divisa. Partiendo del concepto de oferta monetaria en sentido estricto (M1) como la integrante de los activos de mayor liquidez, es decir, del efectivo en manos del público (billetes y monedas) más los depósitos a la vista (cuasidinero), podemos hablar de medios de pago en moneda extranjera en sus dos componentes básicos: monedas y billetes más depósitos bancarios a la vista denominados en moneda extranjera. La práctica totalidad de las transacciones de medios de pagos en moneda extranjera se hacen a través de transferencias de depósitos a la vista por lo que el concepto de divisa se confunde con el de depósitos de cuente corriente. Debido a que los costes de transacción en moneda y billetes extranjeros son mayores (diferentes) que los que ocasionan la operativa con depósito los precios (tipo de cambio) de unas y otros difieren.

Según el Fondo Monetario Internacional (F.M.I), son divisas los títulos de crédito de las autoridades monetarias frente a no residentes bajo la forma de depósitos bancarios, valores públicos a corto y largo plazo y otros títulos de crédito utilizables en caso de déficit de Balanza de Pagos. (JJDH)

divisa convertible. Según el Artículo VIII del Convenio Constitucional del Fondo Monetario Internacional (FMI) una divisa es convertible cuando cumple las tres condiciones siguientes:

- No existencia de imposición de restricciones por parte de la autoridad monetaria del país a los pagos y transferencias derivados de transacciones corrientes.
- Que la autoridad monetaria no discrimine los pagos o transferencias en razón del país de destino.
- Que exista posibilidad de recompra de saldos acumulados en poder de otro país como consecuencia de transacciones corrientes. (MMB)

duración (*duration*). Tiempo de recuperación del valor actual de los flujos de caja producidos por un activo o cartera de renta fija, ponderados por el tiempo transcurrido desde su adquisición hasta su amortización. Esta medida, atribuida a Macaulay (1938) es ampliamente empleada para evaluar el riesgo de mercado asociado a bonos y carteras de deuda. Los principales factores que influyen en la duración son el cupón, el tiempo al vencimiento del bono y la tasa interna de rentabilidad del mercado. Analíticamente la duración se formula a través de la siguiente expresión:

$$D = \frac{\sum_{t=1}^{t=n} FC_t (1+r)^{-t} \cdot t}{P}$$

donde:
D: Duración del Bono
FC: Flujos de caja del bono desde el momento de la compra hasta su vencimiento
r: Tasa Interna de Rentabilidad del Bono
t: Período de vida en el que se encuentra el bono
P: Precio del Bono
(MMB)

duración corregida o modificada. Razón entre la duración de un bono o cartera y su tasa interna de rentabilidad. A través de ésta medida se obtiene la sensibilidad del precio de un bono o cartera de renta fija ante modificaciones en los tipos de interés. Por tanto, la sensibilidad mide el riesgo que un bono o cartera de renta fija tiene frente a cambios en los factores que afectan a su precio, por ello es una herramienta muy utilizada para la gestión del riesgo de tipo de interés en carteras de Deuda. La fórmula de la duración corregida es la siguiente:

$$DC = \frac{D}{(1+r_t)}$$

(MMB)

E

economías de alcance. Economías o sinergias producidas como consecuencia de realizar conjuntamente diversas actividades relacionadas. Puede resultar más económico, en términos relativos, producir conjuntamente dos bienes o servicios, que realizar cada uno de ellos por separado. Es un término similar al de economías de escala, pero a diferencia de éstas, las eficacias y sinergias asociadas no se refieren a los cambios en el lado de la oferta, como el tipo de producto, tamaño de la producción, etc.; sino a los cambios en el lado de la demanda, como el tamaño en la comercialización o la distribución, la tipología de los productos, etc. (SRC)

economías de escala. Proceso mediante el cual incrementando el volumen de actividad se consiguen incrementos de productividad y consecuentemente una reducción del coste por unidad. (IPF)

efecto Fisher internacional. El denominado efecto Fisher "*open*" o internacional puede enunciarse de dos maneras. En el análisis de los tipos de cambio y en comparación con la denominada Teoría de la Paridad de los Tipos de interés o Arbitraje de intereses en cobertura (ver la correspondiente voz) se establece la relación de arbitraje no cubierto. Así, se establece que existe equilibrio cuando se estima que se produce la siguiente relación de paridad

$$E(S_1 =) = \frac{1+i}{1+i^*} S_0$$

$$\frac{E(S_1 - S_0)}{S_0} = \frac{i - i +}{i / i^*}$$

siendo:
E(S1)= tipo de cambio esperado (previsto) en el momento 1(unidades monetarias locales por una unidad de moneda extranjera)
S0= tipo de cambio actual
i= tasa de interés nominal de la moneda local a un periodo (año, mes, trimestre…)
i*= tasa de interés nominal de la moneda extranjera a un periodo
De la anterior expresión se desprende que la moneda que se depreciará ($E(S_1) > S_0$) será aquella cuya tasa de interés nominal sea mayor ($i > i^*$).
El efecto Fisher "*open*" también se podría exponer comparando la ecuación de Fisher (Fisher Closed) de dos economías. Así,

$$i_a = r_a + \dot{p}_a + r_a \dot{p}_a$$
$$i_b = r_b + \dot{p}_b + r_b \dot{p}_b$$

$$(i_a - i_b) = (r_a - r_b) + (\dot{p}_a - \dot{p}_b) + (r_a \dot{p}_a - r_b \dot{p}_b)$$

En base a lo anterior y si $r_a = r_b$ y el último término $r_a \dot{p}_a - r_b \dot{p}_b$, es próximo a cero, como puede ocurrir especialmente en economías con bajos niveles de interés y de inflación (de un solo dígito, por ejemplo) se puede decir que el efecto Fisher internacional nos indica que la tasa prevista de variación del tipo de cambio entre dos monedas, en un periodo de tiempo determinado, viene explicado por el diferencial de intereses de las correspondientes monedas, que a su vez, según las expresiones anteriores viene conformado por las diferenciales de inflación. Asimismo cuando r_a no es igual a r_b su explicación puede ser debida al diferencial de riesgo país de las dos economías a que se refieren el tipo de cambio y a la relevancia internacional de una de las monedas respecto de la otra. (JJDH)

eficiencia del mercado. Un mercado es eficiente cuando sus precios recogen toda la información histórica y presente, pública y privada disponible. Ello nos permite identificar tres niveles diferenciados de eficiencia: *débil* cuando se incorpora la información histórica, *intermedia* cuando además se incorpora la información presente publicada y *fuerte* cuando incluso se incorpora la información presente no publicada, privilegiada o privada. (FUM)

emisiones. Proceso mediante el cual una entidad genera títulos valores de determinada tipología, habitualmente en masa y con una agrupación homogénea, con el objetivo de obtener recursos financieros mediante su colocación en el mercado.
Consiste, desde la óptica monetaria, en la puesta en circulación de moneda y billetes por parte de las autoridades. (IPF)

empresa. Una empresa es un sistema que interacciona con su entorno materializando una idea, de forma planificada, dando satisfacción a unas demandas y deseos de clientes, a través de una

actividad económica. Es la unidad económica básica.
Para la Unión Europea "empresa es toda *entidad*, independientemente de su *forma jurídica*, que ejerza una actividad económica. En particular, se considerarán empresas las entidades que ejerzan una actividad *artesanal* u otras actividades a título individual o familiar, las *sociedades* de personas y las *asociaciones* que ejerzan una actividad económica de forma regular." (IMTE)

empresa multinacional. Una empresa es multinacional si posee, coordina y controla, filiales (unidades empresariales) en al menos un país extranjero. Esta definición permite considerar como colectivo de *multinacionales* tanto a empresas de pequeña dimensión (por ejemplo, con una sola filial en el exterior) como a las grandes multinacionales (con 200 filiales en el exterior, por ejemplo). El grado de amplitud y profundidad de una multinacional vendrá determinado por el número de filiales en el *exterior* y por el número de países en los que esté presente. *También* puede aproximarse a través de los pesos o ponderaciones (porcentajes) de las ventas, activos, empleados e impuestos pagados en el exterior, respecto de los correspondientes totales. Las filiales de las *multinacionales* pueden ser de tipo comercial, de producción, de *producción* y venta, instrumentales (sociedades *holding*, por ejemplo), y sociedades financieras en general (gestión internacional de tesorería, servicios *financieros*). *Véase*, inversión directa en el exterior (JJDH)

empresa global. Una empresa puede ser considerada como global, desde el punto de vista de su actividad real si, por ejemplo, la distribución de sus ventas en el exterior supera un determinado porcentaje en cada uno de tres de los continentes existentes. La amplitud o profundidad de la mundialización puede ser estimada en función del número de países y de la concentración de filiales en el exterior. Sin embargo, el término puede ser más amplio en contenido si además consideramos la estructura financiera de la multinacional: endeudamiento en divisas y que la mayoría de los accionistas sean no residentes, es decir, residan fuera del país de origen y de domicilio de la matriz (de la multinacional). También puede considerarse si un determinado porcentaje de su capital cotiza en varios mercados de valores extranjeros. Es decir, esta acepción de empresa global significa que su actividad real (producción, comercialización y venta de bienes y servicios) y su estructura financiera (capital-accionistas-, y prestamistas) son globales (multinacionales en lo que a residencia de sus titulares se refiere). (JJDH)

empréstito. Operación financiera de captación de recursos en la que una parte de la operación (deudor) se financia o recibe fondos de la otra parte acreedora. Forma de financiación del Estado y de las empresas privadas, a través de la emisión de títulos-valores de renta fija a medio y largo plazo. Forma de captar fondos del emisor del empréstito de bonos y obligaciones que obtiene financiación ajena y se endeuda con los ahorradores que compran los títulos-valores. Operación de amortización de un capital actual o importe efectivo de una emisión de valores, bonos y obligaciones. Conjunto de varios préstamos o varios títulos-valores cuyo precio efectivo es el valor actual de un préstamo. *Empréstito con intereses vencidos:* Conjunto de préstamos americanos o de títulos-valores cuyo precio efectivo es el valor actual de un préstamo americano. *Empréstito cupón cero o con intereses acumulados:* Conjunto de préstamos simples o de títulos-valores cuyo precio efectivo es el valor actual de un préstamo simple. (CMR)

entidad bancaria. Entidad cuya actividad básica consiste en la obtención del público, en forma de deposito u otras análogas, de fondos que aplica por cuenta propia a operaciones activas de crédito y a otras inversiones, prestando además servicios de giro, transferencia, custodia, mediación y otros. Su principal característica es su capacidad de aportar liquidez al sistema económico mediante la generación del denominado dinero bancario. (IPF)

entidades financieras de crédito. De acuerdo con la Directiva 2000/12/CE del Parlamento Europeo y del Consejo, son Entidades Financieras de Crédito (EFC) las empresas cuya actividad estriba en captar del público depósitos u otros fondos reembolsables y en conceder créditos por cuenta propia. Además, esta Directiva incorpora como EFC a las Entidades de Dinero Electrónico reconocidas con arreglo a la Directiva 2000/46/CE del Parlamento Europeo y del Consejo, de 18 de septiembre de 2000.
La Ley 44/2002 de Medidas de Reforma del Sistema Financiero señala como EFC españolas el Instituto de Crédito Oficial, los Bancos privados, las Cajas de Ahorros y la Confederación Española de Cajas de Ahorros, las Cooperativas de Crédito, los Establecimientos Financieros de Crédito y las Entidades de Dinero Electrónico. Desde la crisis de 2007, las autoridades financieras mundiales han aumentado la vigilancia y supervisión sobre las EFC con el fin de comprobar el nivel de cumplimiento de las normativas sobre solvencia y control. El Banco de España es el organismo financiero encargado de la función de supervisión de estas entidades en España.
Las actividades que EFC realizan se clasifican en operaciones de activo, de pasivo y de servicios financieros. El anexo I de la Directiva 2000/12/CE indica, de manera no exhaustiva, las funciones más tradicionales de las EFC: 1) recepción de depósitos o de otros fondos reembolsables; 2) préstamos (crédito al consumo, crédito hipotecario, factoring con o sin recurso, financiación de transacciones comerciales, etc.); 3) arrendamiento financiero; 4) operaciones de pago; 5) emisión y gestión de medios de pago (tarjetas de crédito, cheques de viaje, cartas de crédito); 6) concesión de garantías y suscripción de compromisos; 7) transacciones, por cuenta propia de la entidad o por cuenta de su clientela, de instrumentos de: mercado monetario (cheques, efectos,

certificados de depósito, etc.), mercado de cambios; forward y opciones; divisas y tipos de interés; y, valores negociables; 8) participaciones en las emisiones de títulos y prestaciones de los servicios correspondientes; 9) asesoramiento a empresas; 10) intermediación en los mercados interbancarios; 11) gestión o asesoramiento en la gestión de patrimonios; 12) custodia de valores negociables; 12) informes comerciales; y, 13) alquiler de cajas fuertes. (MLG)

error de réplica (*tracking error*). Medida de la desviación de la rentabilidad de un activo o cartera respecto de su índice de referencia. Esta medida es muy utilizada por los gestores de fondos de inversión, para conocer el grado de ajuste de sus carteras al índice de mercado y en consecuencia analizar la rentabilidad obtenida frente a una cartera pasiva ajustada al índice de referencia. Analíticamente se calcula como la raíz cuadrada de la diferencia entre el rendimiento del activo y el de la cartera de referencia.(MMB)

escudero blanco. Es un accionista que podría lanzar una operación de control de la empresa por sí mismo, por tanto, puede dificultar grandemente a los tiburones financieros su adquisición. El *escudero blanco*, realmente no está interesado en la adquisición de la compañía, sólo en su defensa.
Con el objeto de defender a dichas empresas, algunos banqueros organizan fondos de inversión con dicho propósito. Un fondo del tipo *escudero blanco* se diseña para aumentar la participación en el capital de las empresas bajo presión y se estructura para actuar como mecanismo de defensa hasta que pase el peligro de una toma de control hostil. (JMPI)

especulación. Estrategia financiera dirigida a la obtención de beneficios derivados de la compraventa de un activo/s a diferentes precios en momentos temporales distintos, implicando un riesgo de pérdida si la expectativa de evolución de los precios por parte del agente especulador no se materializa. Éste tipo de estrategias pueden dividirse entre especulación tendencial (cuando la compraventa afecta exclusivamente a un activo) y especulación diferencial (cuando dicha compraventa se efectúa sobre dos activos correlacionados en precio con objeto de obtener un beneficio de la evolución del diferencial —*spread*— de precios entre ellos). (MMB)

estado de origen y aplicación de fondos. *Véase*, cuadro de financiación.

estructura de capital. La estructura de capital (financiero) o estructura financiera viene definida por la proporción entre deuda y recursos propios, que conjuntamente están financiando los activos totalesde la empresa. La deuda puede comprender tanto los recursos captados a corto plazo como a largo plazo. Ahora bien, si tenemos en cuenta las inversiones permanentes o a largo plazo, es decir, los activos fijos y elcapital circulante (o fondo de maniobra), la estructura de capital relevante es la

que podemos denominar financiación "permanente" o a largo plazo, esto es, la deuda a largo plazo y los capitales propios.
La estructura de capital puedereferirse a la existente en un momento dado o aquella que constituyeel objetivo o nivel deseado por la empresa; adaptándose a los cambios significativos de los factores determinantes de dicha estructura. Factores de "consenso" en la determinación de la estructura de capital son: estructura de los activos (grado de tangibilidad), tamaño o dimensión de la empresa, oportunidades de crecimiento y rentabilidad. Ahora bien hay otros factores que también influyen, especialmente variables de índole internacional en las empresas internacionalizadas.
Elvalor de ambas fuentes de financiación (deuda y recursos propios) puede ser el que nos informa la contabilidad o el que se desprende de valores de mercado (capitalización bursátil).
El análisis de la estructura financiera o de capital de una empresa puede realizarse en base a diferentes aproximaciones: i) teoría de equilibrio (*trade off*), que nos indica quela estructura de capital óptima es aquella que minimiza el coste medio ponderado de capital y maximiza el valor de mercado de la empresa. A partir de este punto (o zona) más deuda implicaría más riesgo financiero (mas costes de insolvencia y quiebra) y más costes de agencia, a pesar del mayor ahorro fiscal que los gastos financieros pueden proporcionar; ii) teoría de las preferencias (*pecking order*), que basándose en la asimetría de información señala que las empresas se financian primero mediante la autofinanciación o financiación interna, después acudiendo a la deuda y en último extremo se asume la ampliación de capital. Esta aproximación recoge el comportamiento de aquellas empresas (familiares o no) que no desean admitir nuevos socios por motivos de control, por ejemplo. Por último, iii) empresas que considerando los momentos (*timing*) que caracterizan a los mercados de capitales adaptan la estructura financiera a las mejores opciones que presentan estos. Es decir, la estructura de capital es el resultado del comportamiento en el pasado del valor de mercado de las acciones. Se emiten acciones cuando el precio está alto y se recompran cuando es bajo. El precio histórico de las acciones influye en la estructura de capital. (JJDH)

estructura temporal de los tipos de interés. Función matemática que une las diferentes tasas de interés de activos financieros a diferentes plazos y con un mismo nivel de riesgo de crédito. Es una herramienta muy útil para la valoración de instrumentos financieros. Entre sus otras utilidades cabe citar las siguientes: información acerca de las previsiones de los agentes económicos, valoración de instrumentos derivados, análisis de la política monetaria, realización de operaciones de arbitraje y evaluación de estrategias de inmunización de carteras. (MMB)

estructuración. Proceso que consiste en el diseño de nuevos productos financieros a partir de la articulación y combinación de varios instrumentos financieros tradicionales o derivados, quedando su coste o rendimiento ligado a la evolución que experimente una determinada referencia. (IPF)

ETFs o *exchange traded funds.* Los fondos cotizados en bolsa (ETFs) son Fondos de Inversión cotizados en los mercados de valores, que gozan de las propiedades de los Fondos y de los títulos de renta variable (de ahí su condición de "híbridos"). Replican el comportamiento de un índice y su liquidez es similar a la de las acciones, beneficiándose de comisiones de gestión más reducidas. Pueden comprarse "a crédito", y son operaciones que exigen una inversión reducida. Frente a los fondos tradicionales, los ETFs tienen mayor correlación con el mercado, mayor transparencia, liquidez intra-día, y menores costes de negociación. (RAS)

euribor. Tipo de interés de oferta en el mercado interbancario del área euro. El índice euribor lo publica la Federación Bancaria Europea, a partir de un panel de entidades cotizantes, como la media de los tipos de oferta a los diferentes plazos dentro del mercado de préstamos interbancarios. Dicho índice es ampliamente utilizado como referencia para operaciones de préstamo y crédito entre entidades de crédito y agentes prestatarios o acreditados. Los plazos a los que se publica dicho índice son uno, tres, seis y doce meses. (MMB)

eurobono. Bono emitido en un país distinto al de nacionalidad del emisor. Presentan diferentes plazos de emisión, pudiendo emitirse a tipos fijos o variables con diferentes divisas de denominación. Los emisores de éste tipo de deuda, deben poseer un elevado grado de solvencia. Por lo general se trata de Estados (deuda soberana), organismos internacionales, grandes empresas multinacionales y bancos. (MMB)

eurocreditos. Créditos o préstamos bancarios concedidos por un sindicato bancario en una eurodivisa. Generalmente se realizan a un tipo de interés de referencia al que se le añade un margen. Periódicamente se ajusta el interés de referencia. (JJDH)

eurodivisa. Depósitos a plazo constituidos en entidades bancarias localizadas fuera del país donde la moneda es de curso legal. (JJDH)

euronota. Programa de financiación consistente en la emisión de títulos a corto plazo fuera del país del emisor, con un compromiso de suscripción a largo plazo. En función de la modalidad de emisión, se distinguen dos tipos de activos:

- N.I.F.s (*note issuance facility*): Son emisiones de euronotas, donde el sindicato bancario asegurador, no garantiza la disponibilidad de los fondos, por lo que el éxito de la colocación depende de la demanda del mercado.
- R.U.F.s (*revolving underwritting facility*): En éste caso la emisión se encuentra asegurada por el sindicato colocador de la misma.
- Las euronotas se formalizan usualmente como títulos al portador con

elevados nominales (Entre 500.000 Y 1.000.000 €/$), vencimientos entre tres y seis meses y compromisos de suscripción entre 5 y 7 años. (MMB)

economic value added **(EVA).** *Véase*, valor económico añadido.

Eurosistema. *Véase*, Sistema Europeo de Bancos Centrales.

exposición (*exposure at default*-EAD). Representa el valor económico, en el momento del incumplimiento, de los derechos sobre la contrapartida. (RAS)

extreme value theory **(EVT).** *Véase*, teoría del valor extremo.

exponential weighting moving average **(EWMA).** *Véase*, promedios móviles.

existencias. Son activos que posee la empresa, necesarios para realizar el ciclo de explotación y que pueden estar en proceso de producción o en forma de "materiales o suministros para ser consumidos en el proceso de producción o en prestación de servicios". (TMP)

F

factor de conversión. Coeficiente de homogeneización del valor de un bono entregable en el mercado de futuros respecto al activo nocional subyacente al contrato. Se calcula actualizando los flujos de caja pendientes de recepción del bono entregable a la fecha de vencimiento del contrato utilizando como tasa de descuento la T.I.R del futuro. Analíticamente:

$$f = \frac{\sum_{s=1}^{n} FC_s (1+r)^{-t_s} - cc}{N}$$

donde:

f: Factor de Conversión del Bono

FC : Flujos de caja pendientes de recepción del bono entregable de Deuda Pública desde la fecha de vencimiento del contrato de futuros, hasta su amortización.

r : Tasa Interna de Rentabilidad del contrato de futuros sobre un bono nocional (teórico).

cc : Cupón corrido del Bono entregable

N: Nominal del bono entregable

Los factores de conversión son publicados periódicamente por las Bolsas de Futuros que negocian contratos sobre bonos nocionales, al objeto de facilitar el procedimiento de entrega al vencimiento por parte de las posiciones vendedoras. (MMB)

factor de decaimiento ó de decadencia (*decay factor* o lambda L). Factor (entre 0 y 1) empleado en el método de estimación EWMA que determina el ritmo al cual disminuye la importancia de las observaciones más alejadas en el tiempo respecto del momento en el que se realizan las predicciones de los valores futuros de volatilidades y correlaciones. RiskMetrics recomienda utilizar l igual a 0,94 y 0,97 para las predicciones diarias y mensuales respectivamente. (RAS)

factoring. Se puede definir el *factoring* como la cesión a un intermediario comercial y financiero (Factor o empresa de *factoring*), de los derechos de cobro sobre los clientes de la empresa a un precio establecido con anterioridad según contrato.
En función de quién asuma el riesgo de impago, se puede clasificar a las operaciones de *factoring* en: *factoring* con recurso y *factoring* sin recurso. La característica fundamental del *factoring* con recurso es que el factor se hace cargo de la gestión y el cobro de los deudores, pero no se responsabiliza de los posibles fallidos, por el contrario en el *factoring* sin recurso, el factor asume el riesgo de impago de los deudores.
Los servicios que el factor puede ofrecer al cliente pueden ser muy diversos, fundamentalmente se podrían agrupar en servicios de carácter administrativo y servicios de carácter financiero.
Entre los servicios de carácter administrativo se pueden señalar: Investigación de la clientela, contabilidad de las ventas, elaboración de estadísticas de utilidad para la gestión de la empresa y la gestión de cobro a los clientes. Entre los servicios de carácter financiero: la cobertura de riesgos de impago (cuando los motivos del mismo sean los de morosidad o insolvencia, pero no cuando el impago se produzca por motivos comerciales) y la financiación.
El factor no tiene la obligación de aceptar todas las cuentas a cobrar, pudiendo rechazar algunas. No pueden factorizarse operaciones relacionadas con productos perecederos, quedando también excluidas las operaciones a más de 180 días.
La financiación ofrecida por el factor consiste en la anticipación del importe de los créditos cedidos, pero a diferencia del descuento comercial, en que sólo se anticipan créditos formalizados en efectos de comercio, en el *factoring* se descuentan todos los créditos, independientemente de cómo estén documentados (Letras, recibos, pagarés, facturas, certificaciones etc.). La mayor ventaja con respecto al descuento comercial está en que el factoring reduce el pasivo, mientras que el descuento comercial no lo hace, al tener que permanecer la deuda contabilizada en el pasivo hasta que se produzca el pago. Por lo tanto, el *factoring* es una modalidad más flexible para obtener financiación.
Una vez que el factor ha verificado la documentación recibida del cliente calcula la liquidación a entregar al mismo. Al valor total de la remesa de créditos cedida le resta el importe de su comisión, calculándose sobre el total de la remesa y que dependerá del volumen de negocio, de los servicios contratados, del valor medio de los créditos cedidos y de los vencimientos de los mismos, del nivel de riesgo transferido y de su diversificación etc. Le resta asi-

mismo el porcentaje (un 10 o un 20%) que retiene, como margen de garantía, en previsión de posibles incidencias comerciales (este porcentaje retenido le será devuelto al cliente una vez que el crédito haya vencido sin problemas). Por último, deducirá los intereses correspondientes al descuento, éstos se calcularán sobre la cantidad adelantada. El coste efectivo de la financiación será el la tipo de interés que iguale la cantidad efectiva recibidas con el importe efectivos entregado por la empresa. (AMR)

factura. Documento mercantil que recoge toda la información referente a una operación de compraventa. En el mismo deben quedar reflejados: los datos correspondientes al expedidor y al destinatario, la entrega de un producto o la prestación de un servicio, la fecha de devengo de la operación y otras cuestiones como la cantidad, el precio unitario y total, los descuentos y los impuestos.
La factura tiene, asimismo, la consideración de justificante fiscal de la entrega de un producto o la prestación de un servicio que afecta a los obligados tributarios: emisor y receptor. Este documento confiere al receptor el derecho de deducción del impuesto sobre el valor añadido (IVA).
Las facturas pueden ser: ordinarias (simplemente documentan la operación comercial), rectificativas (son las que documentan correcciones de facturas anteriores) y recapitulativas (documentan paquetes de facturas que se corresponden con un determinado periodo). AMR)

Fama, Eugene. Economista estadounidense nacido el 14 de febrero de 1939. Es muy conocido por sus aportaciones a la teoría de carteras y a la valoración de activos financieros. Como dato curioso, su formación inicial es de licenciado en Filología Francesa. Ha desarrollado toda su carrera en la universidad de Chicago.
Sus principales aportaciones se encuentran en el concepto de eficiencia de los mercados.
Un mercado eficiente es un mercado en el que los precios se ajustan de forma automática a la nueva información que llega al mercado. En este tipo de mercado, los precios de las acciones son impredecibles y siguen un "paseo aleatorio".
Fama propuso dos conceptos cruciales que definieron el principio de la discusión acerca de los mercados eficientes.

1-. Fama propuso tres tipos de eficiencia:
   - Eficiencia en su forma fuerte
   - Eficiente en su forma intermedia
   - Eficiencia de forma débil

   Estos tipos dependen de la definición de información que utilicemos para definir la eficiencia del mercado.
2-. Fama demostró que la noción de Eficiencia de Mercado no puede ser rechazada sin el rechazo del Modelo de Valoración de Activos Financieros (conocido como CAPM). Este concepto conocido como "El Problema de la Hipótesis Conjunta" (*joint hypothesis problem*) ha provocado desde su publicación a muchos investigadores.

En los últimos años Eugene Fama junto con Kenneth French han publicado una serie de trabajos que ponen en cuestión la validez del modelo CAPM (*Capital Asset Pricing Model*). En el año 2005, Eugene Fama fue el ganador del Premio Deutsche Bank en Economía Financiera. (PLF)

fecha de contratación. Fecha en la cual se establecen las condiciones económicas de una operación de compra-venta. (NBD)

fecha de liquidación. En los mercados de valores, es la fecha en la que se liquida una transacción. Es decir, la fecha en la que se efectúa el pago de las compras y la consiguiente recepción de las acciones o, en caso contrario, el cobro de las ventas y la entrega de los títulos. La diferencia exacta entre la fecha de la operación y la fecha de la liquidación puede variar de un mercado a otro, siendo conveniente conocerla antes de realizar operaciones. (NBD)

fianza. Garantía que busca asegurar el *cumplimiento* efectivo de una *obligación*. Este término es empleado en dos sentidos: como garantía real y como garantía personal. Como garantía personal, la fianza garantizará el cumplimiento de una deuda o de una obligación a través de la existencia de la figura del fiador, que se obliga frente al *acreedor* de otra, a cumplir la obligación del deudor si este no la satisface. (IMTE)

fiducia. Contrato o convenio en virtud del cual una persona, llamada fideicomitente o también fiduciante, transmite bienes, cantidades de dinero o derechos, presentes o futuros, de su propiedad a otra. (IMTE)

financiación ajena. Forma de obtención de fondos líquidos acudiendo a acreedores no propietarios de la empresa. Recursos ajenos que provienen de prestamistas, bonistas, arrendadores, proveedores y otros acreedores de la empresa. Pasivo del balance de situación de la empresa. Suma de los importes de las deudas con acreedores de la empresa. Suma de deudas a medio y largo plazo (pasivo no corriente) y deudas a corto plazo (pasivo corriente). Endeudamiento de la empresa o recursos que se obtienen de acreedores y no de los socios. (CMR)

financiación espontánea. Se conoce como financiación espontánea, o sin coste explícito, aquella que surge del desarrollo normal de la actividad empresarial y de la que la empresa puede disponer sin tener que realizar una petición formal.
Entre las fuentes espontáneas de financiación, la más importante es el crédito comercial o de los proveedores, siendo, asimismo, fuentes de estas características la Hacienda Pública y la Seguridad Social. Las dos últimas, lo son en la medida en que se produce un desfase temporal entre el momento en que se efectúan las retenciones a cuenta de los impuestos y de las cotizaciones, hasta que se realiza el pago de las mismas. (AMR)

financiación propia. Forma de obtención de fondos líquidos acudiendo a los propietarios de la empresa. Recursos propios que provienen de socios y accionistas. Patrimonio neto empresarial del balance de situación. Suma del importe de capital social, reservas y resultado de ejercicio (pérdida o ganancia anual). Patrimonio empresarial que sirve de garantía frente a los acreedores de la empresa. (CMR)

financiación puente. Financiación a corto plazo concedida por un banco para que el propietario haga uso de ella durante el tiempo necesario para tramitar y obtener financiación a medio y largo plazo en el mercado de capitales. (JJDH)

finanzas. Se puede definir las finanzas como el área de la economía que estudia el funcionamiento de los mercados de capitales y de la oferta y precio de los activos financieros. En algunos países (por ejemplo, en Francia) se identifica esta rama con el campo de la Hacienda Pública y de las demás actividades económicas del Estado.
En otra acepción, se podrían considerar las finanzas como la parte de la economía que estudia la circulación del dinero entre los individuos, las empresas o los distintos Estados, es decir, la obtención y la gestión de los fondos.
Las finanzas privadas estarían ligadas a la inversión, financiación, beneficios y dividendos, mientras que las públicas se encontrarían más relacionadas con la política fiscal de un Estado. (AMA)

finanzas conductistas o finanzas del comportamiento. Una de las características más novedosas de las finanzas conductistas es que utiliza herramientas metodológicas propias de la Psicología con el objeto de analizar las decisiones humanas. Para ello se plantean distintos experimentos en laboratorio, lo que permite observar el comportamiento de los individuos de modo controlado y comprobar el tipo de racionalidad utilizado por los inversores al tomar sus decisiones. Aunque inicialmente esta forma de investigación fue ampliamente criticada por los pensadores neoclásicos, la concesión en 2002 del Nobel de Economía a Daniel Kahneman y Vernon Smith constituyó el reconocimiento académico a la convergencia de dos corrientes del análisis económico, el enfoque behaviorista (o conductista) y la economía experimental.
Los dos pilares sobre los que se han construido las finanzas conductistas son: los aspectos psicológicos de los agentes económicos y los límites en el comportamiento racional de los individuos y, por tanto, para el arbitraje. En este sentido, son pioneras las aportaciones de Herbert Simon (1955) y su teoría de la racionalidad limitada. A diferencia de los postulados clásicos, en las finanzas conductistas se considera que al analizar las decisiones financieras, tanto individuales como aquellas que se realizan en el seno de las empresas e instituciones, deben considerarse los aspectos psicológicos: aspectos cognitivos, los sesgos individuales y los comportamientos sociales, que afectan a los agentes participantes en la toma de esas decisiones. La consideración de tales aspectos psicológicos influye en el pro-

ceso de asignación de los recursos disponibles tanto a través de los mercados como de las empresas. Así, las finanzas del comportamiento pretenden aportar explicaciones a las evidencias de comportamientos ineficientes, de acuerdo con los planteamientos clásicos, que se han venido acumulando en los trabajos realizados por distintos autores a lo largo de las últimas décadas. En definitiva, la pregunta a la que pretenden dar respuesta los investigadores en finanzas conductistas es ¿Por qué los individuos, tanto a nivel individual como cuando actúan como directivos de empresas e instituciones, cometen errores, de acuerdo con los postulados de las finanzas clásicas, de forma sistemática? Estos errores en sus decisiones influyen en la formación de los precios en los mercados y la asignación de los recursos por parte de las empresas, por lo que se generan ineficiencias que no se corrigen mediante el arbitraje.

Autores como Eugene Fama argumentan que las finanzas conductistas no son una rama de las finanzas sino una colección de trabajos que han observado anomalías en los mercados financieros. Tales anomalías, según Fama y algunos otros autores clásicos, deberían ser eliminadas por el adecuado funcionamiento del mercado o explicadas por aspectos relacionados con la micro estructura de los mercados. Los autores clásicos también cuestionan que el comportamiento observado en los experimentos se pueda extrapolar a los mercados.

No es fácil situar los orígenes de una rama de las finanzas que está en proceso de consolidación como las finanzas conductistas, incluso no es fácil diferenciar entre finanzas conductistas y economía conductista. Adam Smith en el siglo XVIII hace referencia a los principios psicológicos del comportamiento individual. Con posterioridad economistas como John M. Keynes, J. Bentham, F. Edgeworth, V. Pareto o I. Fisher han utilizado explicaciones psicológicas en sus trabajos. Por su parte, Sewell (2008) sitúa los primeros antecedentes en la obra que Gustave Le Bon publicó en 1896 "The Crowd: A study of the Popular Mind" y en el libro de Selden "Psycology of the Stock Market" que data de 1912. No obstante, es a partir de la segunda mitad del siglo XX cuando se van produciendo distintas aportaciones que socavan la hipótesis de comportamiento racional de los agentes económicos presente en las propuestas de las finanzas clásicas.

De los distintos autores que han realizado sus aportaciones en el campo de las Finanzas Conductistas hay que destacar los trabajos publicados por Amos Tversky, Daniel Kahneman, Richard Thaler y Werner DeBondt. El segundo de esto autores recibió el Premio Nobel de Economía del año 2002, reconocimiento que no pudo recibir Amos Tversky por su fallecimiento en 1996. En particular destaca el trabajo publicado por Tversky y Kahneman en 1979 en la revista "Econométrica" en el cual plantean su teoría prospectiva como alternativa a uno de los pilares de las finanzas clásicas: la teoría de la utilidad esperada propuesta por Von-Neumann y Morgenstern. Por su parte, Thaler y

DeBondt inauguran formalmente el campo de las Finanzas Conductistas con su trabajo " Does the stock market overreact" publicado en 1985 en el "Journal of Finance" con el cual demuestran que las personas sobrerreaccionan antes situaciones inesperadas. Thaler, por su parte, había propuesto en 1980 que los agentes económicos no distribuyen sus recursos en una cartera diversificada como planteó Harry Markowitz en 1952 sino que siguen un esquema mental de compartimentos estancos para organizar, evaluar y conocer la evolución de sus actividades financieras (*mental accounting*).

Finalmente, no existe unanimidad entre los distintos autores sobre como clasificar las aportaciones realizadas hasta el momento en la rama de las Finanzas del Comportamiento o Finanzas Conductistas. No obstante, Shefrin (2002) identifica tres grandes bloques de propuestas:

- El análisis de los heurísticos que utilizan los individuos para resolver situaciones más o menos complejas. Entre las aportaciones realizadas en este bloque destacan: la teoría prospectiva, la aversión a las pérdidas, el *status quo*, la falacia del jugador, la ilusión monetaria o el exceso de confianza.
- Las cuestiones relacionadas sobre cómo se le presentan los problemas al decisor y el efecto que tal presentación tiene sobre la decisión adoptada. Aquí se han planteado análisis sobre los aspectos cognitivos de la presentación, la estructura mental de las personas y su influencia en la toma de decisiones, y el efecto anclaje de las decisiones previas adoptadas al tomar una nueva decisión.
- Posibles explicaciones para las anomalías detectadas en el funcionamiento de los mercados cuando se aplican, como esquema de análisis, los planteamientos clásicos. Existe abundante literatura que contradice dos pilares de las finanzas clásicas como son la hipótesis de expectativas racionales y la hipótesis de los mercados eficientes. En este caso se han estudiado cuestiones como: el efecto disposición, el efecto dote, la diferente aversión al riesgo, la reciprocidad, el consumo intertemporal, la estrategia *momentum*, la combinación de avaricia y miedo, el comportamiento manada, la falacia de los costes hundidos, el puzle del premio en el precio de las acciones, los límites al arbitraje, el puzle de los dividendos, o el efecto del calendario entre otras. (EVG)

Fisher, Irving. Irving Fisher nació en Nueva York el día 27 de febrero de 1867 y murió en la misma ciudad el 29 de abril de 1947.

Ha realizado importantes contribuciones a la economía y a las finanzas. Su tesis doctoral (1892) con el título "Mathematical Investigations in the theory for value and prices" verso sobre la teoría del equilibrio general.

Su aportación fundamental a las finanzas se encuentra en su libro *The Theory of Interest*, publicado por MacMillan en 1930.

Varios conceptos relevantes han tomado el nombre de Fisher: la tasa de Fisher; el teorema de la separabilidad de Fisher y la ecuación, efecto o relación de Fisher.

a) La tasa de Fisher

Con esta denominación se designa a aquella tasa de descuento que iguala el valor actual neto (VAN) de los diferentes proyectos de inversión considerados.

Como puede observarse en el gráfico de tasa de Fisher iF iguala el valor actual de los proyectos A y B. Es una tasa interna de rentabilidad de retorno que iguala el valor de los flujos de caja netos (coste de las inversiones y flujos de caja generados)

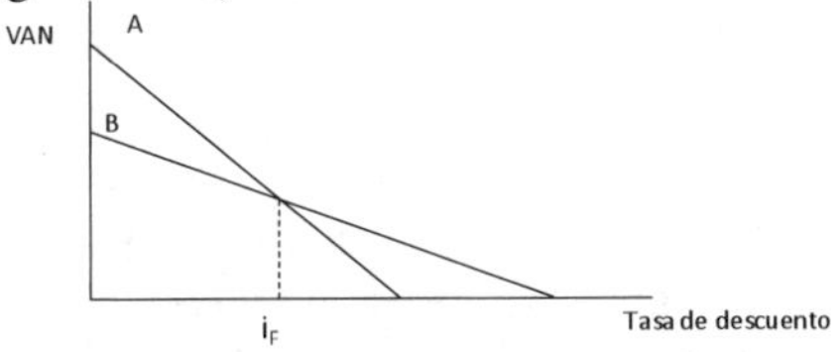

Valor actual neto (VAN) y tasa de Fisher

Al comparar iF con el coste de capital (de la estructura financiera adoptada) por la empresa se identifican los proyectos preferibles para emprender y así maximizar la función objetivo de la empresa.

b) Teorema de la separabilidad de Fisher

Las variables relacionadas con las decisiones de inversión (y de producción) pueden estimarse y analizarse separadamente de las que corresponden a las decisiones de consumo. Aprovechando las oportunidades que brindan los mercados financieros es posible financiar inversiones captando recursos en el mercado financiero- mediante la emisión de acciones o a través del endeudamiento (bonos y obligaciones, préstamos) en las que se materializa el ahorro de los agentes adquiriendo dichos activos financieros o realizando depósitos en las entidades financieras. Mediante la captación de fondos en el mercado se puede programar el consumo: consumir más o menos de lo que permite la renta, endeudándose o ahorrando. Es decir las decisiones de producción (inversión) y consumo pueden ser tomadas separadamente en presencia de mercados financieros.

c) Ecuación o relación de Fisher

La ecuación de Fisher establece la relación existente entre las tasas de interés nominal (i) y real(r) a través de la tasa de inflación ($\dot{p}$). Es decir

$$i = r + p + r\dot{p}$$

es decir,

$$(1 + i) = (1 + r)\,(1 + \dot{p})$$

que en términos aproximados se establece que $r \cong i - \dot{p}$

El tipo de interés real es equivalente al tipo de interés natural de los economistas clásicos. Así conocido (fijado) este como exigible (deseable) para la realización de inversiones (en ausencia de variación de precios), se puede estimar la tasa de inflación implícita descontada por el mercado para diferentes alternativas, es decir,

$$\dot{p} = \frac{i - r}{(i + r)}$$

La ecuación de Fisher establece una relación fundamental en el análisis económico y financiero tanto a nivel general como a nivel de empresa. Ahora bien hay que tener presente que en la práctica normal es que la tasa de inflación y las tasas de interés nominales no se muevan paralelamente y en la misma proporción. La tasa de inflación que se incorpora a los tipos de interés nominales no coinciden exactamente con la tasa de inflación efectiva que realmente se produce (hay varias medidas de la inflación en la economía y múltiples tasas de interés en los mercados financieros). Por otro lado el ajuste de los precios no es automático, sino que se puede producir con ciertos retardos.

Asimismo hay que tener en cuenta que las tasas de interés reales no coinciden a nivel internacional, lo que hay que tener presente cuando se realizan las correspondientes comparaciones.

Ver el vocablo: Efecto Fisher Internacional o Fisher Open. (JJDH)

flujo de caja. Flujo neto de efectivo (cobros menos pagos) que, periódicamente o en un momento dado, abona o recibe una unidad económica (empresa, ahorrador), como consecuencia de una inversión en activos reales o financieros. Según la naturaleza de los flujos de caja pueden distinguirse los siguientes:

- *Flujo de caja de inversiones financieras*: Efectivo que periódicamente recibe el inversor por la suma de intereses o dividendos y el diferencial entre el precio de compra y el precio de venta del activo financiero (bonos, obligaciones, acciones etc.).
- *Flujo de caja operativo*: Flujo de efectivo, entradas menos salidas de caja, que generan los proyectos de inversión empresarial de compra de inmovilizado material para generar unos resultados de explotación de un negocio, durante un plazo u horizonte temporal de la inversión. Se obtiene como diferencia entre los cobros y los pagos generados por la actividad de explotación de una empresa que implica la compra de inmovilizado material. Se calcula a partir de la información contable de la cuenta de pérdidas y ganancias presupuestada. Se obtiene como el beneficio anual antes del pago de intereses y después del pago de impuestos (*BAIDI*) más las dotaciones anuales a la amortización del inmovilizado.
- *Flujo de caja libre o flujo neto de caja*: Flujo de caja operativo corregido con otros cobros y pagos no periódicos (subvenciones, valor residual del inmovilizado o precio de venta de activos amortizados en el mercado de segunda mano etc.) y con las variaciones del capital circulante o fondo de maniobra (restando los ingresos anuales que no se cobran (cuentas pendientes de cobro a clientes), sumando los gastos anuales que no se pagan (cuentas pendientes de pago a proveedores) y sumando o restando las variaciones de stock).

El flujo neto de caja de los proyectos de inversión empresarial, que exigen la compra de inmovilizado material para la actividad de explotación, se puede calcular corrigiendo los datos periódicos de la cuenta de resultados presupuestada, mediante las operaciones que se indican en el cuadro de la página siguiente.

Una estimación común de los flujos de caja consiste en sumar el beneficio neto y las amortizaciones junto con aquellos costes que no suponen pagos. Esto implica que los ingresos por ventas del período han sido cobrados y que los costes (excluidas amortizaciones) han sido pagados.

Años (s)	0	1	2	...	n
Desembolsos por la compra de inmovilizado	-Co	$-C_1$			
Subvención recibida por la inversión		$+S_1$			
Valor Residual del inmovilizado					+ Sn
DATOS DE LA CUENTA DE PERDIDAS Y GANANCIAS PREVISIONAL:					
Ingresos anuales		$+I_1$	$+I_2$	...	$+I_n$
Gastos anuales		$-G_1$	$-G_2$	...	$-G_n$
Dotaciones anuales a la amortización del inmovilizado		$-A_1$	$-A_2$	...	$-A_n$
Beneficio antes de intereses e impuestos (BAII=Is-Gs-As)		$+/- BAII_1$	$+/- BAII_2$	...	$+/- BAII_n$
BAIDI (BAIIx(1-tipo impositivo))		$+/- BAIDI_1$	$+/- BAIDI_2$	...	$+/- BAIDI_n$
Flujo de Caja Operativo=FCO		FCO_1	FCO_2	...	FCO_n
Siendo:		$FCO_1=BAIDI_1+A_1$			
			$FCO_2=BAIDI_2+A_2$		
				...	$FCO_n=BAIDI_n+A_n$
Flujo de Caja Libre o Flujo Neto de Caja = FCN	FCN_0	FCN_1	FCN_2	...	FCN_n
Siendo:	$FCN_0=-C_0$				
		$FCN_1=\mathbf{-C_1+S_1}+FCO_1$ +/- CC_1			
			$FCN_2=FCO_2$ +/- CC_2		
				...	
					$FCN_n=FCO_n$ +/- $CC_n\mathbf{+S_n}$
	n=vida util del inmovilizado				
+/- CCs =	Variación del fondo de maniobra o capital circulante				

- *Flujo de caja para los accionistas*: Flujo de caja libre corregido sumando o restando los cobros y pagos de las deudas de la empresa.
- *Flujo de caja descontado*: Flujo de caja actualizado o valorado financieramente en el momento actual, con la ley de descuento compuesto, utilizando un tipo de interés anual o tasa de descuento. La tasa de descuento es el coste medio ponderado de capital de la empresa (en inversiones en inmovilizado) y, por tanto, incluye el coste de las deudas y el de los recursos propios. La tasa de descuento de los flujos de caja es la Tasa Interna de Rentabilidad (TIR), en inversiones financieras. (CMR)

folleto de emisión. Es un documento que informa sobre la situación de la empresa y sus perspectivas, o sobre las condiciones de una determinada emisión que se va a realizar. Es preceptivo en determinados casos, como en una emisión de bonos o de acciones o la solicitud de admisión a cotización. La UE regula mediante directivas este prospecto para lograr uniformidad.
El folleto ha de ser aprobado por la Comisión Nacional del Mercado de Valores e inscrito en sus Registros, y tiene que estar a disposición del público. Puede consistir en un único documento o en documentos separados y debe incorporar un resumen que refleje las características y riesgos asociados al emisor, los valores y los posibles garantes. (NBD)

fondo de capital riesgo. Son patrimonios administrados por una sociedad gestora, que tendrán el mismo objeto principal que las sociedades de Capital

Riesgo, correspondiendo a la sociedad gestora la realización de las actividades de asesoramiento previstas. Su patrimonio está dividido en participaciones de iguales características, sin valor nominal, que confieren a sus titulares o socios, los *Limited Partners*, en unión de los demás partícipes, un derecho de propiedad sobre aquél (*Véase*: CNMV, "Reglamento de los fondos de capital riesgo"). Los compromisos de los socios están gestionados por la Sociedad de Capital Riesgo que actúa como Socio gestor del fondo de capital riesgo o el *General Partner*. En el Acuerdo de constitución de un fondo de capital riesgo se recogen las condiciones de gestión del fondo entre los cuales se destacan la comisión de gestión del fondo, medido en porcentaje del capital bajo gestión, dependiendo del periodo en el que se encuentra el fondo. (SRC)

fondo de comercio. Al igual que ocurre con otras muchas categorías o conceptos económico-financieros, existen dos visiones no plenamente coincidentes sobre lo que es o cómo se define el fondo de comercio (*Goodwill* en inglés): a) la visión económica estricta; b) la visión contable. Vamos a resumir por separado lo esencial de estas dos visiones sobre esta categoría tan compleja, tan trascendental y tan controvertible en cuanto a su cómputo y recuperación.

Visión económica sobre el fondo de comercio

Existen dos ópticas distintas respecto al valor de una empresa:

1ª) Su valoración global, sintética o de rendimiento (VG) como conjunto organizado de recursos económicos (activos) orientado a la producción de determinados bienes o servicios con el fin de obtener un rendimiento o renta para los capitales invertidos por los propietarios de la empresa. Se valoraría, pues, la empresa según su finalidad (capacidad de obtención de rendientos futuros) y no como la suma del valor individual de los diferentes activos que la componen. Sería por tanto el valor actual estimado de la serie de rendimientos futuros a obtener por una empresa descontados a una determinada tasa de rendimiento (suma de una tasa de interés sin riesgo específico + una prima de riesgo asignada según la naturaleza de las actividades económicas que desempeñase la empresa). Sería por ello una valoración estimada o de naturaleza potencial resultante de la aplicación de un determinado modelo de cálculo o de especificación de sus distintas variables intervinientes, o sea: la definición y estimación de la serie de rendimientos futuros a obtener (r), la duración u horizonte temporal considerado de los rendimientos a obtener por la empresa (t) y la tasa de actualización aplicada a la serie de rendimientos futuros (tasa de interés sin riesgo específico para las inversiones a largo plazo (i) más la prima de riesgo específica según el tipo de actividades económicas a desarrollar por la empresa (ϱ).

Existen diferentes modelos y técnicas de evaluación del VG de una empresa, de tal manera que su valor estimado dependerá de los mecanismos de especificación de tales variables y de estimación de su cuantía. Con ello se alcanzaría un determinado valor global potencial o teórico de una empresa referido a cualquier momento de su vida. Si al VG del conjunto de los recursos económicos (o activos) se le restase el valor actual de todas sus deudas o pasivos (incluidas las provisiones), se obtendría el VG(k) correspondiente a los propietarios o accionistas de dicha empresa, ya que estamos hablando de una empresa del modelo de organización capitalista.

2ª) Su valoración analítica VA(k) o de los elementos individuales que conforman el patrimonio de la empresa en un momento dado. Aquí lo que se valorarían serían los elementos patrimoniales uno a uno o por separado, o sea, sería el sumatorio del valor monetario presente asignado a cada uno de los activos identificables que posee la empresa menos el valor monetario presente o actual asignado a cada una de sus deudas o pasivos (incluidas las provisiones). No se estaría valorando la empresa a través de sus rendimientos futuros esperados, sino que se estarían valorando individualmente los elementos patrimoniales de que ésta dispone, al margen de cuál fuese su capacidad, mayor o menor, de generar rendimientos futuros dentro de la empresa concreta. Esta óptica o visión valorativa vendría a corresponderse en términos generales con la que rige a efectos de expresar la situación patrimonial (Balance) de la contabilidad convencional.

Pues bien, el fondo de comercio potencial o autogenerado de una empresa en funcionamiento sería la diferencia positiva entre ambas valoraciones, o sea: $VG(k) - VA(k) > 0$ y vendría a expresar la estimación que se haría, referida a un determinado momento, de la capacidad de dicha empresa de obtener rendimientos futuros por encima de lo que podría entenderse como los rendimientos normales para la inversión neta realizada por los propietarios o accionistas de esa empresa (equivaldría, por tanto, al valor actual estimado de tales superrendimientos futuros esperados). Reflejaría pues el valor de las sinergias empresariales potenciales que parece mostrar esa empresa de acuerdo con la lógica de un determinado modelo de valoración global aplicado para dicho cálculo y para unos determinados criterios contables (normas de reconocimiento de los activos y pasivos, de registro de las operaciones de negocio y de valoración de dichas operaciones y de los elementos que han de figurar en su Balance). Es evidente, que también pudiera darse la situación contraria de fondo de comercio negativo potencial (*Badwill* en inglés) en el caso de que la referida diferencia fuese negativa, o sea: $VG(k) - VA(k) < 0$, lo cual denotaría que la empresa tendría unas expectativas de obtención de infrarrendimientos futuros para sus propietarios o accionistas.

Ahora bien, el concepto verdaderamente importante es el fondo de comercio real o pagado que el adquirente de una empresa o de una parte de ésta (negocio autónomo) satisface en el precio total pagado a los titulares de dicha empresa o negocio por encima del valor monetario presente (valor razonable en la terminología contable actualmente al uso) en el momento de la adquisición de los activos reconocidos e integrados y de los pasivos asumidos procedentes de la empresa o negocio adquirido, valorados todos ellos (los activos y los pasivos de manera individual y con criterios de valoración analítica reconocidos por la contabilidad convencional). En otras palabras, sería el sobreprecio pagado por encima del valor analitico de los activos menos las deudas o pasivos (incluidas las provisiones) que el comprador reconoce y que proceden de la empresa o negocio adquirido:

FC(real) = Precio pagado por la compra de la empresa o del negocio en marcha (P) – Valor analítico individual de los activos menos los pasivos (incluidas las provisiones) reconocidos e integrados procedente de la empresa o negocio adquirido = $P - VA(k') > 0$.

Evidentemente, en términos estrictamente económicos, el fondo de comercio real satisfecho o reconocido por el comprador de una empresa o negocio en marcha para las condiciones descritas existiría *caeteris paribus* con independencia de la instrumentación jurídico-formal que se diese para la operación de compra: como mera integración en el patrimonio de la adquirente de los activos y pasivos procedentes de la empresa o negocio adquirido: fusión pura, fusión por absorción o incluso fusión inversa o escisión, adquisición de las acciones o participaciones sociales en el capital de la empresa o negocio adquirido, etc. Sin embargo, como veremos a continuación, el reconocimiento contable del Fondo de comercio, para unas condiciones en las que éste existiría como categoría económica, no siempre afloraría en la contabilidad de la empresa adquirente, al menos a efectos de presentación de sus Cuentas Anuales individuales, de acuerdo con los principios y normas contables que rigen para dichas Cuentas Anuales (PGC 2007) y ello a pesar de que en el Código de Comercio y en el propio PGC 2007 se manifiesta de manera paladina que “en la contabilización de las operaciones se atenderá a su realidad económica y no sólo a su forma jurídica”.

Visión contable sobre el fondo de comercio

En términos de reconocimiento contable de esta partida, según la Norma de Registro y Valoración 19 del Plan General de Contabilidad 2008 (PGC), el fondo de comercio aparece como activo contable en la empresa adquirente en una operación de combinación de negocios de naturaleza onerosa, en la cual dicha empresa adquiere, mediante precio, el control de uno o varios negocios en marcha pertenecientes a otros agentes económicos, integrando en su seno el conjunto de los elementos patrimoniales (activos y pasivos) del o de los negocios adquiridos, pero sólo ante algunas de las formas jurídicas instrumentales empleadas para formalizar la susodicha combinación (la excepción más significativa sería cuando la combinación se instrumentase adquiriendo las acciones o participaciones sociales de la empresa adquirida, en cuyo caso no aparecería expresamente la partida contable de fondo de comercio en la contabilidad de la adquirente, a efectos de presentación de sus Cuentas Anuales individuales, aunque sí podría aparecer, en su caso, bajo la denominación de fondo de comercio de Consolidación en el supuesto de que la adquirente tuviese que presentar además Cuentas Anuales Consolidadas del grupo, o sea, integrando en ellas los elementos patrimoniales de la empresa adquirida).

El fondo de comercio en estos supuestos de adquisición onerosa de un negocio en marcha equivaldría a la diferencia monetaria positiva entre el coste de adquisición soportado o pagado por la empresa adquirente referido a la fecha de la adquisición y el valor de los activos reconocidos y de los pasivos asumidos procedentes de la empresa adquirida según los criterios de valoración y de reconocimiento establecidos por la referida Norma 19ª del PGC. Este activo tendrá la calicación de Inmovilizado Intangible en la empresa adquirente y no será objeto de amortización sistemática, sino que, en su lugar, se sometará al menos anualmente, a una prueba específica que eventualmente pudiera evidenciar deterioro del valor contable reconocido para dicha partida, procediéndose en ese caso, por la correspondiente corrección valorativa detectada por deterioro, a rebajar su valor mediante el procedimiento general de registro contable señalado en el PGC para estas situaciones de deterioro de valor para los elementos del inmovilizado material.

La definición de la cuenta denominada fondo de comercio se expresa en estos términos: "Es el exceso, en la fecha de adquisición, del coste de la combinación de la combinación de negocios sobre el correspondiente valor de los activos identificables adquiridos menos el de los pasivos asumidos. En consecuencia, el fondo de comercio sólo se reconocerá cuando haya sido adquirido a título oneroso y corresponda a los beneficios económicos futuros procedentes de los activos que no han podido ser identificados individualmente y reconocidos por separado." (JLCG).

fondos de inversión. Un fondo de inversión es una institución de inversión colectiva cuyo patrimonio esta constituido por las aportaciones económicas de una pluralidad de personas físicas o jurídicas denominadas partícipes. Está administrado por una sociedad gestora responsable de su gestión, que sin ser la propietaria del fondo busca una adecuada combinación optimizadora de la relación rentabilidad-riesgo para el inversor o partícipe. La entidad depositaria custodia sus títulos y efectivo y ejerce funciones de vigilancia y garantía ante los inversores. La unidad mínima de inversión es la participación. Se pueden distinguir entre otros los siguientes tipos de fondos:

- Ordinarios: invierten mayoritariamente en renta fija, renta variable y/o derivados.
- De fondos: invierten mayoritariamente en otros fondos de inversión.

- Subordinados: invierten sus recursos en otro fondo, determinado en su Reglamento de Gestión y denominado fondo principal.
- Índice: su política de inversión trata de replicar un determinado índice.
- Cotizados (ETF: *exchange traded funds*): se negocian en las bolsas de valores, como las acciones.
- De inversión libre (*hedge funds*): pueden invertir en cualquier tipo de activo financiero y se dirige a inversores cualificados.
- Fondos de Inversión Inmobiliaria (FII): son fondos de inversión no financieros, cuyo objetivo es la captación entre el público de fondos para la compra de inmuebles, con el objetivo de rentabilizarlos mediante su explotación en alquiler.
- Garantizados: garantizan que como mínimo se recupera en un determinado período de tiempo un porcentaje de la inversión inicial.
- Global: tienen la libertad de no fijar de antemano su política de inversión. (LFA)

fondo de amortizaciones. Fondo constituido por el prestatario para en su caso adquirir un determinado número de bonos de circulación durante la vida de la emisión.
Dotación constituida a través de las cuotas periódicas imputadas en cada periodo para cubrir la depreciación de determinados elementos del activo y recuperar su valor. (JJDH).

fondo de comercio de consolidación. Conceptualmente, en términos generales, es la diferencia monetaria positiva resultante a efectos de la consolidación de cuentas del grupo de sociedades entre el valor monetario de las participaciones financieras en el capital de las sociedades dependientes mostrada por la sociedad dominante en sus Cuentas Anuales individuales y el valor monetario asignado a los distintos activos menos los pasivos procedentes de las correspondientes sociedades dependientes asignados a efectos de la presentación de las Cuentas Anuales Consolidadas (CAC) del grupo, según lo establecido al efecto en las Normas de Formulación de las Cuentas Anuales Consolidadas (NFCAC), respecto a la tasa o porcentaje de participación en el Capital Social de las dependientes detentado por la sociedad dominante, producida al realizarse la llamada eliminación inversión–patrimonio neto propia del método de integración global. El cálculo de esta eventual diferencia positiva señalada (Fondo de comercio de Consolidación) se hará aplicando las reglas específicas que correspondan a cada caso, dentro de la casuística de situaciones concretas contempladas dentro las NFCAC.
El fondo de comercio de consolidación vendría a ser el sobreprecio pagado por la dominante al adquirir la o las sucesivas participaciones en capital de sus sociedades dependientes sobre el valor neto patrimonial (valor razonable de Activos – Pasivos), mostrados por éstas en la fecha de la consolidación inherente al porcentaje de participación en el capital de la sociedad dependiente.

En todo caso, el fondo de comercio de consolidación es una partida que lucirá como activo dentro del Balance Consolidado, cuyo importe corresponderá exclusivamente al porcentaje de participación en el capital de la dominante en la sociedad dependiente, es decir, no se reconocerá en dicho documento el hipotético fondo de comercio inherente a la participación minoritaria (socios externos) en el capital social de las sociedades dependientes. Vendría a representar, grosso modo, la prima reconocida por la dominante en la dependiente por encima del valor razonable de los activos menos pasivos de ésta en la fecha o fechas de adquisición de sus porcentajes de participación en el capital social, por las expectativas que fija la parte compradora en la obtención de suprarrendimientos futuros por parte de la sociedad dependiente. Se reconocerá como partida específica de Activo dentro del Balance Consolidado, similar en su trasfondo al fondo de comercio que surge a efectos de Cuentas Anuales individuales en los casos en los que exista una operación de combinación de negocios.

En ambos casos, a tenor de las normas contables vigentes y, en el caso concreto que tratamos, la partida fondo de comercio de consolidación, valorado en la forma descrita, tendrá la consideración de activo (inmovilizado intangible) procedente de la sociedad dependiente que aparecerá en el Balance Consolidado. Esta partida no estará sujeta a amortización, si bien deberá analizarse, al menos anualmente, su posible deterioro de acuerdo con las reglas establecidas para el deterioro de los elementos del inmovilizado intangible del PGC 2008 para, en su caso, dar de baja el deterioro detectado del fondo de comercio de consolidación, con el consiguiente reconocimiento de su importe como pérdida de esta naturaleza, tanto en el Balance Consolidado como en la Cuenta de Pérdidas y Ganancias Consolidada. (JLCG)

fondo de garantía de inversión. La Directiva 97/9/CE del Parlamento Europeo y del Consejo relativa a los sistemas de indemnización de los inversores exige a los Estados miembros la implantación de uno o más sistemas de indemnización de los inversores. La transposición de la Directiva a la normativa española se realiza mediante la Ley 37/1998 de reforma de la Ley de Mercado de Valores y el Real Decreto 948/2001.

Se denomina FGI al fondo patrimonial, sin personalidad jurídica, que se desarrolla con el objetivo de asegurar a los inversores en los mercados de valores una indemnización mínima en el caso de que una empresa de servicio de inversión adherida no pueda hacer frente a las obligaciones contraídas ya sea por quiebra, concurso de acreedores o por la declaración formal de la CNMV.

La representación y gestión del FGI se encomienda a una sociedad gestora, con forma de sociedad anónima y cuyo capital se distribuirá entre las empresas de servicios de inversión adheridas en la misma proporción en que efectúen sus aportaciones al Fondo. La entidad gestora del FGI en España se denomina FOGAIN. Están obligadas a adherirse al FGI todas las empresas de servicios de inversión españolas, además, las sucursales de empresas extranjeras si son de la Unión Europea. El umbral mínimo de cobertura se ha situado en España en 100.000 euros de acuerdo con el Real Decreto 1642/2008. (MLG)

fondo de maniobra. El fondo de maniobra se calcula restando a la cifra contable de patrimonio neto más el pasivo no corriente, el activo no corriente (FM = PN + PnC - AnC). Financiación permanente de la empresa que no se invierte a largo plazo sino que esta materializada en activos corrientes. El cálculo del fondo de maniobra coincide con el capital circulante de la empresa y permite analizar la situación de equilibrio financiero. Un fondo de maniobra positivo ((PN + PnC) – AnC>0) implica una situación de equilibrio financiero de la empresa, porque la financiación permanente supera las inversiones a largo plazo. Cuando el fondo de maniobra es positivo indica una situación equilibrada del balance de la empresa, disponiendo de un colchón financiero para afrontar posibles desajustes de cobros y pagos a corto plazo. Si el fondo de maniobra es negativo ((PN + PnC) – AnC<0) indica una situación de desequilibrio financiero dado que las inversiones a largo plazo de la empresa superan la financiación permanente. Cuando el fondo de maniobra es negativo indica una situación financiera de desequilibrio en el balance porque una parte de las inversiones a largo son financiadas por acreedores a corto plazo. Un fondo de maniobra negativo informa de la posibilidad de que la empresa incurra en impagos de las deudas con acreedores a corto plazo. (CMR)

fondo de pensiones. Patrimonio, sin personalidad jurídica, propiedad de los participes en uno o varios planes de pensiones, constituido con el objetivo de ser invertido de forma diversificada para obtener alta rentabilidad según un nivel de riesgo. Patrimonio, propiedad de los participes en los planes de pensiones integrados en el fondo de pensiones, que invierte una Sociedad Gestora en distintos activos y mercados financieros como mercados de renta fija, de renta variable etc. Fondo acumulado con el objeto exclusivo de garantizar el pago de pensiones de jubilación a los partícipes de uno o varios planes de pensiones. Sistema privado voluntario de cobertura de pensiones de jubilación, complementario al sistema público obligatorio de la Seguridad Social. Patrimonio invertido por una Entidad Gestora de Fondos de Pensiones, materializado en activos financieros custodiados por una Entidad Depositaria y supervisados por un organismo público como la Dirección General de Seguros y Fondos de pensiones. (CMR)

fondos éticos. Institución de Inversión Colectiva que acumula grandes masas patrimoniales para ser invertidas de forma diversificada aplicando criterios éticos y criterios de rentabilidad-riesgo. Fondos que seleccionan su cartera de inversiones siguiendo criterios y valores éticos y morales del inversor. Fondos Sociales de primera generación que aplican criterios negativos o excluyentes eliminando de su cartera a determinadas empresas por sus actividades o comportamientos. Fondos Sociales que eliminan de sus inversiones a las compañías que facilitan el militarismo global, que participan en la producción y distribución de tabaco, alcohol y todo lo que atente contra la salud, que discriminan al ser humano por razones de raza o sexo o religión e ideología, que atentan contra la naturaleza deteriorando el medio ambiente etc. (CMR)

fondos sociales. Institución de Inversión Colectiva que acumula grandes masas patrimoniales para ser invertidas de forma diversificada aplicando criterios de tipo social y criterios de rentabilidad-riesgo. Fondos que aplican criterios de selección de carteras que implican inversiones en bienestar social. Fondos que canalizan flujos de efectivo, a través de los mercados financieros, a empresas que contribuyen al desarrollo de la sociedad. Fondos que procuran incrementar el compromiso social de las empresas en las que invierten, mediante el diálogo con la dirección. Fondos que selecciona sus valores cumpliendo criterios sociales y excluye los valores emitidos por empresas cuya actividad vulnere dichos criterios. Fondo que únicamente invierten en valores seleccionados de acuerdo con criterios negativos o excluyentes y criterios valorativos o positivos. *fondos sociales de 1ª generación* (fondos éticos): fondos sociales que aplican criterios negativos o excluyentes. *fondos sociales de 2ª generación* (fondos solidarios): fondos sociales que aplican criterios negativos o excluyentes y, criterios valorativos o positivos en un ámbito específico. *fondos sociales de 3ª generación*: fondos sociales que aplican criterios negativos y positivos y avanzan en la valoración de empresas que aplican principios sociales y de desarrollo sostenible medioambiental. *fondos sociales de 4ª generación*: fondos sociales que aplican criterios negativos y positivos, avanzan en la valoración de empresas que aplican principios sociales y medioambientales, establecen un proceso de diálogo con las empresas y siguen avanzando en la valoración de la aplicación de dichos principios. (CMR)

fondos solidarios. Fondos sociales de segunda generación que únicamente invierte en valores seleccionados de acuerdo con criterios negativos o excluyentes y, valorativos o positivos en un ámbito específico. Fondos sociales que valoran positivamente a determinadas empresas porque su comportamiento desarrolla la responsabilidad social con efectos positivos en la sociedad. Fondos sociales que valoran positivamente las inversiones en empresas que contribuyen voluntariamente a la mejora del bienestar social, que incorporan a su organización y gestión prácticas de buen gobierno para asumir una mayor responsabilidad social, que fomentan la formación y el desarrollo del conocimiento y facilitan recursos para ello, que en sus actuaciones se comprometan con el desarrollo y contribuyan al empleo, que fomentan los derechos laborales, la calidad y seguridad en el trabajo y la integración laboral y social de discapacitados, que desarrollan tecnologías que promueven el desarrollo sostenible medioambiental etc. (CMR)

foreign exchange. *Véase*, mercado de divisas.

forex. Término que denomina a la operativa de compra-venta de divisas y, por extensión, a la mesa/departamento que la realiza. (RAS)

forfaiting. Es aquella operación de compra, al descuento, por parte de una entidad financiera, de letras de cambio aceptadas, créditos documentarios o cualquier otra promesa de pago, instrumentada en divisas sobre compromisos de pago representativos de operaciones comerciales. El comprador renuncia al derecho legal de demanda frente a los anteriores poseedores de la deuda al ser una operación sin recurso. (AMR)

forward. Acuerdo a plazo vinculante entre dos partes por el que ambas quedan obligadas a comprar (en el caso del comprador) y a vender (si adopta postura vendedora) un activo físico o financiero a un plazo especificado y a un precio previamente establecido. Cualquier cláusula del contrato es susceptible de negociación y no existen garantías para ninguna de las partes. (RAS)

forward rate. *Véase*, tipo de cambio.

FRA (*forward rate agreement*) o acuerdo de interés a plazo. La liquidación, realizada en esa fecha futura, se basa en el diferencia que existe entre los tipos de interés pactado y el tipo de interés de cotización sobre el nominal de un depósito interbancario teórico futuro (activo subyacente).
El tomador del FRA (comprador) se protege contra una subida de los tipos de interés. El vendedor del FRA (prestamista) se protege, por el contrario, contra una bajada de los tipos de interés.
Acuerdo a corto plazo o entre dos partes sobre un tipo de interés a aplicar en un depósito en una fecha futura. El comprador del FRA es el tomador, quien se compromete a pagar un tipo de interés prefijado, sobre un depósito a tomar en un momento futuro
El primer contrato FRA (*forward rate agreement*) se realizó en Londres en 1983 con el fin de mitigar la volatilidad de tipos de interés en el futuro. El comprador de FRA es aquel sujeto que pretende protegerse de una subida en el tipo de interés de referencia, en cambio, el vendedor de FRA desea blindarse de una posible baja del mismo. El FRA es un contrato financiero por el que dos partes —comprador y vendedor— con posiciones contrapuestas en cuanto a la evolución de los tipos de interés, acuerdan compensarse, en el futuro, del efecto económico adverso generado por la variación del tipo de interés de referencia. En el contrato FRA se especifica las variables siguientes: el tipo de interés de garantía (ig), el tipo de interés de referencia (ir), la cuantía nocional (N) y las fechas de contratación, inicio y

finalización. Estas tres fechas permiten identificar períodos de tiempo que afectan al contrato. En la "fecha de contratación" se formaliza el contrato. En la "fecha de inicio" se procede a liquidar el contrato FRA, determinando, por un lado, la parte beneficiada y, por otro, la cuantía a compensar. Si el tipo de interés de garantía resultase superior al de referencia, la parte compradora deberá compensar a la parte vendedora, en cambio, si el tipo de interés de garantía fuese inferior al de referencia sería el vendedor quien compensara a la parte compradora. El cálculo del importe de la compensación se determina mediante la siguiente formula:

$$C = \frac{\left(i_r - i_g\right)ND}{36.000 + (i_r D)}$$

Por último, la "fecha de finalización" coincide con el vencimiento de la operación. El periodo de tiempo existente, en días, entre la "fecha de inicio" y la "fecha de contratación" se denomina de espera y el periodo que transcurre, en días, entre la "fecha de finalización" y la "fecha de contratación" se denomina de garantía (D). En la práctica, los contratos de FRA se expresan como periodos, en meses, de espera contra periodos totales (contrato FRA 9 contra 12). (MLG y RAS)

franquicia. Contrato mediante el que una empresa (franquiciado) adquiere el derecho a explotar comercialmente una marca, producto, o una imagen ya conocida de otra empresa (el franquiciador) la cual asegura al franquiciado la prestación de ayudas y servicios regulares, con el fin de poder realizar la explotación. (CMR)

frontera eficiente. En el contexto de la Teoría de Cartera, dentro del mapa donde se ubican las carteras en función de su rendimiento medio y su riesgo, se denomina frontera eficiente al lugar de los puntos que tienen máximo rendimiento esperado para un riesgo dado y mínimo riesgo para un determinado rendimiento. Serán eficientes aquellas carteras que se sitúen en la frontera eficiente.

Para llegar a este resultado partimos de que los individuos son enemigos del riesgo y, por lo tanto, tienen curvas de indiferencia crecientes y con pendiente creciente; lo que lleva a que sólo puedan ser preferidas las carteras eficientes. Normalmente al inversor le será suficiente con conocer la frontera eficiente para tomar su decisión de inversión, buscando de entre las eficientes aquella cartera que más le conviene en base a sus gustos.

Véase, Modelo de Selección de Carteras de H. Markowitz. (FGB)

fuga de capitales. Salida de fondos de un país debido al riesgo país. (JJDH)

G

gamma. Representa la sensibilidad de la Delta de una opción respecto al precio/rendimiento del instrumento subyacente, o lo que es lo mismo, mide el cambio esperado en la Delta a partir de una variación en el precio del activo subyacente. Matemáticamente es la segunda derivada del precio de la opción con respecto al subyacente. (RAS)

ganancia. Desde una perspectiva económica, cuantía o provecho que un agente obtiene como consecuencia de la venta de un activo. Por extensión, rendimiento generado por un activo real o financiero.
Contablemente, saldo acreedor de la cuenta de pérdidas y ganancias. *Véase*, Cuenta de Pérdidas y Ganancias. (MMB)

garantía. *Véase,* colateral.

gastos. Una acepción en contabilidad, ya clásica, del concepto de gasto, expuesto de forma resumida, es la de identificarlo como equivalente monetario de la adquisición de un bien o servicio que se ha de aplicar en el proceso de producción y venta, así como el equivalente monetario de la depreciación que sufren determinados bienes del activo técnico productivo no corriente.
El Marco conceptual de la contabilidad del Plan General de Contabilidad y de Pymes (Reales Decretos 1514/2007, de 16 de noviembre, y adaptación al Real

Decreto 1159/2010) en su apartado 4º Elementos de las Cuentas Anuales, define como gastos:
"decrementos en el patrimonio neto de la empresa durante el ejercicio, ya sea en forma de salidas o disminuciones en el valor de los activos o de reconocimiento o aumento del valor de los pasivos, siempre que no tengan su origen en distribuciones, monetarias o no, a los socios o propietarios en su condición de tales"
"El reconocimiento de un gasto tiene lugar como consecuencia de una disminución de los recursos de la empresa, y siempre que su cuantía pueda valorarse o estimarse con fiabilidad. Por tanto, conlleva el reconocimiento simultaneo o el incremento de un pasivo, o la desaparición o disminución de un activo y, en ocasiones, el reconocimiento de un ingreso o de una partida de patrimonio neto"
Los Gastos constituyen el Debe de la Cuenta de Pérdidas y Ganancias (Resultados del Ejercicio). Cuando los gastos son inferiores a los Ingresos significa que ha habido Beneficios en el ejercicio; cuando aquellos superan los ingresos significa que el ejercicio se ha cerrado con pérdidas.
Los gastos se registrarán siguiendo el criterio del *devengo* y no el criterio de caja, es decir los gastos se registrarán atendiendo al momento en que se contraen o adquieran, independientemente al momento en que se paguen. Gastos y pagos son términos opuestos, de modo que un gasto, en el tiempo, no tiene porqué coincidir con su pago.
Según el Plan General de Contabilidad, los gastos de un ejercicio pueden clasificarse siguiendo distintos criterios. Uno de estos criterios, atendiendo a su tipicidad y naturaleza, los gastos se clasifican en gastos de explotación como aquellos que tienen una relación estrecha y directa con las actividades principales de explotación de la empresa. Dentro de estos gastos de explotación, aparecerían recogidos, siguiendo el Plan General de Contabilidad, los relacionados con la adquisición de factores almacenables que se agrupan en las llamadas compras, los relacionados con la adquisición de factores no almacenables, es decir factores sin consistencia física, dentro de los cuales se comprenderían los servicios exteriores, los tributos, los gastos de personal y gastos diversos. Así mismo dentro de los gastos de explotación se encuadrarían los gastos por dotaciones por amortizaciones (del inmovilizado, tangible e intangible, e inversiones inmobiliarias) que corresponden a las depreciaciones periódicas, regulares, sistemáticas, de los diferentes elementos que configuran el inmovilizado, material e intangible, derivadas, por lo general, de su utilización en el proceso de producción o distribución. Dentro de éste importante agregado de gastos de explotación se incluirían, igualmente los gastos por dotación a provisiones para gastos y riesgos derivados de las actividades desarrolladas por la empresa.

Otro de los agregados de gastos a destacar es el de los *gastos financieros* que son los derivados del coste de la financiación ajena, sea a largo o a corto plazo. En el Plan General de Contabilidad se recogen como tales, entre otros, los intereses de obligaciones y bonos, los intereses de deudas, intereses por descuento de efectos y operaciones de factoring, diferencias negativas de cambio y como un agregado más, las pérdidas por valoración de instrumentos financieros por su valor razonable.

En el Plan General de Contabilidad vigente desaparecen, frente a lo que se venía aplicando, los gastos de naturaleza extraordinaria. (TPM)

gastos de establecimiento. Esta partida figuraba dentro del grupo de Inmovilizado en el Plan general de Contabilidad aprobado por Real Decreto 1643/1990, de 20 de diciembre, vigente hasta la aparición del Plan General de Contabilidad de 2007.

Este agregado del balance comprendía los siguientes conceptos:

- *Gastos de constitución*, que comprenden todos aquellos gastos necesarios (gastos notariales, de profesionales y de registro) y derivados de la constitución de una sociedad mercantil y que por su naturaleza aparecen recogidos en esta rubrica para su imputación periódica a resultados, en un plazo no superior a 10 años.
- *Gastos de primer establecimiento*, identificados por todos aquellos gastos necesarios en los que incurre la empresa hasta el inicio de su actividad productiva o comercial, y que son propios del establecimiento de cualquier empresa. Estos gastos, igual que en el caso anterior, son imputados periódicamente a los resultados del ejercicio en un periodo no superior a 10 años.
- *Gastos de ampliación de capital*, gastos de igual analogía con los citados como de constitución. Aparecen con las operaciones, habituales en las empresas, de ampliación de la cifra del capital social de las sociedades mercantiles. Igualmente que en los casos anteriores, son imputados periódicamente a los resultados del ejercicio en un periodo no superior a 10 años.

En el Plan General de Contabilidad de 2007, vigente actualmente esta partida de Gastos de Establecimiento no aparece entre las rubricas del Balance y ello porque se ha considerado como práctica contable más adecuada, imputar dichos gastos de una sola vez, es decir en el momento de su aparición, a reservas; como el momento de su aparición, para los dos conceptos primeros es el de la constitución de la sociedad, es tanto como dejar la cuenta de reservas con saldo negativo, pendiente de compensar con otras reservas en ejercicios futuros. Por consiguiente en el Plan General de Contabilidad de 2007 no figuran dichas partidas en el Balance, sin que ello suponga que no existan estos gastos de Establecimiento. (TPM)

gobierno corporativo (*corporate governance*). Gobierno corporativo (GC) es el término usado para describir un sistema complementario de mecanismos legales, regulatorios, organizativos y contractuales diseñados para proteger los intereses de los propietarios y para limitar los comportamientos oportunistas de los ejecutivos.

La aproximación más usual al estudio del gobierno de las empresas es la que toma como punto de partida los conflictos de intereses que surgen en la gran empresa por acciones, entre quienes poseen la propiedad de la empresa, los accionistas, y quienes controlan el uso de los recursos productivos, los equipos de dirección. Shleifer y Vishny (1997) en una definición que ha tenido amplio eco señalan que el Gobierno Corporativo es el conjunto de "medios a través de los cuales quienes proporcionan recursos financieros a la empresa se aseguran una retribución adecuada a sus inversiones". Otros autores adoptan una idea de gobierno corporativo más amplia donde se contempla el diseño de las instituciones que sirva para proteger el valor creado para el conjunto de agentes con intereses en la empresa. Es decir la riqueza generada no solo para los accionistas sino también para los trabajadores, acreedores, clientes, la sociedad o en general los grupos interesados o *stakeholders*. Tirole (2001) concibe el gobierno como el diseño de instituciones que inducen a los gestores a internalizar el bienestar de los diferentes *stakeholders* de la empresa.

Como consecuencia del marco institucional, de la estructura de propiedad y de la acción del regulador se han configurado dos modelos de supervisión y control que son el reflejo de dos caracterizaciones institucionales de los sistemas económicos y financieros en que se enmarcan: sistema externo de control (mercado) propio del entorno anglosajón versus sistema interno de control (grandes accionistas), modelo de la Europa Continental y Japón. Las implicaciones, en uno y otro caso son más amplias de las que se derivarían de las fórmulas de canalización del ahorro hacia la inversión, y tienen que ver con la estructura de propiedad de las empresas, el grado de competencia en los mercados y las diferencias legales, regulatorias e institucionales existentes en diferentes países. En ambos casos, el problema central es desarrollar un sistema óptimo de relaciones que refuerce la continuidad de las relaciones de negocio eficientes, en presencia de comportamientos oportunistas de los agentes, por medio de un esquema apropiado de incentivos, garantías y procedimientos de resolución de conflictos. Mecanismos internos como los sistemas de remuneración y de incentivos, la existencia de accionistas de control, las decisiones financieras y el Consejo de Administración, fundamentalmente, y mecanismos externos como el mercado de control corporativo y el mercado de bienes y servicios. El conjunto articulado de estos mecanismos, internos y externos, constituye el Gobierno de la Empresa.

Diferentes factores afectan al diseño y a la eficiencia de estos mecanismos de gobierno. En particular su utilización está condicionada por las diferencias entre los niveles de concentración de la propiedad y de protección de los accionistas minoritarios. Estas diferencias institucionales en el sistema de gobierno afectan a las relaciones entre los accionistas, a la eficiencia del Consejo de Administración y a la utilización del mercado de control para supervisar e incentivar las actuaciones de los directivos. Los mecanismos de gobierno comparten una característica básica en los diferentes sistemas de gobierno: requieren o bien la concentración de los derechos de control en manos de un pequeño número de inversores, ya sean grandes accionistas o grandes acreedores, o bien un tratamiento favorable de las operaciones de toma de control

El término "gobierno corporativo" es relativamente reciente a pesar de que trata aspectos que han despertado el interés de la literatura económica desde el trabajo seminal de Berle y Means (1932). El último cuarto de siglo ha sido testigo del interés creciente interés por el Gobierno corporativo tanto en la literatura académica como en el debate profesional y público. Particularmente prolífica ha sido la investigación académica que ha generado al menos lo que podríamos considerar tres generaciones de investigación sobre gobierno corporativo: a) Estudios empíricos que han tratado de identificar los aspectos de gobierno corporativo más importantes dentro de la empresa; b) Estudios que abordan como estas prácticas no son independientes del marco legal y regulatorio y c) estudios que abordan el grado de complementariedad o sustitución entre prácticas empresariales y marco legal.

Todo este flujo de literatura nos ha legado unas regularidades empíricas que se reflejan en las recomendaciones habituales de los Códigos de Buen Gobierno publicados en la mayor parte de países desarrollados. Prescripciones como: disminuir el tamaño de los consejos, incorporar consejeros independientes, incentivar el empleo de comisiones en el consejo o separar las figuras de Presidente del consejo y del primer ejecutivo, son sugeridas aunque no siempre demostradas por la literatura empírica. Al mismo tiempo la evidencia también aporta importantes conclusiones sobre el papel del grado de protección de los inversores en la articulación y relevancia de los diferentes mecanismos de gobierno.

La OCDE ha identificado algunos elementos comunes que subyacen en un buen gobierno corporativo. El marco del GC debe promover la transparencia y la eficiencia del mercado, ser consistente con el entramado legal y regulatorio y articular claramente la división de responsabilidades entre diferentes supervisores, reguladores y autoridades.

- El marco del GC debe proteger y facilitar el ejercicio de los derechos de los accionistas.
- El marco del GC debe asegurar el tratamiento equitativo de todos los accionistas (incluidos los minoritarios) .
- El marco del GC debe reconocer los derechos de los *stakeholders* establecidos por ley y alentar la cooperación activa.
- El marco del GC debe asegurar la transparencia de toda la información relevante sobre la empresa.
- El marco del GC debe asegurar una guía estratégica de la empresa, un efectivo control del equipo directivo por el Consejo y la responsabilidad del Consejo frente a los accionistas. (AIFA)

granularidad. Ajuste por concentración que introduce la aproximación de ratings internos por riesgo de crédito propuesta por la Comisión de Supervisión Bancaria de Basilea (CSBB) en el Nuevo Acuerdo de Capital con el fin de reconocer los beneficios de la diversificación en el cálculo de los requisitos de capital. Para ello las ponderaciones basadas en ratings internos y, por tanto, los requisitos de capital serán ajustados al alza (baja) cuando la granularidad de la entidad supere (sea inferior) a la considerada como típica o estándar. (RAS)

greenmail. Táctica utilizada por tiburones financieros por la que amenazan con una OPA hostil a menos que se les recompren las acciones que ya poseen de la compañía objetivo (toe hold) con una sustancial prima. Esta figura no forma parte de los sistemas de defensa que protegen a una empresa de un ataque hostil, sino que reconoce el poder del potencial comprador y paga por librarse de su amenaza. (JMPI)

H

hedge funds. Conocidos en España como fondos de inversión libre, los *hedge funds* son vehículos de inversión colectiva, organizados de forma privada y gestionados por sociedades que cobran comisiones sobre resultados obtenidos. Persiguen rendimientos absolutos en lugar de rendimientos relativos basados en un índice de referencia y utilizan técnicas de inversión financieras no permitidas para los fondos tradicionales: venta al descubierto, uso de productos derivados y comprar valores mediante elevado apalancamiento. Con carácter general están sometidos a reducida regulación, sujetos a escasas obligaciones de información y no deben dar liquidez de forma diaria. (RAS).

high yield bonds. *Véase*, bonos de alto rendimiento.

hipoteca. Contrato de garantía sobre una propiedad mobiliaria o inmobiliaria para asegurar el pago de una deuda o cumplimiento de una obligación. (JJDH)

hipotecas *subprime*. Hipotecas de alto riesgo de impago, asociadas a una baja o nula capacidad financiera del prestatario. (JJDH)

I

Ibex 35. El índice IBEX 35® es el índice compuesto por los 35 valores más líquidos cotizados en el Sistema de Interconexión Bursátil de las cuatro Bolsas Españolas, usado como referente nacional e internacional y subyacente en la contratación de productos derivados. Técnicamente es un índice de precios, ponderado por capitalización y ajustado por el capital flotante de cada compañía integrante del índice. El grupo de empresas cotizadas que constituye el Ibex 35 es revisado semestralmente, con el objetivo de que este índice siempre esté formado por los títulos más líquidos de la bolsa

De acuerdo con las Normas Técnicas para la Composición y Cálculo de los Índices de Sociedad de Bolsas, S.A., El Comité Asesor Técnico tiene en cuenta para cada valor el volumen efectivo negociado en el mercado de órdenes, o mercado principal, siempre que dicho volumen efectivo reúna unas garantías de calidad en su realización. En este sentido el Comité vigilará y podrá descontar, en su caso, del volumen efectivo total negociado durante el periodo de control los volúmenes que atiendan a las siguientes características: sean consecuencia de operaciones que conlleven un cambio en el accionariado estable de la Sociedad; haya sido contratado por un único miembro del mercado, realizado en pocas negociaciones, o realizado durante un periodo considerado por el Gestor del índice como poco representativo; que el efectivo

negociado sufra un descenso tal que el Gestor considere que la liquidez del valor está gravemente afectada o que sean operaciones cuyas características y cuantía así lo aconsejen (efectivos negociados consecuencia de salidas o colocaciones de paquetes de acciones en Bolsa hasta la estabilización de contratación de los mismos)
Una vez evaluada la liquidez, y cuando los valores presenten medidas de liquidez semejantes, el Comité tendrá en cuenta factores adicionales de diferenciación para la selección, tales como son la estadística asociada a los volúmenes y características de la contratación y calidad de las horquillas, rotaciones y demás medidas de liquidez (volatilidad, profundidad del libro de órdenes, índice de liquidez anualizado, efectivo en el libro de órdenes respecto a capitalización, horquilla media, horquilla media ponderada, lambda de Kyle, etc.) o bien la estabilidad del índice atendiendo a su utilización como subyacente en la negociación de productos derivados. (SRC)

impuesto sobre la renta de las personas físicas (IRPF). El IRPF, introducido en nuestro ordenamiento por la Ley 44/1978 y regulado actualmente por la Ley 40/1998, de 9 de diciembre, es un tributo de carácter personal y directo que grava, según los principios de igualdad, generalidad y progresividad, la renta de las personas físicas de cuerdo con sus circunstancias personales y familiares.
Es un impuesto directo porque recae directamente sobre la renta obtenida, es decir, la totalidad de los rendimientos netos de la persona cualquiera que sea su procedencia (trabajo personal, gananciales de capital, rendimientos de actividades empresariales o profesionales), así como los incrementos de patrimonio.
Es personal puesto que para la determinación de la deuda tributaria se toman en cuenta las circunstancias personales y familiares del contribuyente.
Su progresividad implica que el tipo impositivo se fije en función de la capacidad económica del sujeto.
La regulación de este impuesto está compartida, parcialmente, por el Estado y las Comunidades Autónomas. Tiene vigencia en todo el territorio español, aunque en el País Vasco y Navarra rigen los regímenes tributarios forales de Concierto y Convenio Económico, respectivamente, de acuerdo con lo establecido en la Disposición Adicional Primera de la Constitución.
En Canarias, Ceuta y Melilla se tienen en cuenta las especialidades previstas en su normativa específica y la propia Ley del IRPF.
Por último, los Tratados y Convenios Internacionales que el Estado español haya firmado con otros países para regular materias que afecten a este Impuesto, también pueden afectarle, como ocurre en el caso de la doble imposición sobre la renta.
Con carácter general, el período impositivo del IRPF es el año natural, y el devengo se produce el 31 de diciembre. (AMA)

impuesto sobre sociedades. El Impuesto sobre Sociedades es un tributo de carác-

ter directo y naturaleza personal que grava las rentas de las sociedades y demás entidades jurídicas, exigido en todo el territorio español sin perjuicio de los regímenes especiales por razón del territorio y los tratados y convenios internacionales.
Actualmente se encuentra regulado por la Ley 43/1995, de 27 de diciembre, y su Reglamento, aprobado por RD 537/1977, de 14 de abril, que derogaron, respectivamente, la Ley 61/1978, de 27 de diciembre y el Real Decreto 2631/1982, de 15 de octubre.
El objetivo del Impuesto sobre sociedades es doble: por un lado, gravar las rentas y beneficios obtenidos por las sociedades y entidades jurídicas, y por otro, cumplir una función de retención en la fuente respecto a las rentas del capital obtenidas por los inversores extranjeros a través de sociedades de su propiedad residentes en territorio español.
El hecho imponible del Impuesto sobre Sociedades lo constituye la obtención de la renta por el sujeto pasivo, cualquiera que sea su origen. La base imponible está constituida por el importe de la renta en el período impositivo minorada por la compensación de bases imponibles negativas de ejercicios anteriores, determinándose en régimen de estimación directa y, subsidiariamente, por el de estimación indirecta.
Su importancia recaudatoria es elevada, situándose por detrás del IRPF y del IVA en los ingresos no financieros del Estado.
Sin embargo, la mayor trascendencia de este impuesto reside en el altísimo nivel de información económica que proporciona, ya que las declaraciones anuales del Impuesto sobre Sociedades constituyen el documento contable de mayor valor informativo entre los que presentan las empresas a la Administración Tributaria. (AMA)

impuestos. Clase de tributo regido por derecho público que se caracteriza por no requerir contraprestación por parte de la administración. El hecho imponible está constituido por negocios, actos o hechos de naturaleza jurídica o económica que ponen de manifiesto la capacidad contributiva del sujeto pasivo, como consecuencia de la posesión de un patrimonio, la circulación de los bienes o la adquisición o gasto de la renta.
Los elementos del impuesto son:

- Hecho imponible: circunstancia cuya realización, de acuerdo con la ley, origina la obligación tributaria.
  Sujeto pasivo: persona física o jurídica que está obligada por ley al cumplimiento de las prestaciones tributarias.
- Sujeto activo: entidad administrativa beneficiada directamente por la recaudación del impuesto.
- Base imponible: magnitud dineraria o de otra naturaleza que resulta de la valoración del hecho imponible.
- Tipo impositivo o de gravamen: proporción fija o variable que se aplica sobre la base imponible con objeto de calcular el gravamen.
- Cuota tributaria: cantidad que representa el gravamen, puede ser fija o el resultado de multiplicar el tipo impositivo por la base imponible.

Clasificación de los impuestos:

Según graven directa o indirectamente el origen de la renta:

- Impuesto directo: grava directamente las fuentes de riqueza, la propiedad o la renta. Ejemplo: IRPF.
- Impuesto indirecto: grava el consumo, no afecta de manera directa los ingresos de un contribuyente sino que recae sobre el coste de algún producto o mercancía. Ejemplo: IVA.

Según la variación de la cuantía porcentual del impuesto:

- Impuesto plano o proporcional: cuando el porcentaje no depende de la base imponible o la renta del individuo sujeto a impuestos.
- Impuesto progresivo: cuando a mayor ganancia o renta, mayor es el porcentaje de impuestos sobre la base.
- Impuesto regresivo: cuando a mayor ganancia o renta, menor es el porcentaje de impuestos que debe pagarse sobre el total de la base imponible.

Entre los principales impuestos cabe citar los siguientes:

- Impuesto sobre Actividades Económicas (IAE): Impuesto local y directo de carácter real, que grava el ejercicio de actividades empresariales, profesionales, o artísticas, se ejerzan o no en local determinado.
- Impuesto sobre Bienes Inmuebles (IBI): Impuesto local y directo de carácter real, cuyo hecho imponible lo constituye la propiedad de bienes inmuebles rústicos y urbanos sitos en el respectivo termino municipal, o por la titularidad de un derecho real de usufructo o de superficie, o de una concesión administrativa sobre dichos bienes o de los servicios públicos a los que estén afectados, y grava el valor de los mismos.
- Impuesto sobre el Patrimonio (IP): Impuesto autonómico, directo y personal, que grava la totalidad de bienes y derechos que constituyen el patrimonio neto de las personas físicas.
- Impuesto sobre la Renta de las Personas Físicas (IRPF): Impuesto estatal, directo y personal, que grava de una forma progresiva la renta obtenida por el sujeto pasivo, en función de su cuantía y de las circunstancias personales y familiares que concurran en estos.
- Impuesto sobre Sociedades (IS): Impuesto estatal, directo y naturaleza personal, que grava la renta obtenida e imputada a las sociedades y demás entidades jurídicas.
- Impuesto sobre Sucesiones y Donaciones (ISD): Impuesto autonómico, directo y progresivo que grava: las adquisiciones patrimoniales mortis causa, las donaciones o negocios jurídicos gratuitos ínter vivos y la percepción de cantidades por los beneficiarios de seguros de vida, cuando el contratante sea distinto del beneficiario.
- Impuesto sobre Transmisiones Patrimoniales y Actos Jurídicos Documentados (ITPAJD): Impuesto autonómico de carácter real y naturaleza indirecta que grava las transmisiones patrimoniales onerosas de determinados bienes, las operaciones societarias y los actos jurídicos documentados.
- Impuesto sobre el Valor Añadido (IVA): Impuesto estatal de naturaleza indirecta, que grava las diferen-

tes fases del proceso de producción y distribución de bienes y servicios, por el valor incorporado en cada una de ellas. (NBD)

incumplimiento (*default*). Se interpreta como una variable aleatoria con dos estados posibles (*default* y *no default*) cuya probabilidad asociada se conoce como probabilidad de incumplimiento (*probability of default*-PD). (RAS)

índice bursátil. Estadístico que refleja la evolución en el tiempo del comportamiento de las cotizaciones de los títulos más representativos del mercado, tomados en conjunto como si fuera una sola unidad.

La utilidad de los índices bursátiles consiste en:

- Informar correctamente sobre la evolución del mercado de valores que representan.
- Servir de referencia (*benchmark*) para los gestores de los fondos de inversión o los mercados de derivados.

Los índices bursátiles pueden ser globales (generales) o sectoriales. Así se distingue entre:

- Índices de precios: miden la variación en las cotizaciones de los valores.
- Índices de rendimientos: integran, además de los precios, los dividendos percibidos.

El proceso para la elaboración de cualquier índice bursátil:

- Selección de los valores que compongan el índice, elegidos en función de criterios de liquidez.
- Ponderación que tendrá cada valor.
- Formulación o expresión matemática del índice. Las fórmulas más utilizadas son las de Laspeyres, Fisher y Paasche.

Entre los principales índices bursátiles, además del IBEX 35, destacan los siguientes:

- *Índice dow jones*: Está compuesto por las 30 mayores compañías que cotizan en la Bolsa de Nueva York. Es uno de los índices bursátiles más antiguos y conocidos, publicado por el Wall Street Journal.
- *Índice financial times 100 (FT-SE 100 INDEX)*: Conocido popularmente como FOOTSIE, está formado por los 100 principales valores de la Bolsa de Londres. Sobre él se negocian los contratos futuros en la London International Financial Futures Exchange (LIFFE).
- *Índice nikkei 225*: Está formado por los 225 valores más contratados en la Bolsa de Tokio. Sobre dicho índice se negocian contratos de futuros en la Osaka Stock Exchange (OSE).
- *Índice standard&poor's 100:* Está compuesto sobre las 100 empresas más sólidamente implantadas en el mercado, *blue chips*. Sobre él se negocian opciones en el Chicago Board of Trade (COBT). Lo elabora la agencia de calificación crediticia Standard & Poor´s.
- *índice standard&poor's 500*: Está formado por los 500 valores más representativos de la Bolsa de Nueva York. Sobre él se negocian contratos de futuros y opciones en el Chicago Mercantile Exchange (CME). Lo elabora la agencia de calificación crediticia Standard & Poor´s.

- *Índice cac-40:* Está formado por 40 valores más representativos de la Bolsa de París.
- *Índice dax:* Está formado por los 30 valores más negociados y con mayor capitalización bursátil de la Bolsa de Frankfurt.
- *euro stoxx 50*: Índice compuesto por las 50 mayores empresas del área Euro. (NBD)

índice de Sharpe. El índice de performance propuesto por W. Sharpe (1966) es también denominado como "ratio premio-volatilidad", siendo su expresión la siguiente:

$$S_p = \frac{E(R_p) - R_f}{\sigma_p}$$

Esta denominación responde s la estructura de su ecuación: el numerador de la expresión indica la prima de rentabilidad o diferencia que la cartera "p" analizada obtiene con respecto a la rentabilidad que el inversor puede obtener si invierte en activos sin riesgo cuyo rendimiento es "Rf" o tipo de interés libre de riesgo; en el denominador se sitúa la desviación típica de la variable aleatoria rentabilidad de la cartera "p", expresión por tanto de la volatilidad o riesgo total de la cartera.

En términos de la Teoría de Carteras clásica, el índice o ratio de Sharpe muestra la pendiente de la frontera eficiente de las carteras mixtas. Financieramente, ofrece una medida del exceso de rentabilidad sobre el rendimiento sin riesgo que la cartera ofrece por unidad de riesgo total. Por lo tanto, cuanto mayor sea el valor que este índice alcance para una cartera, mejor gestionada habrá estado ésta. (IMTE)

información privilegiada. Práctica prohibida por la normativa bursátil consistente en obtener beneficios mediante operaciones basadas en informaciones secretas, generalmente obtenidas por confidencias recibidas desde el interior de las sociedades o realizadas por ejecutivos de las mismas. Se trata de información que no está al alcance del gran público inversor y que si fuese conocida podría incidir en la cotización de un valor negociable.

En inglés se conoce esta práctica como *insider trading* y a quien las realiza como *insider*. La utilización en beneficio propio de esta información, por la persona conocedora de la misma, se sanciona administrativa e incluso penalmente. (NBD)

ingresos. Desde su acepción contable, el ingreso se identifica como él equivalente monetario de la venta de bienes y la prestación de servicios.

El Marco conceptual de la contabilidad del Plan General de Contabilidad y de Pymes (Reales Decretos 1514/2007, de 16 de noviembre, y adaptación al Real Decreto 1159/2010) en su apartado 4º Elementos de las Cuentas Anuales, define como Ingresos:

"incrementos en el patrimonio neto de las empresas durante el ejercicio, ya sea en forma de entradas o aumentos en el valor de los activos o de disminución de los pasivos, siempre que no tengan su origen en aportaciones, monetarias o no, de los socios o propietarios"

"El reconocimiento de un ingreso tiene lugar como consecuencia de un incremento de los recursos de la empresa, y siempre que su cuantía pueda determinarse con fiabilidad. Por tanto, conlleva el reconocimiento simultaneo o el incremento de un activo, o la desaparición o disminución de un pasivo y, en ocasiones, el reconocimiento de un gasto"

Los ingresos se registrarán siguiendo el criterio o principio del devengo y no el criterio de caja, es decir los ingresos se registrarán en función de los flujos reales (corriente real de bienes y servicios) de suministros, independientemente del momento en que se produzca la contraprestación monetaria. Ingresos y Cobros son términos opuestos, de modo que un ingreso, en el tiempo, no tiene porqué coincidir con su cobro.

Los Ingresos constituyen el Haber de la Cuenta de Pérdidas y Ganancias (Resultados del Ejercicio). Cuando los Ingresos son inferiores a los Gastos significa que ha habido Pérdidas en el ejercicio; cuando aquellos superan los Gastos significa que el ejercicio se ha cerrado con Beneficios.

Según el Plan General de Contabilidad, los ingresos de un ejercicio pueden clasificarse siguiendo distintos criterios. Uno de estos criterios, atendiendo a su tipicidad y naturaleza, los ingresos se clasifican en ingresos de explotación como aquellos que tienen una relación estrecha y directa con las actividades principales y accesorias a la explotación de la empresa. Dentro de estos ingresos de explotación, aparecerían recogidos, siguiendo el Plan General de Contabilidad, los relacionados con la venta de mercaderías y de la producción propia, así como la venta de servicios, que se agrupan en los llamados ingresos por ventas. Así mismo dentro de los ingresos de explotación de explotación se encuadrarían, las subvenciones, legados y donaciones, otros ingresos de gestión y aquellos otros conceptos derivados de la compensación de gastos imputados en otros ejercicios.

Otro de los agregados del concepto de ingresos a destacar es el de los *ingresos financieros* que son los derivados por lo general del rendimiento (rentas periódicas) y de las plusvalías derivadas de las inversiones financieras llevadas a cabo por la empresa. En el Plan General de Contabilidad se recogen como tales, entre otros, los ingresos de créditos a corto y largo plazo, ingresos de participaciones en instrumentos de patrimonio (por lo general, dividendos por la tenencia de acciones o participaciones en el capital de las sociedades) los intereses de deudas, diferencias positivas de cambio y como un agregado más, los beneficios por valoración de instrumentos financieros por su valor razonable y los beneficios en participaciones y valores representativos de deuda.

En el Plan General de Contabilidad vigente desaparecen, frente a lo que se venía aplicando, los ingresos de naturaleza extraordinaria. (TPM)

in the money. Opción en la que el precio de mercado del subyacente es superior al precio de ejercicio en el caso de una *Call* o inferior en el caso de una *Put*. (RAS)

insolvencia. La insolvencia es la incapacidad de un agente económico para pagar sus deudas en los plazos de vencimiento estipulados. No es únicamente una falta de liquidez presente, sino que afecta asimismo al futuro del citado agente.
En la insolvencia en sentido legal, los pasivos de la entidad son superiores a los activos, lo que le impide precisamente hacer frente a sus obligaciones de pago. Sin embargo, a veces se habla de insolvencia en términos económicos más generales no solo en esa situación, sino también cuando los activos, aun siendo superiores a los pasivos, no puedan transformarse con cierta rapidez en efectivo.
La insolvencia puede ser de dos tipos. La transitoria, es decir, la falta de liquidez puntual a la que se ha hecho referencia y que suele finalizar con el concurso de acreedores, se puede producir en compañías que, a pesar de tener una gran cantidad de activos ilíquidos, tenga unas deudas a corto plazo considerables. La definitiva, que deriva en la quiebra de la entidad, tiene consecuencias más negativas tanto para la propia entidad, que debe liquidarse, como para los acreedores, que habitualmente tienen que enfrentarse a importantes reducciones y/o aplazamientos de sus derechos de cobro. (AMA)

insolvencia financiera. El término "insolvencia" o su expresión sinónima "insolvencia financiera" aplicado al ámbito mercantil expresa la situación del comerciante o empresa referida a un momento determinado en la que el valor monetario de los recursos económicos bajo su control o titularidad jurídica es inferior al valor monetario de sus obligaciones o deudas frente a terceros. Con mayor concreción, utilizando la terminología contable, sería aquella situación expresada por su balance, referido a una determinada fecha y elaborado con arreglo a los criterios legales de obligado cumplimiento (principios y normas de contabilidad), en la cual el valor monetario de sus activos fuese inferior al valor total de sus deudas o pasivos (incluidas las provisiones). En consecuencia, en términos contables, la insolvencia financiera referida a una empresa implica que su cifra de patrimonio neto es negativa, lo que quiere decir que estaría incursa en situación de quiebra técnica, por lo que en principio dicha empresa, salvo medidas de refinanciación (condonación de deudas) o de aportación de nuevos recursos propios en cuantía suficiente (aportaciones de capital propio o conversión de deudas en capital propio), estaría abocada o al borde de la disolución-liquidación
Este sería el concepto genuino de insolvencia financiera global de la empresa. Hay que distinguir esta situación de lo que podría llamarse insolvencia financiera a corto plazo o más bien insuficiencia de liquidez para poder atender el pago de las obligaciones vencidas o que han de vencer a corto plazo. Situación ésta que suele conocerse bajo la denominación de "suspensión de pagos". En efecto, puede que la empresa pudiera tener una cifra contable de patrimonio neto positiva (o sea, que el valor monetario de sus activos fuese superior al

valor monetario de todas sus obligaciones o deudas, incluidas las provisiones), pero en donde la empresa pudiese tener dificultades de liquidez o de tesorería para atender al pago de las deudas vencidas o a vencer a corto plazo (en términos gráficos, tal situación se daría cuando el valor monetario de sus activos corrientes –liquidables a corto plazo- fuese inferior al valor monetario de sus pasivos corrientes –con vencimiento a corto plazo), aunque para el conjunto de la empresa no existiese situación de insolvencia fianciera global, puesto que la empresa podría tener una cifra de patrimonio neto positivo (Activos totales > Pasivos totales). Esta situación de insuficiencia de liquidez (llamada por ciertos autores insolvencia financiera a corto plazo) acarrearía un riesgo evidente de caer en la conocida como situación de "suspensión de pagos", cuya corrección exigiría unas medidas distintas y menos drásticas que las indicadas para salir de la situación de quiebra técnica (negociación de mayores plazos de vencimiento para las deudas corrientes, anticipación incentivada de los cobros de los activos corrientes, liquidaciones de activos no corrientes, etc.). No obstante, situándonos en un plano real, es bastante frecuente que la situación de suspensión de pagos pueda irrogar, a un plazo más o menos lejano, una situación de insolvencia financiera global o de quiebra técnica.

Asimismo, pudiera darse en una empresa esta doble situación de insolvencia referida a un determinado momento, lo cual evidentemente representaría la situación de mayor gravedad respecto a la continuidad de dicha empresa, puesto que presentaría una situación de insuficiencia de liquidez a corto plazo (valor monetario de los activos corrientes < valor monetario de los pasivos corrientes) y además situación de insuficiencia financiera global (valor monetario de sus activos totales < valor monetario de sus deudas o pasivos totales, incluidas las provisiones). Ni que decir tiene que esta doble situación de insolvencia - riesgo técnico de suspensión de pagos y quiebra- sería una situación de máxima gravedad en cuanto a la posibilidad de supervivencia de dicha empresa (riesgo máximo de disolución-liquidación).

En términos jurídico-mercntiles, en la legislación española estas situaciones "concursales" están reguladas específicamente por la Ley 22/2003, de 9 de julio, Concursal, donde se establece una regulación pormenorizada para la "declaración de concurso" de una empresa, en donde se establece un procedimiento, con garantía judicial, para el desarrollo de todo ese proceso singular que pretende otorgar las garantías posibles no sólo para los acreedores de la empresa declarada en situación concursal, sino también para los demás grupos o partes implicadas o afectadas por dicha empresa (propietarios, administradores, empleados, etc.).

El procedimiento legal previsto, en primer término, pretende –si fuera posible- alcanzar un convenio entre la empresa y sus acreedores (quita y espera) que permita la continuidad operativa de la empresa o, en caso de que no fuera posible, decretar la liquidación reglada de la empresa dentro de unos mecanismos que otorguen las máximas garantías (sobre todo a los acreedores) de poder percibir la mayor cuantía posible de sus derechos de crédito. En esta ley, se dice escuetamente (artº 2) que "la declaración de concurso procederá en caso de insolvencia del deudor común" (puede ser no sólo una empresa o persona jurídica o incluso una persona natural) y se dice también que " se encuentra en estado de insolvencia el deudor que no puede cumplir regularmente sus obligaciones exigibles" y asimismo se establece que la solicitud ante el Juez de la declaración de concurso (en nuestro caso de una empresa) puede presentarla la propia empresa deudora o cualquier acreedor de ésta.

Como puede apreciarse, la situación de "concurso legal" en los términos legales estrictos, pudiera abarcar tanto las situación de insolvencia a corto plazo (riesgo de suspensión de pagos, aunque la empresa tuviese cifra positiva de patrimonio neto), como la situación de insolvencia global (cifra negativa de patrimonio neto).

Un aspecto importante a tener en cuenta es que la calificación de estas situaciones de insolvencia financiera de la empresa –a corto plazo o global– se realiza a partir de los valores monetarios de las cifras contables mostradas en el Balance de ésta. Ahora bien, como es sabido, la valoración y el tratamiento contable de las operaciones de negocio de una empresa debe ajustarse a los criterios de valoración, de reconocimiento y de imputación que se fijan en el modelo de regulación contable de utilización obligatoria (en el caso de las empresas españolas, según lo que establece el Plan General de Contabilidad 2008 y/o las demás disposiciones de similar naturaleza). Ahora bien, por ejemplo, dado que la valoración de importantes elementos patrimoniales de las empresas (p.e. de sus activos) debe hacerse de manera prudente (p.e. con criterios históricos –coste de adquisición...) y no con sus hipotéticos valores presentes "razonables", pudiera ocurrir, sobre todo con referencia a la situación de insolvencia financiera global, que ésta pudiera darse según las cifras de los valores contables del Balance de la empresa (cifra de patrimonio neta negativa), pero en cambio pudiera no darse (o sea, su cifra de patrimonio neto potencial o razonable podría ser positiva) si se hubiesen valorado ciertos elementos patrimoniales de dicha empresa a su hipotético valor presente "razonable" (lo cual no es fácil hacerlo de manera objetiva y fidedigna en muchos casos) o incluso por la existencia de ciertos activos que pudiesen ser valorados o adquiridos a terceros mediante precio, pero que sin embargo, no pudiesen ser valorados o reconocidos según las normas contables al uso. Este es un punto débil o una crítica sólida que podría hacerse a la declaración de insolvencia financiera basada exclusivamente en los datos contables ordinarios que presentan habitualmente las empresas, en base al "principio de empresa en funcionamiento", presunción que precisamente se encontraría seriamente en entredicho en estas situaciones en las que se bordea la insolvencia financiera. Es sin duda un flanco débil de esta concepción convencional de lo que se entiende como insolvencia financiera de una empresa, pero también es una posición difícil de superar, debiendo resplverse estas situaciones con arreglo a otros criterios de valoración más propios de supuestos en los que el principio de empresa en funcionamiento es de dudosa aplicación. (JLCG)

institución de inversión colectiva. Se denomina así a las entidades cuya función es la captación de grandes sumas de dinero del público con el fin de invertirlos y gestionarlos en valores, derechos, bienes, u otros instrumentos, de manera que el rendimiento para el inversor estará en función de los resultados de la inversión colectiva.
Véase, fondos de inversión. (SRC)

interés. Importe en unidades monetarias del rendimiento que los acreedores cobrarán al finalizar el plazo de una operación de inversión. Importe en unidades monetarias del coste que los deudores pagarán al finalizar el plazo de una operación de financiación. Diferencia entre un capital final, que se cobra o paga dentro de un plazo, y el capital inicial o actual equivalente financieramente al capital final. *interés simple:* rendimiento o coste proporcional a un capital inicial y a un plazo de una operación financiera. Interés calculado aplicando la ley financiera de capitalización simple ($Cn = Co (1+ i n) = Co + Co i n$), para un porcentaje de tipo de interés anual "i". Producto de un capital inicial por un tipo de interés y por un plazo de una operación financiera ($I = Co i n$). *interés compuesto:* rendimiento o coste no proporcional a un capital inicial y a un plazo de una operación financiera. Interés calculado aplicando la ley financiera de capitalización compuesta ($Cn = Co (1+i)^n$), para un porcentaje de tipo de interés efectivo anual "i". Importe superior al producto de un capital por un tipo de interés y por un plazo de una operación financiera pues, los intereses de cada período se acumulan al capital para generar intereses. (CMR)

interes acumulado. Interés devengado, todavía no satisfecho por un activo desde la última fecha en la que se realizaron pagos de intereses. (JJDH)

interés abierto. El interés o saldo abierto en un instrumento derivado compensable en una cámara consiste en el número de contratos del mismo que permanece vivo, en un momento dado del tiempo, por no haber sido cancelado como consecuencia de una transacción de signo contrario o por haber alcanzado su fecha de vencimiento.(RAS)

intermediarios financieros. Son instituciones que cumplen un papel de mediación entre dos partes, siendo por lo general una de ellas la que aporta la financiación o dinero líquido y la otra la que efectúa la operación financiera de que se trata. También se entiende como tales a las instituciones que realizan la mediación o intermediación entre prestamistas y prestatarios.
Su función básica es la de movilizar el ahorro, consiguiendo su inversión en diversos productos o activos financie-

ros o poniendo en contacto a dos partes que tienen intereses contrapuestos pero complementarios entre sí.
Se pueden distinguir dos tipos: los intermediarios financieros bancarios, que crean dinero bancario por la aceptación de algunos de sus pasivos para ser utilizados como medios de pago, y los no bancarios, que se limitan a prestar con cargo a sus recursos propios desarrollando estrictamente una función mediadora. (AMA)

inventarios. Se entiende por inventarios a las materias primas, componentes, productos en curso y productos terminados que están almacenados esperando una posterior utilización. Esta utilización o demanda puede venir tanto del exterior de la empresa, es decir, del mercado (fundamentalmente de productos terminados), como del interior de la misma, siendo en este caso, del proceso productivo (materias primas, componente y productos en curso). (AMR)

inversión. Una inversión es un activo o algún tipo de bien que se compra con la esperanza de que genere ingresos o se revalorice en el futuro.
En todo acto de invertir intervienen los siguientes elementos: sujeto que invierte, ya sea persona física o jurídica, activo en el que se invierte, coste que supone la renuncia a una satisfacción en el presente y esperanza de una recompensa en el futuro.
Existen tres visiones a la hora de considerar una inversión: la jurídica, la económica y la financiera. Desde el punto de vista jurídico una inversión es la adquisición de todo aquello que pueda ser objeto de un derecho de propiedad y ser susceptible de formar parte del patrimonio de una persona física o jurídica; desde el punto de vista económico una inversión es la compra de un bien que no se consume hoy, sino que se usará en el futuro para conseguir riqueza; desde el punto de vista financiero una inversión es la compra de un activo monetario que se hace con la intención de que proporcione ingresos en el futuro, o que se aprecie también en el futuro y pueda ser vendido a un mayor precio que el que se pago por él en el presente. (NBD)

inversión directa en el exterior (IDE). Una inversión en el exterior es calificada de directa si se realiza con la expectativa de generar beneficios a largo plazo y con la intención de influir directa y efectivamente en las actividades empresariales llevadas a cabo a través de dicha inversión. El inversor puede financiar la inversión directa mediante aportaciones de capital o a través de préstamos. Los principios (quinto Manual de balanza de pagos del FMI) para calificar una inversión de directa se basan en que la propiedad sea igual o superior al 10 % del capital de la empresa en el exterior (en el cuarto Manual este *límite* se situaba en el 20%) y que se tenga una influencia efectiva en la empresa participada (es decir, que se esté en su gobierno corporativo). Se considera que la mayoría de la inversión directa registrada a nivel mundial es realizada por empresas. A través de la inversión directa, que se incorporará

$$Sn(r) = FC_0(1+r)^h + FC_1(1+r)^{h-1} + \ldots + FC_{h-1}(1+r) + FC_h \prec 0$$

en una sociedad, empresa, que denominaremos filial, una empresa doméstica se convierte en multinacional. La inversión directa se materializa en activos empresariales y tendrá su reflejo en la estructura financiera de la filial (capital y préstamos); también lógicamente tiene su registro en el correspondiente balance del inversor (empresa multinacional). Obviamente una persona **física** puede realizar una inversión directa en el exterior (empresario individual con actividad multinacional). *Véase*, empresa multinacional (JJDH)

inversión no simple. Inversiones que generan determinados flujos de caja intermedios o filiales con signo negativo. Esta característica hace que el comportamiento del VAN adopte funciones más complejas que la típica (en inversiones simples) monótona decreciente pudiendo encontrarnos con una o múltiples TIR e incluso ninguna. Este último problema se soluciona calculando la denominada TIR corregida (*Véase* esta voz).
Cuando existe una única tasa interna de rentabilidad se habla de inversiones puras-mientras que en otro caso se las califica de inversiones mixtas (JJDH)

inversión simple. La TIR de un proyecto es aquella tasa de descuento o de capitalización que anula (hace cero) el valor actual neto (VAN) o el valor futuro neto (VFN). Si del proyecto, por ejemplo en una inversión simple capitalizamos periódicamente y de forma acumulada sus flujos de caja, el valor futuro (que podemos denominar saldo) nos encontramos con que todos los valores (saldos) serán todos negativos a excepción del último (VFN) que será cero. Es decir el flujo de caja será negativo de la inversión inicial irá creciendo en el tiempo y no será absorbido por los flujos de caja positivos hasta el momento final (n).
El saldo de un proyecto en un momento intermedio, h, sería: (fórmula mostrada en la parte superior de esta página).
Siendo en el momento final del proyecto

$$S_{\downarrow}n(r) = S_{\downarrow}(n-1)(\dashv)1+r) + [\![FC]\!]_{\downarrow}n = 0$$

$$r = TIR$$

Cuando se produzcan saldos intermedios positivos, la inversión es mixta, debido a la relación existente entre la TIR del proyecto y el coste de capital. (JJDH)

inversión socialmente responsable (ISR). Inversión que tiene el objetivo de obtener un buen resultado social y medioambiental y una óptima rentabilidad financiera. Inversión que aplica los diez principios del Pacto Mundial de Naciones Unidas (Global Compact) relativos a derechos humanos, relaciones laborales, medioambiente y corrupción. Inversión que aplica el principio institucional de actuación ética y socialmente responsable (CMR)

inversiones mixtas. Estas inversiones además de caracterizarse por presentar alternancia en los signos de los flujos de caja, presentan en algún momento

antes de la finalización del proyecto un saldo negativo de capital (ver saldo de un proyecto). En este tipo de proyectos la TIR no es independiente del coste de capital, por cuanto que en el cálculo de actualización o capitalización intermedio hay que aplicar dicho coste y no al rendimiento interno (TIR)
(JJDH)

J

Jensen, Michael C. Mike Jensen (Rochester, Minnesota, 1939) es uno de los economistas más influyentes, conocidos y citados de los últimos cuarenta años. Se formó en la Universidad de Chicago donde obtuvo un MBA en Finanzas y un Doctorado en Economía, Finanzas y Contabilidad bajo la dirección de Merton Miller. Ocupo su primer puesto docente en la *Simon Business School* (Universidad de Rochester, NY) donde estuvo durante diecisiete años, creó un grupo de investigación sobresaliente y coincidió con el que llegó a ser su coautor más conocido y amigo, William Meckling, por aquel entonces decano. En 1984, dejó Rochester y se incorporó a la *Harvard Business School* donde ocupó la cátedra *Jesse Isidor Straus*de Administración de Empresas y fundó la Unidad de Negociación, Organizaciones y Mercados de la que surgió el influyente curso Coordinación, Control y Gestión de las Organizaciones (CCMO).

La trayectoria investigadora de Jensen es ciertamente singular pues comienza trabajando en el área de valoración y mercados de capitales con resultados de investigación universalmente conocidos, como el modelo de mercado, el Alpha de Jensen o la metodología de estudio-evento. Unos años más tarde, Jensen emprende el tránsito del mercado hacia las organizaciones y da un giro radical a su investigación al introducirse dentro de la empresa, esa caja negra al albur de los mercados, y explicar su funcionamiento a partir del comportamiento de los diversos individuos (stakeholders) que en ella se relacionan. Su investigación con Meckling, publicada en el *Journal of Financial Economics* en 1976, es considerada uno de los trabajos nucleares en la teoría de la empresa y, particularmente, en la teoría de la agencia. El propio Jensen recuerda en una entrevista reciente que ese trabajo tiene su origen en una invitación que su colega Karl Brunner les cursó para participar en una conferencia en Interlaken (Suiza), cuyo objetivo era tender puentes entre los economistas europeos y americanos. Jensen y Meckling prepararon un paper provocador, al estilo del de Milton Friedman sobre el objetivo de la empresa, para estimular la discusión… y lo consiguieron. En opinión del propio autor, ese fue el pistoletazo de salida en la larga carrera por comprender el funcionamiento de las organizaciones a partir de los conflictos de intereses y los lazos de cooperación que se tejen en su interior y que, como una red, vinculan a los individuos, las empresas y los mercados sin ser posible determinar con precisión los límites de unos u otros.

Este enfoque conceptual, esta manera de acercarse a las organizaciones, impulsó la investigación en el análisis de los incentivos en la empresa, la actividad del mercado de control corporativo, el modelo de comportamiento humano en las organizaciones, o más en general en el ancho campo del gobierno corporativo. Y se plasmó en colaboraciones, hoy seminales, con otros profesores como Eugene Fama sobre la teoría de la empresa y los consejos de administración, George Baker y Kevin J. Murphy sobre sistemas retributivos, Richard Ruback sobre la actividad del mercado de control corporativo, Clifford W. Smith sobre decisiones financieras, y Karen H. Wruck sobre conocimiento, entre otros. Con el paso de los años y viendo el influjo que ha tenido esta literatura, podemos decir hoy que la teoría de la Agencia, en buena parte por el trabajo de Jensen, ha sido un auténtico *big-bang* metodológico en las finanzas corporativas y la teoría de la organización.

En 1993, en su discurso presidencial a la Asociación Americana de Finanzas, Jensen realiza un ejercicio de autocrítica de la profesión financiera, muy divida entre los mercados de capitales y las finanzas empresariales, demandando unas finanzas que no sólo se preocupen de valorar flujos de tesorería dados, sino que avancen en el estudio de cómo incrementar esos flujos. Un esfuerzo que exige una visión más amplia de la empresa y las finanzas. El propio Jensen daba su visión particular al respecto al insistir en tres elementos: finanzas en sentido estricto, es decir, la definición y estructura de los derechos financieros sobre el *cash flow*; gobierno, la estructura de control al más alto nivel; y organización, las reglas internas del nexo de contratos (control, incentivos y asignación de derechos de decisión).

Además de la investigación en sí misma, Jensen fue también visionario de la necesidad de diseminar la investigación y hacer llegar el conocimiento específico a los académicos y prácticos. Este es el sentido de la *Social Science*

Research Network (SSRN), fundada en 1994 por él y W. Marr, y cuyo enorme éxito y buena acogida difícilmente podían haberse anticipado. Pero esto no es un resultado aislado de la concepción que Jensen tiene de la investigación. Con carácter pionero también animó a abrir en 1989 una sección absolutamente novedosa en la *Journal of Financial Economics*, de la que es Editor Fundador, dedicada a trabajos "clínicos", es decir, a papers aplicados y/o estudios basados en la metodología del caso, en la convicción de que esta clase de trabajos proporcionan nueva y diferente información especialmente útil para ilustrar o desafiar la teoría convencional y alcanzar así nuevas conclusiones sobre el mundo financiero y empresarial.
En la actualidad, Jensen, Profesor Emérito de Harvard, mantiene una actividad intensa como conferenciante, investigador e impulsor de nuevas percepciones sobre el individuo y su comportamiento en la empresa, ahora bajo el atractivo concepto de integridad. En fin, se podrían enarbolar muchos otros méritos de Jensen (premios, doctorados honoris causa, reconocimientos, etc.) pero me quedo con su capacidad, casi innata, de analizar los problemas de las organizaciones y abrir rutas de investigación que acaban siendo muy transitadas. Al igual que Ross decía de Modigliani y Miller y su trabajo sobre estructura de capital, muchos investigadores hemos visto los problemas de las organizaciones a través de los ojos de Jensen. (PAA)

jerarquía de preferenciasde las fuentes de financiación (*pecking order*). La existencia de asimetría de información sustenta quelas empresas tengan preferenciapor la financiación interna (autofinanciación) frente a la financiación externa. Cuando se opta por esta última, primero se acude al endeudamiento (préstamos, emisión de bonos u obligaciones) yen último lugar a la emisión de acciones (ampliación de capital). Consecuentemente, mediante esta aproximación a la estructura de capital se presupone una relación negativa entre rentabilidad y endeudamiento:a mayor rentabilidad más autofinanciación. Asimismo, si las oportunidades de inversión han de financiarse con recursos externos se preferirá en primer término la deuda a la emisión de acciones (asimétrica de información con inversores actuales).
La emisión de acciones al mercado (ampliación de capital) puede entenderse, por parte de los potenciales inversores como una señal de sobrevaloración de la empresa; lo que podría hacer que el precio de las acciones baje.
En este contexto hacemos referencia al denominado *market timing* que indica que la estructura de capital de la empresa es el resultado del comportamiento pasado del valor de mercado de las acciones. Es decir, la empresa emite acciones cuando el precio está alto y las recompra cuando está bajo. El *market timing* tiene efectos de forma persistente sobre la estructura de capital: l precio histórico de la acciónafecta a la estructura de capital. (JJDH)

joint venture. *Véase*, sociedad conjunta.

joyas de la corona. Es como se denomina en Fusiones y Adquisiciones a los activos más valiosos de una empresa, que pueden desencadenar una toma de control hostil o amistosa de la misma por parte de un inversor externo. (JMPI)

junk bonds. *Véase*, bonos basura.

K

Kahneman, Daniel. Nació en Tel Aviv en 1934, por casualidad, ya que su familia residía en Paris, donde vivió en su infancia. Hijo de judíos de origen Lituano. Se doctoro en Psicología en la Universidad de California, Berkeley en 1961 tras obtener el grado en la Universidad Hebrea de Jerusalén en 1954. Premio Nobel en 2002 por integrar los aspectos psicológicos en la ciencia económica en particular los aspectos concernientes al juicio humano y a la toma de decisiones en incertidumbre. En la actualidad es Catedrático de Psicología de la Universidad de Princeton en USA. Co autor, junto con Amos Tversky, del primer artículo que ataca el modelo de agente racional en la revista "Science". Sin embargo, estos autores consideran que su investigación lo que hace es rechazar una concepción poco realista del concepto de racionalidad, aquella que considera que para ser racional un individuo debe actuar de forma coherente en todo momento.

Sin embargo su trabajo más conocido es el artículo publicado junto con Amos Tversky en 1979 en la revista Econometrica "Prospect theory: An analysis of decisión under risk". La teoría prospectiva describe cómo toman decisiones los individuos en entornos inciertos frente a la propuesta normativa de la teoría de la utilidad esperada. El elemento que los propios autores consideran central es lo que se conoce como la función del valor. De acuerdo con esta función existe un valor de referencia para cada individuo, a partir de cual se valoran los cambios en la riqueza del individuo. Las ganancias y las pérdidas de cada individuo se miden en relación con un punto de referencia. Este planteamiento de medir los cambios en la riqueza en vez del nivel de riqueza había sido esbozado con anterioridad por H. Markowitz en 1952. Sin embargo toma carta de naturaleza en la teoría prospectiva ya que tal punto de referencia, que cada individuo elige, indica un comportamiento asimétrico con respecto al riesgo. Así cuando un individuo se sitúa en niveles de riqueza por debajo del punto de referencia es propenso al riesgo, con el fin de alcanzar el nivel de referencia lo antes posible, mientras que para niveles de riqueza superiores a la referencia el individuo es adverso al riesgo, con el fin de conservar su situación. Los individuos son adversos a las pérdidas según la teoría prospectiva a diferencia de la aversión al riesgo de la teoría de la utilidad esperada.

También son aportaciones del dúo Tversky-Kahneman el análisis de los sesgos de presentación de los problemas ("framing"). La diferente solución que un individuo da a un problema en función de cómo se presente el problema es una violación del concepto de racionalidad que Kahneman y Tversky (1984) denominan invarianza ("invariance") y que Arrow (1982) bautizó como extensión ("extensionality"). (EVG)

L

lápida (*tombstone*). Anuncio publicado en los medios de comunicación económica por los bancos organizadores de un crédito sindicado o de una emisión de títulos, para dar a conocer su participación en el acuerdo de emisión o de préstamo. Se realiza únicamente a efectos publicitarios. (JJDH)

lavado de cupón. Operación consistente en la venta de un valor por parte de un residente a un no residente el día o los días anteriores a la fecha de pago de un cupón o dividendo, pactando la recompra para un día o varios días después de haberse pagado. El objetivo que se persigue es el de evitar la tributación que corresponda de la retención por cobro de intereses que establezca la legislación vigente en cada país, la cual no se suele aplicar a los no residentes. El precio, en el mercado de renta fija, se suele fijar del siguiente modo: se vende por un precio equivalente al valor del título más los intereses corridos hasta la fecha de venta, con lo cual el vendedor cobra los intereses devengados y no cobrados y recompra, una vez pagado el cupón, al valor "ex cupón" del título, sin verse afectado por la retención fiscal. (AMA)

lavado de dividendos. Operación consistente en la realización de ventas de títulos de renta variable en fechas previas y cercanas al vencimiento de cobro de dividendos y compra posterior de los mismos títulos valor inmediatamente después de su liquidación con la finalidad de aprovecharse de ventajas fiscales. (IPF)

***law and finance* (L&F).** El término de *law and finance* (L&F) hace referencia a la teoría que establece que las diferencias en la tradición u origen legal de cada país son las que a través de su influencia en la protección de los derechos de los inversores explican el desarrollo financiero de los países. Esta literatura se ha desarrollado de forma importante a partir de los artículos de La Porta, López-de-Silanes, Shleifer, y Vishny (1997, 1998) y tiene un carácter básicamente empírico.

Las tres contribuciones básicas de la teoría de L&F son las siguientes:

1) El grado de protección de los inversores explica las posibilidades de contratación financiera y, en consecuencia, el grado de desarrollo financiero del país. En concreto, una mayor protección de los accionistas y de los acreedores favorece la financiación externa de las empresas y un mayor desarrollo del sistema financiero de país, tanto de los mercados financieros como de los bancos. El mayor desarrollo de los mercados financieros se asocia a la mejor protección de la propiedad privada y de los accionistas minoritarios y se constata con la existencia de un mayor número de empresas cotizadas, una mayor capitalización de las mismas o un mayor volumen de negociación diario en los mercados de valores. El mayor desarrollo del sistema bancario se asocia a una mejor protección de los derechos de los acreedores y se traduce en un mayor peso del crédito bancario en la financiación de la economía.

   Esta literatura considera que el grado de protección de los inversores viene determinado no sólo por la intensidad con la que el sistema legal de cada país protege los derechos de accionistas y acreedores en su legislación mercantil, legislación concursal, legislación del mercado de valores o la legislación sobre fusiones y adquisiciones, sino también por la eficacia con la que el sistema judicial garantiza el cumplimiento de los derechos legalmente reconocidos (*law enforcement*).

2) La protección de lo inversores está relacionada con la tradición u origen legal del país. La teoría de L&F se centra en las diferencias entre dos de las tradiciones legales con mayor influencia: la *common law* británica y la *civil law* francesa. Dentro de esta última se incluyen la tradición legal francesa, germánica y escandinava. Los trabajos empíricos concluyen que países de tradición legal británica o *common law* tienden a proteger a los inversores en mayor medida que los países de tradición de *civil law*, especialmente los de tradición legal francesa. Países de tradición legal germánica y escandinava presentan niveles intermedios de protección entre los de tradición británica y los de tradición francesa.

3) Las tradiciones u orígenes legales son exógenos ya que se formaron en Europa hace varios siglos y se fueron extendiendo por todo el mundo a

través de la conquista, colonización o imitación. Esta exogeneidad convierte al origen legal en el determinante final del desarrollo financiero del país.

Las teorías alternativas L&F se centran en cuestionar las dos últimas contribuciones. Es decir, mientras que se acepta que una protección efectiva de los inversores facilita una eficiente financiación empresarial y un mayor desarrollo financiero, se cuestiona que el origen legal sea el determinante central de la protección de los inversores y del desarrollo financiero. Las explicaciones alternativas al origen legal se han centrado en el papel de la cultura, la política, y la historia.

Las tres contribuciones básicas se han ido extendiendo por una creciente y amplia literatura que entremezcla aspectos legales, financieros y económicos. Estas extensiones pueden agruparse en tres bloques:

- En primer lugar, el desarrollo de la literatura del L&F ha extendido la relación del sistema legal e institucional del país más allá del desarrollo financiero para relacionarlo con aspectos más concretos de la financiación e inversión empresarial. Estos trabajos concluyen que una mejor protección de los inversores está relacionada con un mayor acceso a la financiación externa, un mayor vencimiento de la deuda empresarial, y un mayor pago de dividendos. Respecto a los efectos sobre la política de inversión se constata que una mejor protección de los inversores facilita la inversión en intangibles y la asunción de mayores riesgos. Estas características de la financiación e inversión empresarial en los países con mejor protección de los inversores están también asociadas con una mayor dispersión de la propiedad empresarial y una menor manipulación contable y, por tanto, una mayor informatividad de los estados financieros en dichos países.
- En segundo lugar, la teoría del L&F ha extendido sus implicaciones sobre el crecimiento económico al existir una reciente literatura que constata empíricamente el efecto positivo del desarrollo financiero sobre el crecimiento de las empresas, sectores, y de la economía en su conjunto. Esta literatura permite concluir que el origen legal, a través de su influencia en la protección de los inversores y del desarrollo financiero afecta al crecimiento económico. Los estudios empíricos controlan por potenciales problemas de causalidad e indican que el efecto positivo del sistema financiero sobre el crecimiento económico persiste después de controlar por la influencia que el propio crecimiento económico tiene sobre el desarrollo financiero del país. Las fuentes del mayor crecimiento son las mayores facilidades para captar fondos externos y realizar inversiones en activos intangibles y más arriesgados.
- En tercer lugar, existen investigaciones mostrando que el origen legal no sólo está relacionado con

aspectos financieros sino también con aspectos como la propiedad pública de los bancos, las dificultades o barreras a la creación de nuevos negocios y empresas, la regulación del mercado laboral, la propiedad de los medios de comunicación, el grado de formalismo de los procedimientos judiciales y la independencia judicial. En todos estos ámbitos, los países de tradición legal británica aparecen con una menor propiedad gubernamental, menor corrupción, menor economía sumergida, menores tasas de desempleo y con sistema judiciales menos formalizados y más independientes.

Actualmente, desde los ámbitos de la economía, finanzas, derecho, ciencia política e historia se está contrastando, cuestionando y modificando la teoría del L&F. (FGR)

leads and lags. Procedimiento de ajuste del calendario de cobros o pagos, adelantándolos o retrasándolos respecto de su fecha de vencimiento, para facilitar una estrategia de tesorería específica. (JJDH)

leasing. El Leasing se puede definir como un contrato de arrendamiento con opción de compra. Esta opción de compra va a ser el elemento que le otorgue al Leasing su carácter de fuente de financiación para la adquisición de bienes muebles o inmuebles. Los bienes objeto de cesión habrán de quedar afectados por el usuario únicamente a sus explotaciones agrícolas, pesqueras, industriales, comerciales, artesanales, de servicios o profesionales.

Por lo tanto, se puede considerar al *leasing* como una forma de financiación a medio y largo plazo, ya que posibilita disponer de un elemento de activo fijo sin disponer de fondos o acudir al crédito. (AMR)

***leasing* apalancado.** Esta operación de leasing tiene características propias en cuanto a la financiación por el arrendador. Se trata de una operación combinada en la que intervienen además del vendedor, del arrendador y del arrendatario, una entidad financiera que concede un préstamo a largo plazo por un porcentaje importante de la operación. Generalmente la empresa de leasing suele financiar entre un veinte y un cuarenta por ciento y la entidad que concede el préstamo el resto. (AMR)

***leasing* financiero.** En cuanto al *leasing* financiero, es el contrato en virtud del cual una empresa de *leasing* (arrendador), según las indicaciones de sus clientes (arrendatarios), pone a disposición el equipo solicitado por éstos contra el pago de unas cuotas de arrendamiento convenidas por ambas partes, que en total superan el precio de la compra, fraccionadas durante un período de tiempo, que generalmente coincide con la vida económica y fiscal del equipo, durante el cual el contrato es irrevocable, siendo el riesgo técnico y de obsolescencia, así como los gastos de reparación y mantenimiento por cuenta del arrendatario, quien una vez finalizado dicho período puede devolver el equipo, prorrogar el contrato o ejercer el derecho de opción de compra y adquirirlo. La duración de este tipo de leasing es superior a la del *leasing* Operativo (normalmente entre 3 y 5 años), y los bienes objeto de la operación suelen ser más especializados que en el *leasing* operativo. (AMR)

***leasing* operativo.** La característica fundamental del *leasing* operativo es ser revocable por el arrendatario previo aviso al arrendador y surge con la característica de ser promovido por las empresas fabricantes o distribuidoras. El período de arrendamiento suele ser corto (generalmente de 1 a 3 años), y los bienes objeto de la operación suelen ser bienes de tipo estándar (vehículos, equipos informáticos, etc.). Tanto los gastos de mantenimiento como los riesgos técnicos y de obsolescencia son soportados por el arrendador. (AMR)

letra de cambio. Según el Prof. Uría (*Manual de Derecho Mercantil*), la letra de cambio "es un título de crédito formal y completo, que obliga a pagar a su vencimiento, en un lugar determinado, una cantidad cierta de dinero a la persona primeramente designada en el documento, o a la orden de ésta a otra distinta también designada".

Sus caracteres esenciales, a juicio del citado autor, son:

- Es título formal: su validez está subordinada al cumplimiento de determinados requisitos de forma establecidos por la ley (19/1985 de 17 de julio).
- Es título completo: el documento fija por sí mismo el ámbito o amplitud del derecho, sin hacer referencia a otros documentos que pudieran ser causa subyacente del giro de la letra.
- La obligación de pago señalada en la letra será en dinero y no en especie.
- La cantidad a pagar será cierta.
- El pago deberá hacerse a su vencimiento (en fecha y en lugar determinado).
- Se pagará a la persona primeramente designada en el documento a su vencimiento o a la orden de otra persona distinta designada en el documento (tenedor legítimo de la letra (directamente designado o por vía de endoso).

En la letra de cambio intervienen esencialmente tres personas:

1ª) Quien emite o crea la letra de cambio: librador o firmante del documento. Quien da la orden de pago de la letra.

2ª) A quien se dirige la orden de pagho de la letra: librado

3ª) Quien recibe la letra y a cuya orden se manda hacer el pago de la letra: tomador o tenedor.

También pueden intervenir otras personas, desempeñando otras funciones como, por ejemplo: a) El avalista o avalistas del pago de la letra, en el caso de que no se hiciese por el obligado directo al pago (librado); b) Los endosantes o endosatarios, en el supuesto de que la letra se cediese por su tenedor primitivo a otra persona mediante la fórmula del endoso único o a través una cadena de endosos sucesivos.

Papel económico actual que cumple la letra de cambio. Esta puede utilizarse:

I) Como mecanismo instrumental del pago por venta de mercancías o por prestación de servicios a plazo o a crédito entre comerciantes. Esta vía instrumental permite además al vendedor, a través de la fórmula bancaria habitual del descuento de "papel comercial" (letras de cambio correspondientes a ventas a plazo, normalmente a vencimiento corto), obtener liquidez inmediata de su crédito no vencido, descontando el valor nominal de la letra ante una entidad financiera, abonando ésta, antes de su vencimiento, el importe efectivo resultante del descuento en la cuenta del vendedor (librador de la letra), encargándose además el banco de gestionar el cobro de la letra ante el librado en su fecha de vencimiento.

II) Como mecanismo instrumental de concesión de un préstamo en dinero por parte de un prestamista (normalmente una entidad financiera) al prestatario (librado-aceptante de la letra), señalándose en la letra el importe nominal a pagar a su vencimiento (que incluirá el efectivo recibido por el prestatario, más los intereses del plazo temporal del préstamo y las comisiones adicionales de gestión del cobro establecidos según los usos o prácticas financieras para los préstamos (normalmente a corto plazo) instrumentados de esta forma. (.(JLCG)

letras del Tesoro. Valor de renta fija a corto plazo, con un rendimiento implícito para el comprador y con la garantía del Estado. Anotación en cuenta que reconoce el derecho del poseedor de la letra del Tesoro a cobrar el valor nominal de la letra, dentro de un plazo de un mes, tres meses, ..., hasta dieciocho meses como máximo. Título-valor con un precio actual o efectivo inferior al valor nominal del título-valor, siendo la diferencia entre el valor nominal y el efectivo el rendimiento implícito. Instrumento financiero a través del cual el Estado obtiene financiación a corto plazo y adquiere la obligación de realizar un pago futuro por el importe del valor nominal de las letras emitidas. Valores a corto plazo emitidos al descuento cuyo precio de emisión o efectivo se obtiene descontando el valor nominal con la ley financiera de descuento simple racional. (CMR)

leveraged buy out **(LBO).** Término que se utiliza para designar una operación en la que se adquiere una empresa con un alto grado de apalancamiento, el cual se articula con préstamos bancarios o con emisiones de bonos. Una peculiaridad de estas operaciones es que en la mayor parte de las ocasiones se utilizan activos de la empresa adquirida como colateral y garantía de la deuda.
Véase, compras apalancadas.

ley financiera. Expresión matemática que permite valorar capitales en el tiempo o proyectar financieramente capitales que se cobran o pagan en un momento del tiempo a otro momento del tiempo pasado o futuro. *Ley Financiera de descuento o actualización*: expresión matemática que permite proyectar financieramente capitales hacia momentos del tiempo pasados. *Ley Financiera de* *descuento simple comercial*: expresión (1-d n), siendo "d" la tasa de descuento y "n" el plazo de tiempo que se proyecta el capital. *Ley Financiera de descuento simple racional*: expresión (1/(1+in)), siendo "i" el tipo de interés y "n" el plazo de tiempo que se proyecta el capital. *Ley Financiera de capitalización*: expresión matemática que permite proyectar financieramente capitales hacia momentos del tiempo futuros. *Ley Financiera de capitalización simple*: expresión (1+in). *Ley Financiera de capitalización compuesta*: expresión $(1+i)^n$. (CMR)

***Libid* (*London interbank bid rate*).** Es el tipo de interés de compra (BID) en el mercado interbancario Londres. (JJDH)

***Libor* (*London interbank offered rate*).** Tipo de interés del mercado interbancario ofrecido en el mercado de Londres. Sirve de referencia para la determinación de otros tipos de interés de operaciones financieras. El Euribor es el equivalente europeo. (JJDH)

***Limean* (*London interbank mean rate*).** Tipo de interés medio entre el *Libid* y el *Libor*. (JJDH)

línea característica de un título o cartera. La línea característica de un título o una cartera es la representación gráfica de la relación funcional lineal entre el rendimiento de los títulos o carteras y el rendimiento del mercado o de su índice, según el modelo de mercado o modelo de Sharpe, pilar básico de la teoría de carteras. Dicha relación lineal se obtiene utilizando el método estadístico de la regresión lineal.

La línea característica o línea de mercado tiene la siguiente forma gráfica y ecuación:

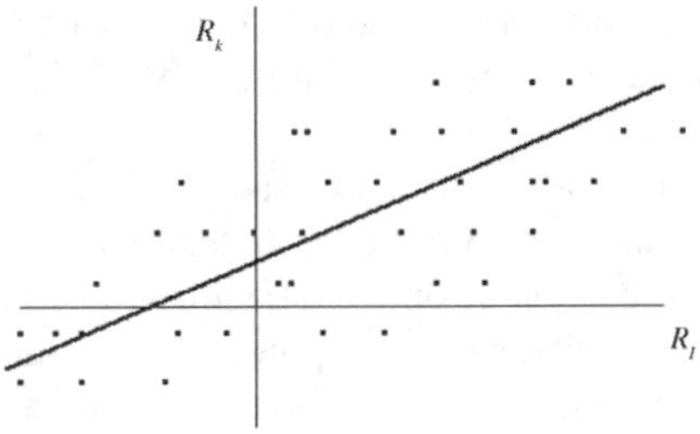

La recta de regresión que mejor se ajusta a la nube de pares de puntos ($R_{it,}$ R_{Mt}) de las observaciones realizadas responde a la siguiente expresión de la línea característica del título:

$$R_{it} = \alpha_i + \beta_i R_{Mt} + U_{it}$$

Las variables básicas del modelo son:

R_{it}, rendimiento del título i, durante un período de tiempo (t).

$R_{mt,}$ es el rendimiento de la cartera de mercado, durante el período de tiempo t. Una cartera de mercado es la que esta formada por todos los títulos que se intercambian en él. A veces está representada por un índice.

$\alpha_{i,}$ (alfa) gráficamente es la ordenada en el origen de la recta de regresión lineal. Es la parte de la rentabilidad del título independiente de la rentabilidad del mercado.

β_i, (beta) gráficamente es la pendiente del modelo. Desde la óptica financiera se conoce como "coeficiente de volatilidad sobre el mercado". Este coeficiente expresa la parte del rendimiento de nuestros títulos que está directamente vinculada con el rendimiento del mercado, (fluctuación de nuestro título ante el mercado).

$U_{it,}$ es el error o perturbación aleatoria. Permite realizar los ajustes del modelo de regresión lineal. Incluye aquellos factores que considerados aisladamente no afectan a la rentabilidad del título pero que considerados de forma conjunta sí influyen en el mismo. (IMTE)

línea de crédito. La línea de crédito es un instrumento que pone un banco a disposición de un cliente y que consiste en que éste puede disponer, de acuerdo con sus necesidades, de una cantidad de dinero en forma de préstamo. Asimismo, el cliente devuelve al banco las cantidades prestadas en los momentos elegidos por el propio cliente. La línea de crédito tiene un vencimiento establecido de antemano y un límite máximo. El cliente paga las comisiones establecidas y los intereses sólo sobre la cantidad dispuesta. También se puede establecer un coste para el cliente por la cantidad disponible pero no dispuesta. Al vencimiento, el cliente tiene que haber devuelto todo el dinero prestado, salvo que se haya pactado previamente una renovación de la línea de crédito. (FGO)
Véase, Póliza de Crédito.

línea de equilibrio en el mercado de capitales (*capital market line* - CML). Según la teoría clásica de carteras, la CML o Línea de equilibrio en el Mercado de Capitales es la recta sobre la que se sitúan las carteras eficientes en el equilibrio.
Para obtener dicha recta se parte de la frontera eficiente del modelo de carteras mixtas, recta a la que se le aplica el teorema de separación de Tobin. El inversor puede moverse a lo largo de la frontera eficiente de carteras mixtas conformando carteras de préstamo o carteras de endeudamiento, dependiendo de lo alejado que se encuentre la cartera del eje de ordenadas. Las más próximas al eje son las carteras de renta fija, luego las carteras mixtas propiamente dichas, la cartera de renta variable (100% renta variable denominada cartera W individual para cada inversor) y finalmente las carteras de apalancamiento, i.e., aquellas que invierten en renta variable más del presupuesto de inversión.
La "Teoría del equilibrio en el mercado de capitales" plantea que de darse una serie de supuestos, los cuales conducen a que el mercado está en equilibrio, la cartera 100% con riesgo "W" pasa a ser la cartera de mercado "M". Ello nos lleva a indicar que la configuración de la cartera sin riesgo W, que va a combinarse con el activo sin riesgo de rendimiento Rf para formar una cartera mixta, no depende de la actitud ante el riesgo de los diferentes inversores individuales, ni tampoco de la proporción de su inversión que inviertan en activos con riesgo y activos sin riesgo. Entonces la cartera W se convierte en la "cartera de mercado M" (aquella que incluye todos los activos de renta variable en unas proporciones tales que su alfa es cero y su beta uno) y la frontera eficiente del modelo de carteras mixtas pasa a denominarse CML o Línea de equilibrio en el Mercado de Capitales.
La representación gráfica y la ecuación de la CML son respectivamente:

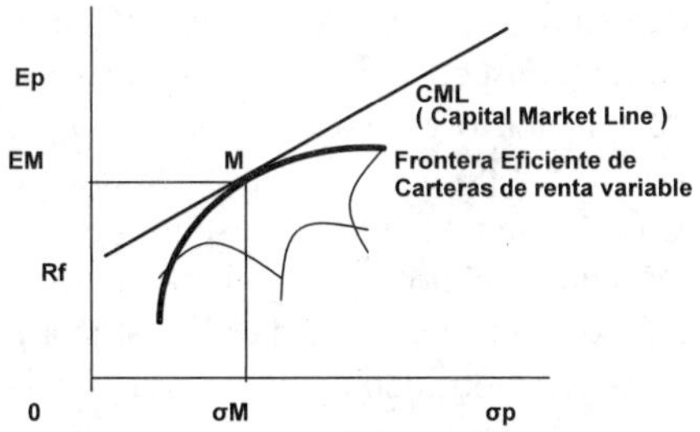

$$E_{pt} = R_f + \frac{E_{mt} - R_f}{\sigma_{mt}} \sigma_{pt}$$

Donde:

Ep = Rendimiento esperado de la cartera p

Rf = rendimiento libre de riesgo

Em = rendimiento de la cartera de mercado

s_m = riesgo de la cartera de mercado

s_p = riesgo de la cartera p.

(IMTE)

línea de equilibrio en el mercado de valores (*security market line* - SML). Según la teoría clásica de carteras la recta del mercado de valores o *security market line* (SML) es la recta sobre la que se sitúan los títulos y las carteras eficientes y no eficientes en el equilibrio. Por convenio, el riesgo de una cartera se mide por la desviación estándar del rendimiento de la misma. En equilibrio se da una relación simple entre la rentabilidad esperada y el riesgo de las carteras eficientes, la cual no se cumple para títulos aislados o carteras ineficientes, por lo que es necesario buscar otra medida de riesgo.

Supongamos que existe un título aislado (Z) situado por debajo de la CML. Este activo es considerado una inversión ineficiente y no podemos saber cual es el retorno que el mercado le exige, pues esto solo es posible para aquellas carteras ubicadas en la CML. Supongamos además que se divide la inversión entre la cartera óptima M y el título Z. Mediante el cálculo del rendimiento esperado y el riesgo de la nueva cartera mixta que incluye el titulo Z y la cartera de mercado, así como la nueva ecuación de la recta que incluye todo tipo de activos, obtenemos la ecuación del mercado de valores (Securities Market Line o SML), que es la base del Modelo de Valoración de Activos Financieros (CAPM) desarrollado por William Sharpe (Premio Nobel en 1990):

$$E_z = R_f + \frac{E_m - R_f}{\sigma_m^2} \sigma_{zm}$$

Y puede también escribirse como:

$$SML : E(R_i) = R_f + \big(E(R_m) - R_f\big)\beta_i$$

Donde:

Ez = Rendimiento esperado de la cartera p

Rf = rendimiento libre de riesgo

Em = rendimiento de la cartera de mercado

s_m =riesgo de la cartera de mercado

s_z = riesgo de la cartera p

B = coeficiente de volatilidad beta

En equilibrio todos los títulos y carteras (eficientes o no) se situarán sobre la SML.

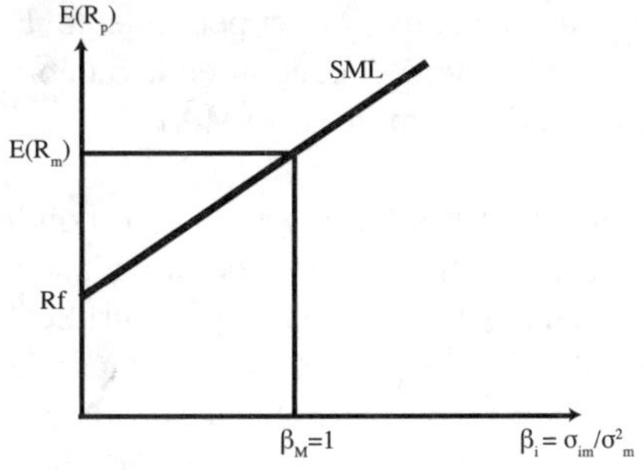

(IMTE)

liquidez. Se entiende por liquidez la facilidad con que un activo puede ser transformado en dinero sin sufrir una pérdida significativa de su valor. Viene determinada, por lo general, por la naturaleza del mercado donde se negocia. Así, el más líquido de los activos es, lógicamente, la moneda o el papel moneda. Las acciones de una sociedad pueden ser más o menos líquidas según el volumen medio de negocio y el *free float* de la compañía, si bien por lo general se entiende que son títulos bastante líquidos puesto que cotizan en un mercado organizado (las Bolsas de valores), donde se pueden comprar y vender con relativa facilidad. Por el contrario, un inmueble sería un ejemplo claro de valor ilíquido, pues su venta requiere de un tiempo considerable y algunas formalidades legales obligatorias.

El término también se puede aplicar a una institución o a un individuo. Así, se entiende que una empresa es líquida si una gran parte de sus activos está en forma de dinero en efectivo o si se puede convertir rápidamente en dinero efectivo. Esta concepción de la liquidez ofrece una indicación sobre la capacidad de la compañía de afrontar sus compromisos a corto plazo. Si la falta de liquidez se convierte en permanente, la situación puede degenerar en la quiebra técnica de la empresa. (AMA)

lucro cesante. Es la estimación monetaria del ingreso neto o de la ganancia que un sujeto (persona física o jurídica) ha dejado de percibir en su favor, o sea, la pérdida patrimonial sufrida por éste, no por su voluntad o responsabilidad sino por causa imputable a tercero, como consecuencia de verse privado de un bien o activo rentable o por no por haber podido, contra su voluntad, vender una mercancía, prestar un determinado servicio o por no haber podido realizar una determinada obra sujeta a remuneración, debidamente concertada o convenida en sus condiciones generales de libre mercado.

El lucro cesante estimado, aplicando criterios razonables acordes con las condiciones del hecho o con las circunstancias que generan la privación patrimonial sufrida, podría ser reclamado por el que lo sufre frente al causante o responsable de esta situación.

La casuística en donde se pueden producir situaciones de lucro cesante para un sujeto (muchas de ellas en el ámbito mercantil) puede ser muy variada. Así, por ejemplo, en el ámbito empresarial, la petición de indemnización por lucro cesante, ante el daño causado por un tercero que, por ejemplo, ha impedido a la empresa o al comerciante vender con beneficio una mercancía objeto de su tráfico habitual de negocio, podría ascender, en determinados casos, no sólo al coste de adquisición o de producción de la mercancía, dañada o pérdida por causa imputable a un tercero (*daño emergente*), sino también al beneficio normal que el comerciante hubiera podido obtener (*lucro cesante*) vendiendo, en condiciones normales, la mercancía que no se ha podido vender por causas imputables a un tercero (responsable del lucro cesante).

Esta situación se encuentra regulada en el Código Civil español, fundamentalmente en el artº 1106 en los siguientes términos: "La indemnización de daños y perjuicios comprende, no sólo el valor de la pérdida que haya sufrido, sino también el de la ganancia que haya dejado de obtener el acreedor, salvo las disposiciones contenidas en los artículos siguientes."

Para poder obtener por vía judicial la indemnización correspondiente al lucro cesante sufrido por un sujeto, debería probarse evidentemente la existencia de esta situación (daño o privación de ganancia causada por un tercero) y asimismo debería poder estimarse o calcularse de manera razonable (juicio pericial) el importe monetario del lucro cesante sufrido.(JLCG)

M

management buy out **(MBO).** Es un caso especial de las operaciones denominadas *leveraged buy out*, el cual se caracteriza por el hecho de que es un grupo de directivos el que compra su propia empresa apalancadamente para hacerse con el control de la misma. *Véase leveraged buy out*. (FGO)

mandato. Autorización en firme del prestatario para organizar una emisión de títulos o un préstamo sindicado, en los términos acordados con el banco director (JJDH)

mapping. Técnica que consiste en descomponer cada componente de la cartera en flujos de caja equivalentes (expresados en valor presente) que son posteriormente asignados a vértices de la matriz de varianzas-covarianzas. (RAS)

margen. Cuantía o relación que se puede establecer directamente o por diferencia entre dos medidas. (IPF)

márgenes de garantías. Técnica utilizada en los mercados financieros de derivados que consiste en la aportación de unos depósitos de garantía que constituyen un porcentaje de la operación realizada por parte de los operadores de mercados con el objetivo de cubrir el riesgo de incumplimiento de un contrato. (IPF)

mark-to-market. En los mercados derivados organizados, liquidación diaria de pérdidas y ganancias

Método de contabilización de los activos financieros a su precio de mercado (el opuesto sería su contabilización a valor histórico): (*Véase*, Valor razonable). ((JJDH)

market-maker. *Véase*, creador de mercado.

Markowitz, Harry. Las finanzas, como disciplina académica, puede decirse que nacen a comienzos del siglo XX. Una obra característica de sus primeros años fue "The financial policy of corporations" de Arthur S. Dewing, que representa el que podemos denominar "enfoque tradicional de las finanzas". Y es a partir del ecuador del siglo XX cuando se desarrolla el "enfoque moderno de las finanzas". Para muchos Harry Markowitz fue el iniciador de esa corriente, que adquirió su máximo reconocimiento cuando en 1990 compartió el Nobel de economía con otros dos pioneros: Merton Miller y William Sharpe. En el Banquete del Nobel Markowitz dijo que el premio suponía la aceptación de la "economía financiera" como una rama de la economía.

Harry Markowitz nació en Chicago en 1927 en una familia de clase media. Tal como nos cuenta en su "Autobiografía" sus padres tenían una pequeña tienda de comestibles. De joven le gustaban los deportes, tocar el violín y la lectura, que le llevó desde los tebeos hasta David Hume o Charles Darwin. En la Universidad de Chicago decidió estudiar economía, mostrando interés por muchas materias, pero entre ellas destacan temas como la decisión con riesgo (que él suele denominar incertidumbre), la teoría de la utilidad, la probabilidad subjetiva, la investigación operativa... tan relacionados con el trabajo que luego le dio la fama.

Como tema de su tesis doctoral le pareció interesante la aplicación de los métodos matemáticos al mercado de valores. Tal como él comenta, las ideas básicas de la "teoría de cartera" se le ocurrieron una tarde en la biblioteca leyendo la obra de John Burr Williams *The theory of investment value*: para Williams el valor de una acción es el resultado de descontar sus dividendos futuros, pero esos dividendos son cantidades esperadas; en tal caso no sólo es importante la cantidad sino también el riesgo. Su investigación fue sin duda novedosa, hasta el punto de que en la defensa de su tesis, tal como cuenta Peter Bernstein en su famosa obra "Capital ideas", Milton Friedman le planteó que no podían darle un doctorado en economía por algo que no era economía. Afortunadamente para Markowitz, sí le concedieron el doctorado, pero esa idea quedó rondándole la cabeza, y así afirmó en su *Nobel lecture* que la teoría de cartera hoy es parte de la economía.

Tal como reconoce Markowitz en su autobiografía, su trayectoria profesional, desde su famoso artículo "Portfolio Selection" aparecido en 1952, se ha caracterizado por aplicar técnicas matemáticas o informáticas para tratar de resolver problemas reales. Así, además de sus aportaciones a las finanzas, creó un lenguaje de programación para la simulación e hizo aportaciones importantes en investigación operativa. La importancia que ha dado en su trabajo a la aplicabilidad puede verse cuando, en su *Nobel lecture*, dijo que prefería un método aproximado que fuera resoluble informáticamente, que uno exacto que no lo fuera. Es la diferencia que ve entre su trabajo, que puede ser implementado, y la solución más precisa y general de Arrow. *Véase*, Modelo de Selección de Carteras de Markowitz. (FGB)

***matching*.** Procedimiento seguido para igualar, mediante compensación, el total de cobros y pagos derivados de una operación financiera en la misma divisa, respecto a importe y plazo. (JJDH)

matriz de transición. Proporciona, para un determinado rating, las probabilidades de que la contrapartida de una operación sujeta a riesgo crediticio pase a tener una calificación "y" el próximo año (incluyendo default) dado que tiene una calificación "x" este año. (RAS)

mayor esfuerzo. Operación de distribución de títulos, en la que un intermediario actúa como agente para vender activos financieros, pero sin garantizar su colocación. (JJDH)

mayorista financiero. Operador al por mayor en los mercado financieros. (JJDH)

MBS (*mortgage backed securities*). Activo financiero garantizado (*asset backed security*) donde el colateral consiste en una cartera de préstamos hipotecarios sobre bienes inmuebles. (MMB)

mediador. Suele ser un *banco de inversión* cuyo papel consiste en explorar los puntos de vista del comprador y del vendedor sobre las posiciones en conflicto con objeto de localizar posibles zonas de acuerdo mutuo. Entonces, animará a las partes a realizar concesiones o a rectificar malos entendidos que empañen la negociación. El mediador es el encargado de llevar a cabo el contacto inicial con la empresa objetivo y si, posteriormente, esos contactos iniciales desembocan en una ronda de negociaciones la mediación habrá terminado y el banco de inversión actuará como negociador, siempre que la empresa adquirente así se lo encargue.
La confidencialidad es una característica importantísima que deberá poseer el mediador, sobre todo en los inicios de las negociaciones (es decir, en las primeras tomas de contacto), pues si el cliente permanece en el anonimato ello proporcionará ventajas de cara a la negociación dado que si el acuerdo no prospera sus planes estratégicos no serán conocidos por sus competidores.
El *mandato* al mediador deberá realizarse por escrito, fijándose los términos del acuerdo de prestación de servicios. Una vez que el mediador comienza a trabajar ayudará al cliente con objeto de conseguir una mayor claridad y definición de sus objetivos. (JMPI)
Véase, Broker.

media móvil. Es una técnica utilizada en finanzas, especialmente en el análisis técnico, para analizar una serie de datos en un intervalo de tiempo. Consiste en tomar un número fijo de términos con-

secutivos de la serie y calcular sucesivas medias aritméticas, tantas como términos de la serie queden fuera de ese primer grupo de observaciones, de forma que por cada uno de los valores incluidos en el cálculo de la media, el valor más antiguo se elimina. El valor de cada media se hace corresponder con la fecha o punto central del intervalo temporal al que corresponde y se obtiene así una segunda serie, más suavizada o alisada que la originaria.
Su objetivo principal es proporcionar el valor medio de los precios en un plazo determinado. Si se trata de una media móvil simple, cada uno de los datos utilizados en el cálculo de la media tiene el mismo peso, y se calcularía sumando los precios (por lo general, los precios de cierre) para un número de períodos (horas, días, semanas, etc.) y dividiéndolos entre el número de períodos.
En análisis técnico, hay algunos valores populares para las medias móviles como 10 días, 40 días o 200 días. El período seleccionado depende del horizonte temporal de la inversión (corto, medio o largo plazo). En cualquier caso, la media móvil será interpretada como un apoyo en un mercado alcista, o como de fuerza en un mercado en declive. Los cortes entre precio de cotización y la media móvil se suelen interpretar como señales de compra y venta. (AMA)

memoria. La memoria, anexo o notas (según la Norma Internacional de Contabilidad (NIC) nº 1), forma parte de las Cuentas Anuales y como tal constituye un Estado Contable más.
La memoria, tiene como objetivo según lo recogido en la Norma 10 de la tercera parte del PGC 2007, en los artículos 259-261 del Texto Refundido de la Ley de Sociedades de Capital (Real Decreto Legislativo 1/2010 de 2 de julio) y en el propio artículo 35.5 del Código de Comercio, el completar, ampliar y comentar la información contenida en los otros elementos que componen las Cuentas Anuales, es decir La Memoria tiene como objetivo principal el de servir de complemento informativo del resto de los Estados Financieros buscando el objetivo básico de la utilidad.
En síntesis el contenido de éste documento se orienta hacia:

- El suministro de información adicional que no habiéndose incluido en el Balance, en la Cuenta de Resultados, en el Estado de Cambios en el Patrimonio Neto o en el Estado de Flujos de Efectivo, sea útil y relevante para la comprensión del contenido de algunos de ellos.
- La presentación y revelación de aquella información no contenida en los otros Estados Contables y sea obligatoria su aportación.
- Presentará toda la información precisa en relación a las bases contempladas en la elaboración de las Cuentas Anuales y de las políticas contables específicas aplicadas, así como informará de los principios contables aplicados que no sean obligatorios. Así se informará entre otros de los siguientes aspectos:
  - Imagen fiel.
  - Aspectos críticos de valoración y estimación de la incertidumbre.

- Comparación y agrupación de partidas y elementos contemplados en varias partidas.
- Cambios en criterios contables y corrección de errores. (TPM)

mercado. Lugar (físico o virtual) en el que compradores (demandantes) y vendedores (oferentes) realizan sus demandas y ofertas de intercambio individuales de bienes o servicios. Las demandas y ofertas pueden realizarse bien directamente o a través de intermediarios.
Cuando alguna de las ofertas y demandas coinciden en sus pretensiones da lugar a transacciones acorde con las condiciones pactadas (precios, cantidades intercambiadas, lugar y forma de intercambio, etc.), en esta situación se dice que existe equilibrio parcial en el mercado del bien o servicio intercambiado. Sin embargo, cuando todas las ofertas y demandas se satisfacen, se dice que el mercado se equilibra, está en equilibrio, o también que el mercado se vacía.
La organización del mercado y los bienes y/o servicios que se intercambien determinan los calificativos adicionales del término mercado: mercados organizados, mercados no organizados, mercados de mercancías, mercados financieros, mercados electrónicos, mercados físicos, etc.
La relación dinámica relativa a cambios de precios sucesivos determina el calificativo de mercado alcista (al alza, precios crecientes) o mercado bajista (a la baja, precios decrecientes). (GLA)

mercado alcista (*bull market*).
Se considera que un mercado es alcista cuando la cotización de sus activos financieros negociados suben por encima de un determinado porcentaje respecto a su valor precedente más alto. (SRC)

mercado bajista (*bear market*). Se considera que un mercado es bajista cuando el precio de las acciones (las cotizaciones) han bajado (perdido) más de un determinado porcentaje, por ejemplo, el 20% en relación con su valor precedente más alto. (JJDH)

mercado continúo. La Ley 24/1988, de 28 de julio, del Mercado de Valores, establece el Sistema de Interconexión Bursátil Español (SIBE) o mercado continuo, integrando a través de una red informática las propuestas de compra-venta de las cuatro bolsas españolas: Barcelona, Bilbao, Madrid y Valencia. Este sistema está gestionado por la Sociedad de Bolsas y en él se negocian aquellos valores tanto de renta fija como variable que acuerda la CNMV, de los admitidos en al menos dos bolsas. El SIBE concentra el mayor volumen de contratación (99% aproximadamente frente al 1% del tradicional mercado de corros) garantizando que cualquier inversor obtenga, a través de los miembros de bolsa, el mejor precio de mercado.
El SIBE es un mercado con información en tiempo real en sus pantallas. La contratación es continua de 9.00 a 17.30, con 30 minutos de ajuste de posiciones (de 8.30 a 9.00) obteniendo a las 9.00 el precio de apertura de cada valor. (NBD)

mercado de capitales. Son aquellos en los que se realizan compras y ventas de valores o activos financieros mediante operaciones a medio y largo plazo.
En los mercados de capitales, se distingue entre:

- Mercado de crédito: préstamos y créditos bancarios.
- Mercado de valores: instrumentos de renta fija y de renta variable, a su vez puede ser:
  - Mercado primario o mercado de emisión de valores: se intercambian activos de nueva creación.
  - Mercado secundario o mercado de negociación de valores: se compran y venden activos ya emitidos. Este mercado permite el cambio de titularidad (cambio del propietario o tenedor) de los activos financieros. (NBD)

mercado de materias primas (*commodities*). El mercado de Materias Primas o *commodities* es aquél en el que se negocia sobre materias primas y productos básicos, tales como los metales, los alimentos, el oro, el ganado, etc. Así, tienen una tradición importante algunos como la Bolsa del Café de Nueva York, CBOT, CME, COMEX, London Commodity Exchange, London Metal Exchange, Mercado del Café de Londres, Mercado del Oro, New York Cotton Exchange, etc.
En el mercado de *commodities* se negocia prácticamente cualquier tipo de derivados: futuros, swaps, caps, floors, opciones, warrants, etc., constituyendo así una alternativa de inversión para un cierto perfil de inversores, sobre todo los que tienen más interés por el riesgo.
Uno de los mayores mercados de *commodities* es el *Commodity Exchange* con sede en Nueva York, en el que se negocian futuros y opciones sobre metales, con contratos sobre cobre, aluminio, oro y plata.
La autoridad que supervisa estos mercados en Estados Unidos es la Commodity Futures Trading Commision.
Las *commodities* han sido un buen vehículo de inversión en los últimos años, estando su funcionamiento fuertemente ligado al crecimiento económico mundial. Sin embargo, una desaceleración o recesión de la economía mundial en los próximos años podría provocar una continua reducción de los precios y reducir en gran medida el volumen de inversión en estos mercados. (AMA)

mercado de derivados. Mercado financiero organizado donde se negocian contratos cuyo valor deriva de un activo subyacente. Como ejemplo podemos citar el mercado de futuros y opciones. (MMB)

mercado de divisas. El mercado de divisas es aquel mercado en el que se negocia una divisa en términos de otra. La divisa que se negocia en el mercado lo es en forma de haberes en bancos expresados en moneda extranjera, si bien también existe un segmento en el que se negocian billetes. El precio resultante de una operación en el mercado de divisas se denomina tipo de cambio. Hay dos segmentos operativos fundamentales: (i) las operaciones de compra venta al contado o spot, en las que la liquidación se produce en el momento de la contratación, o como mucho dos días después y; (ii) las operaciones de compra venta a plazo o forward, en cuyo caso la liquidación se produce en un momento posterior del tiempo establecido de antemano. Asimismo también hay mercados de derivados sobre divisas, tales como futuros y opciones. Los participantes en los mercados de divisas se pueden agrupar en las siguientes categorías:

- Particulares, empresas e instituciones que acuden a los bancos con solicitudes de compra y venta
- Bancos que toman y deshacen posiciones por cuenta propia, y que ofrecen contrapartida a sus clientes
- Intermediarios o brokers que intervienen en algunas operaciones ayudando a comprador y vendedor a ponerse en contacto.
- Bancos centrales que intervienen en los mercados de divisas tomando o deshaciendo posiciones con el objetivo de influir en el nivel de reservas de un país y/o en el tipo de cambio de su moneda. (FGO)

mercado interbancario. Es un mercado en el que operan prestándose dinero las entidades financieras entre si con el fin de cumplir con el coeficiente de caja, disponer de tesorería y gestionar sus excedentes de fondos. El tipo de interés con el que se prestan los recursos dichas entidades es un tipo de interés de referencia. (NBD)

mercado monetario. Mercado monetario o de dinero es aquel en el que se obtienen, se invierten o se negocian instrumentos financieros de elevada liquidez y vencimiento a muy corto plazo, normalmente inferior a un año. (NBD)

mercado organizado. Son mercados financieros en los que el intercambio de activos financieros está regulado por unas normas concretas, como las condiciones de acceso al mercado, la inscripción de valores, los mecanismos de fijación de precios, los costes y plazos de intermediación, la normalización de los contratos, las obligaciones de transparencia, etc.
En España se consideran mercados organizados: La Bolsa de Valores, el Mercado de Deuda Pública por Anotaciones en Cuenta, el Mercado Hipotecario, El Mercado de Renta Fija de la Asociación de Intermediarios en activos Financieros (AIAF), el Segundo Mercado Bursátil y los Mercados de Futuros y Opciones. (NBD)

mercado primario. Mercado financiero donde se emiten nuevos activos con objeto de captar financiación por parte de los agentes emisores. (MMB)

mercado secundario. Mercado financiero donde se negocian activos ya emitidos, contribuyendo a dotar de liquidez a los mismos. En España, serán considerados mercados secundarios de carácter oficial aquellos que operen regularmente y tengan reglamentadas las condiciones de acceso, emisión y contratación. (MMB)

mercado electrónico. El mercado electrónico, en sus diferentes variantes, es

en esencia una plataforma *on line* en la cual los compradores, vendedores y distribuidores de activos financieros se encuentran para llevar a cabo operaciones comerciales entre ellos.
Las ventajas que ofrece sobre otro tipo de mercados son, fundamentalmente, la reducción de los costes de operación, la facilidad de acceso para inversores de cualquier parte del mundo y la mayor eficacia en los procesos de distribución.
En España, las transacciones de renta variable se realizan en un porcentaje altísimo en el denominado mercado continuo, que permanece abierto durante las horas operativas de la jornada bursátil y que permite efectuar contratos desde las cuatro bolsas oficiales, de manera sincronizada, de los títulos con mayor capitalización bursátil. Este mercado ha sustituido paulatinamente, desde 1988, al antiguo sistema de corros y por voceo de las cotizaciones. (AMA)

mercado gris. Es un mercado constituido por el conjunto de transacciones y acuerdos realizados sobre valores negociables antes de su admisión al mercado organizado y su cotización en el mismo. La mayoría de las transacciones mencionadas se realizan en los días previos a la colocación de una compañía en Bolsa, es decir, cuando se está realizando toda la fase de suscripción y adjudicación previa a la primera cotización.
El mercado gris ofrece la posibilidad de especular sobre el precio que el título adquirirá en sus primeros momentos de cotización, y los valores de oferta y demanda en él suelen venir en gran medida fijados por el volumen de suscripción del título que se esté produciendo en la fase de colocación previa, es decir, en el mercado primario.
Suele utilizarse también para intentar animar a los posibles inversores a suscribir las emisiones, y al no existir aún títulos reales se negocia sobre la hipótesis de una adjudicación de títulos que más tarde puede producirse o no. (AMA)

mercado negro. Mercado en el que se intercambian activos al margen de la regulación o normativa mercantil (divisas, materias primas, etc.) (JJDH)

mercado no organizado (*over the counter* - OTC). Se refiere a los mercados no formales o no regulados donde se realizan intercambios de acciones y otros instrumentos financieros que no cotizan en mercados organizados, suelen ser acciones y bonos de compañías muy pequeñas, con una mala trayectoria crediticia, o que no se comercializan en mercados formales. Las relaciones entre los intermediarios financieros se establecen por teléfono o por conexión entre ordenadores.
En estos mercados los instrumentos financieros que se intercambian son considerados de alto riesgo, y cotizan aquí dado que no son capaces de cumplir con los requerimientos de cotización impuestos por los mercados regulados. En los mercados OTC el intervalo de oferta-compra es mucho más amplio que en los mercados centralizados debido a la baja frecuencia en la que estos instrumentos financieros se intercambian. (NBD)

mercados financieros. Lugar o mecanismo de contratación de activos financieros entre agentes económicos. Sus principales funciones son servir de centro o procedimiento de intercambio, reduciendo los costes de búsqueda de información, así como determinar el precio de compraventa del activo contratado. Los mercados financieros pueden clasificarse atendiendo a diferentes criterios como grado de organización, activo negociado, plazo de contratación, divisa de negociación, etc,. (MMB)

mercados segmentados. Mercados sometidos a restricciones normativas o de comportamiento. Como consecuencia de ello los mismos activos pueden tener diferentes precios en distintos mercados, o distintos binomios rentabilidad riesgo. La determinación del grado de segmentación de los mercados es un aspecto muy relevante tanto en la gestión de carteras internacionales, como para la interpretación de la estructura temporal de tipos de interés. (FUM)

método de consolidación: integración global. Se aplica para agregar a los datos contables de la sociedad dominante del grupo de sociedades, los datos contables de las denominadas a los efectos de la consolidación de cuentas (Normas para la Formulación de las Cuentas Anuales Consolidadas -NFCAC), sociedades dependientes de aquélla.
De acuerdo con esta norma legal, el método de integración global tiene como finalidad ofrecer la imagen fiel del patrimonio, de la situación financiera y de los resultados de las sociedades del grupo considerando el conjunto de dichas sociedades como una sola entidad que informa. De esta forma el grupo de sociedades debe calificar, reconocer, valorar y clasificar las transacciones en el marco de las NFCAC, de conformidad con la sustancia económica de las mismas y considerando el grupo que actúa como un sujeto contable único, con independencia de la forma jurídica y del tratamiento contable que hayan recibido dichas transacciones en las Cuentas Anuales individuales de las sociedades que lo componen.
En consecuencia, la aplicación del método de integración global consiste en la incorporación al Balance, a la Cuenta de Pérdidas y Ganancias, al Estado de Cambios en el Patrimonio Neto y al Estado de Flujos de Efectivo de la sociedad obligada a consolidar (sociedad dominante), de todos los activos, pasivos, ingresos, gastos, flujos de efectivo y demás partidas de las Cuentas Anuales de las sociedades del grupo, una vez realizadas las homogeneizaciones previas y las eliminaciones que resulten pertinentes en los términos señalados para ello en las NFCAC. (JLC).

método de consolidación: integración proporcional. Se aplica para agregar a los datos contables de la sociedad dominante del grupo de sociedades, los datos contables de las denominadas a los efectos de la consolidación de cuentas (Normas para la Formulación de las Cuentas Anuales Consolidadas -NFCAC), sociedades multigrupo de aquélla. Las Sociedades multigrupo se definen en la NFCAC, a los únicos efectos de la consolidación de cuentas, como aquellas sociedades, no incluidas como sociedades dependientes, que son gestionadas por una o varias sociedades del grupo con otra u otras personas ajenas al mismo, ejerciendo el control conjunto de aquéllas, para lo cual será necesario que la o las sociedades del grupo participen en el capital financiero de la multigrupo y que además exista un acuerdo estatutario o contractual en virtud del cual las decisiones estratégicas, tanto financieras como de explotación, relativas a la actividad de la multigrupo requieran el consentimiento unánime de todos los que ejerzan el control conjunto de esta última sociedad

De acuerdo con esta norma legal, el método de integración proporcional consiste en la incorporación a las Cuentas Anuales Consolidadas (CAC) de la porción de los activos, pasivos, ingresos, gastos, flujos de efectivo y demás partidas de las Cuentas Anuales (CA) de las sociedades multigrupo correspondientes al porcentaje que de su Patrimonio Neto posean las sociedades del grupo, sin perjuicio de las homogeneizaciones previas y de los ajustes y eliminaciones que resulten pertinentes en los términos señalados para ello en las NFCAC. Debe significarse que a efectos de la referida incorporación a las CAC de los referidos elementos patrimoniales se tomarán los datos de las CAC de las respectivas sociedades multigrupo, si éstas últimas estuvieran obligadas a presentar CAC de sus respectivos grupos.

En consecuencia, la aplicación del método de integración global consiste en la incorporación al Balance, a la Cuenta de Pérdidas y Ganancias, al Estado de Cambios en el Patrimonio Neto y al Estado de Flujos de Efectivo de la sociedad obligada a consolidar (sociedad dominante), de todos los activos, pasivos, ingresos, gastos, flujos de efectivo y demás partidas de las Cuentas Anuales de las sociedades del grupo, una vez realizadas las homogeneizaciones previas y las eliminaciones que resulten pertinentes en los términos señalados para ello en las NFCAC. (JLC).

método *top-down*. *Véase*, análisis *top-down*

metodología del cálculo de opciones reales. Los proyectos de inversión de las empresas, por tanto, contienen a menudo "opciones reales". En algunos casos, tales opciones aparecen de forma natural. Por ejemplo, rutinariamente los directores toman decisiones de aplazar inversiones que tienen la intención firme de emprender. Algunas veces deciden suspender las actividades hasta que las condiciones mejoren, mientras que si las perspectivas del proyecto son suficientemente malas, pueden incluso ejercer la opción de abandonar el proyecto totalmente. La flexibilidad que surge de tales opciones aumenta el valor esperado de los proyectos cuando están siendo analizados, desde esta perspectiva.

La valoración de opciones es difícil de acomodar dentro del marco del análisis tradicional de proyectos mediante flujos de caja descontados, dada la enorme incertidumbre que existe en algunos de ellos. Por esta razón, las inversiones con opciones implícitas significativas tienen más probabilidades de ser sistemáticamente subvaloradas con los métodos de valoración tradicionales. Justamente las últimas extensiones a la teoría de opciones han prometido resolver dichas limitaciones del FCD.

Resulta claro que tanto el uso de la metodología, como la forma de razonar implícita en el enfoque de las opciones, han sido aceptados y adoptados universalmente como la aproximación más "realista" a la valoración de inversiones. Sin embargo, y pese a que en el campo puramente teórico su potencial utilidad excede la de cualquier enfoque alternativo, la posibilidad de utilizar Opciones Reales en la valoración de proyectos de inversión específicos requiere el conocimiento teórico de esta herramienta de decisión.

El valor de la opción se puede calcular de diferentes formas, bien mediante simulación abierta, modelos cerrados, ecuaciones diferenciales parciales y aproximaciones binomiales y multinomiales (Razgaitis, 2003). Normalmente se ha utilizado el enfoque binomial por ser el más extendido tal y como mencionan Copeland y Antikarov (2001). Siguiendo a estos autores, cuando se utiliza la función binomial se puede abordar la solución del siguiente modo:

- Mediante *probabilidades neutrales al riesgo*. En lugar de utilizar un conjunto de flujos de caja probables y luego descontarlos con una tasa de interés fija, se puede ajustar parcialmente el riesgo de cada flujo de caja en cada momento. De este modo, usando probabilidades neutrales al riesgo para los distintos flujos de caja, el analista puede descontarlos a la tasa libre de riesgo
- *Replicando carteras del mercado*, habitualmente más difíciles de entender y aplicar, dando resultados idénticos al caso anterior. Por este motivo se opta habitualmente por el método anterior.

Ya sea utilizando la técnica de probabilidades neutrales o la replica de una cartera, el método de solución binomial requiere la construcción de dos matrices (Mun, 2002), una correspondiente al flujo de fondos esperado con la ejecución del proyecto (valor del proyecto sin flexibilidad) y otra para la estimación del valor del proyecto con flexibilidad, es decir, con las opciones incluidas, lo que resulta relativamente complejo en la práctica

De esta forma, las diferentes alternativas aparecidas a lo largo del tiempo con objeto de simplificar tanto la comprensión como la aplicación de la teoría de opciones para incorporar la flexibilidad, han tenido un éxito relativo si se piensa en términos de quienes son, potencialmente, los principales candidatos al uso de éste enfoque (analistas, ejecutivos, gerentes, etc.).

La principal utilidad teórica ofrecida por el enfoque de Opciones Reales ha sido permitir sustituir la metodología del VAN por una aproximación que incorpora la flexibilidad en la medición del valor de un proyecto. Sin embargo, la complejidad del análisis que implica su utilización práctica, ha despertado interés sobre diferentes alternativas, que permitan una solución empírica más "sencilla" y, por lo tanto, más aplicable en el mundo empresarial. (DCB)

métodos de asignación de valor de los elementos inventariados. El PGC, en sintonía con la normativa internacional, distingue entre elementos identificables e intercambiables, según puedan tener un seguimiento individual o no.

Los elementos identificables son aquellos artículos que no son intercambiables y cuyo coste de entrada puede ser determinado artículo por artículo. Serán valorados a su coste real de entrada.

Esta identificación es recomendable cuando un determinado material se consume en un trabajo especial, tiene un elevado valor o presenta características muy particulares que impiden su almacenamiento en grandes cantidades.

Los elementos intercambiables, las cosas tales que no pueden ser unitariamente identificadas tras su entrada en el almacén, son valorados a su coste estimado de entrada, considerado al formado por: el importe de las existencias iniciales y el coste de las compras y de producciones del ejercicio.

Este total es repartido entre los artículos consumidos en el ejercicio y los que restan en existencias al final del periodo, por aplicación de:

- Con carácter general el método del precio medio o coste medio ponderado (PMP)
- Usando la fórmula de primera entrada primera salida, método FIFO, si la empresa lo considera más conveniente para su gestión

Se utilizará un único método de asignación de valor para todas las existencias que tengan una naturaleza y uso similares.

La fórmula FIFO asume que los productos en existencias que fueron comprados o producidos antes serán vendidos en primer lugar y, consecuentemente, que los productos que queden en existencias finales serán los producidos o comprados más recientemente. Si se utiliza la fórmula del coste promedio ponderado, el coste de cada unidad de producto se determinará a partir del promedio ponderado del coste de los artículos similares, poseídos al principio del ejercicio, y del coste de los mismos artículos comprados o producidos durante el ejercicio. Se puede calcular el promedio periódicamente o después de recibir cada envío adicional, dependiendo de las circunstancias de la empresa. (BPG)

microcréditos. Creados en Bagladesh por el llamado "banquero de los pobres" Muhammad Yunus, en su origen los microcréditos constituyen un instrumento de financiación para el desarrollo, cuya principal finalidad es la reducción de la pobreza en el mundo. La experiencia exitosa acumulada durante años en muchos países en desarrollo de los programas de microcréditos, ha supuesto la puesta en marcha y desarrollo de estos instrumentos en muchos países industrializados como un mecanismo novedoso que combina eficiencia financiera y eficiencia social. El objetivo fundamental de estos instrumentos consiste por tanto en conceder financiación necesaria para el desarrollo de microproyectos empresariales puestos en marcha por colectivos de población con grandes dificultades de acceso a los sistemas (circuitos) financieros tradicionales. Las principales características de los microcréditos derivan de su propio nombre y, aunque podemos encontrar diferencias según el ámbito geográfico de actuación, en general, podemos destacar las siguientes. Primero, su reducida dimensión financiera. Se trata de préstamos de cuantía muy reducida. Segundo, se trata de operaciones con vencimiento muy a corto plazo (año o menos de un año). Tercero, los periodos de reposición son muy cortos (semanales o mensuales) y las cantidades devueltas en cada reembolso son, a su vez, muy reducidas. Cuarta, son préstamos dirigidos a los sectores más desfavorecidos de la sociedad con el objetivo de poner en marcha microempresas o micronegocios como vía para la obtención de una fuente regular de ingresos. (LCP)

microfinanzas. El término engloba al conjunto de intermediaros, agentes e instrumentos que tienen como principal objetivo la provisión de servicios financieros variados (préstamos, capital, seguros, trasferencias, etc.) a aquellos sectores de la población más desfavorecidos que, por su situación de pobreza o exclusión social, no pueden acceder a los medios y posibilidades que ofrece el sistema financiero tradicional. En definitiva, se trata de nuevos mecanismos e intermediarios financieros que bajo bases comerciales utilizan técnicas innovadoras no basadas en los mecanismos de la banca tradicional. Las instituciones de microfinanzas han modificado las prácticas tradicionales de las entidades de crédito, eliminando la necesidad de las garantías colaterales y creando un sistema basado en la confianza mutua, responsabilidad, participación y creatividad. En comparación con las entidades de crédito tradicionales, las instituciones de microfinanzas poseen unos rasgos comunes entre los que podemos destacar los siguientes. Primero, enfoque a los sectores de la población más desfavorecidos. Segundo, conocimiento profundo del mercado al que atienden. Deben tener un conocimiento profundo de la problemática, necesidades y limitaciones de su clientela. Dicho conocimiento personal de la clientela permiten una evaluación más acertada del riesgo crediticio. Tercero, se trata de instituciones con una estructura administrativa muy sencilla y poco burocratizada. El objetivo final es reducir los costes de transacción con la finalidad de reducir al máximo los costes del préstamo. Cuarto, la búsqueda de la autosuficiencia financiera como condición de viabilidad a largo plazo, esto es la necesidad de cubrir tanto los costes operativos de funcionamiento como los financieros del capital, las provisiones para incobrables y la inflación. Quinta, estas instituciones deben tener un tamaño, organización y funcionamiento adecuado que permita acceder a un mayor número de clientes incurriendo en los menores costes posibles. Entre los principales instrumentos financieros utilizados por este tipo de intermediarios destaca los programas de microcréditos. *Véase*: Microcréditos. (LCP)

miembro liquidador (***clearing member***)**.** En el ámbito de la liquidación en los mercados de futuros. Clase de miembro cuyas funciones propias pueden ser la de negociar directamente en el mercado por cuenta propia y por cuenta de clientes y realizar pagos y cobros de efectivos, en los términos y condiciones establecidos en el reglamento del mercado. Al igual que los miembros liquidadores custodios, deben realizar la constitución de las garantías por las posiciones abiertas y las liquidaciones de pérdidas y ganancias diarias por las transacciones realizadas por cuenta propia y de clientes, así como por las realizadas por otros miembros con los que así lo hayan acordado. Además, deberá celebrar un contrato con uno o varios miembros liquidadores custodios en los que realizará la constitución y el ajuste de las garantías diarias. (SRC)

miembro liquidador custodio (***custodian clearing member***)**.** En el ámbito de la liquidación en los mercados de futuros. miembro liquidador que, además de las funciones propias de un miembro liquidador, deben responder de las obligaciones resultantes de las operaciones realizadas tanto por cuenta propia, como de clientes y otros miembros con los que así lo hayan acordado y comunicado al mercado. De igual modo actúan como custodios de los depósitos de garantía establecidos por los miembros liquidadores. Deberán ser Entidades Gestoras de Anotaciones de Deuda del Estado con capacidad plena para mantener cuentas con terceros. (SRC)

miembro negociador (***trading member***)**.** En el ámbito de la liquidación en los mercados de futuros. Clase de miembro cuya función es la de negociar directamente en el mercado por cuenta propia y por cuenta de clientes. Deberán establecer un acuerdo con uno o varios miembros liquidadores a través de los cuales liquidarán sus operaciones y constituirán las garantías oportunas por cuenta propia y por cuenta de sus clientes. (SRC)

miembro negociador por cuenta propia (MNCP´S). En el ámbito de la liquidación en los mercados de futuros. Son miembros negociadores que operan única y exclusivamente por cuenta propia. (SRC)

modelo de Black Scholes. El modelo de Black Scholes, publicado en 1973 es un modelo de valoración de opciones que parte de los siguientes supuestos:

- El mercado funciona sin fricciones: es decir, no existen costes de transacción, de información ni impuestos y los activos son perfectamente divisibles.
- Las transacciones tienen lugar de forma continua y existe plena capacidad para realizar compras y ventas en descubierto ("a crédito") sin restricciones ni costes especiales.
- Los agentes pueden prestar y endeudarse a una misma tasa r, el tipo de interés a corto plazo expresado en

forma de tasa instantánea y supuesto conocido y constante en el horizonte de valoración de las opciones.

- Las opciones son europeas y el subyacente (la acción para Black-Scholes) no paga dividendos en el horizonte de valoración.
- Por último, el precio del subyacente sigue un proceso continuo estocástico de evolución de Gauss-Wiener definido por

$$\frac{dS}{S} = \mu * dt + \sigma dz$$

Representado dS,. la variación de S en el instante dt, μ la esperanza matemática del rendimiento instantáneo del subyacente, σ su desviación típica y dz un proceso estándar de Gauss-Wiener. Si designamos por S_t y S_{t+d} los valores del precio del subyacente en los instantes t y t+d, el rendimiento del subyacente viene dado por

$$\frac{dS}{S} = \frac{S_{t+d} - S}{S_t}$$

Este rendimiento instantáneo tiene dos componentes:

- μdt, de naturaleza constante.
- σdz, de naturaleza aleatoria. σ se supone constante, y tiene esperanza matemática nula y su varianza es igual σ^2*dt.

En otros términos, se supone que el rendimiento instantáneo del activo subyacente, o si se quiere, las variaciones relativas del precio del subyacente siguen una distribución normal con parámetros μdt (media) y σ^2dt (varianza).

Por lo tanto, una cuestión fundamental para poder aplicar el modelo Black-Scholes y algunas de sus extensiones es que el rendimiento instantáneo aproxime su distribución a una distribución normal. Para una opción CALL, la prima C vendría dada por la expresión

$$C : S * N(d_1) - E * e^{-rt} * N(d_2)$$

donde,

$$d_1 : \frac{LN\left(\frac{S}{E}\right) + \left(r + \frac{1}{2} * \sigma^2\right) * t}{\sigma * \sqrt{t}}$$

$$d_2 : d_1 - \sigma\sqrt{t}$$

S: Precio del activo subyacente en el momento de la valoración.
E: Precio de ejercicio
r: Tasa de interés en tiempo continuo.
r: LN(1+i)
t: Plazo de ejercicio en años.
σ: Volatilidad del precio del subyacente, en términos anuales.
e: Base de logaritmos neperianos
N(i): Valor de la función de distribución normal para i.

De forma análoga, obtendríamos para las opciones de venta, el modelo de Black-Scholes que se expresa por

$$P : E * e^{-rt} N(-d_2) - S * N(-d_1)$$

A pesar de sus hipótesis restrictivas, este modelo y sus derivaciones se utilizan en la práctica de los mercados financieros. (PLF)

modelo de Gordon-Shapiro. El modelo de Gordon-Shapiro es uno de los métodos de valoración de acciones más aceptado en la literatura financiera. Mediante el descuento de dividendos el analista puede determinar el valor teórico de la empresa.

El modelo de Gordon-Shapiro es un modelo teórico que se basa en la suposición de que el valor de la empresa es igual al valor actual de todos los dividendos futuros que se paguen durante la vida de la empresa, que se supone sea infinita.

Las hipótesis del modelo son:

- Pay - out creciente a una tasa constante, anual y acumulativa a lo largo del tiempo.
- Tasa de crecimiento constante para todas las inversiones futuras de la empresa.
- Descuento de los dividendos esperados a una tasa constante de rentabilidad exigida.

Por otra parte, la valoración que hace el mercado de las acciones de una empresa es la suma de la Rentabilidad por dividendos y del crecimiento de dicho dividendo. Para que los beneficios adicionales que obtenga la sociedad sean tenidos en cuenta por el mercado, la rentabilidad esperada de las nuevas inversiones debe ser superior al rendimiento exigido por los accionistas.

La expresión básica para calcular el valor de la empresa en un momento determinado es:

$$P = D_0(1+g)^1/(1+Ke)^1 + D_0(1+g)^2/(1+Ke)^2 + ... + D_0(1+g)^n/(1+Ke)^n$$

Donde:

P = Precio por acción de acciones comunes.

g = Tasa de crecimiento constante, anual y acumulativa de los dividendos.

Ke = Coste de los recursos propios. (IMTE)

modelo de mercado. El modelo de mercado de W. Sharpe (1963) surgió como un caso particular del modelo diagonal del mismo autor que, a su vez, fue el resultado de un proceso de simplificación que W. Sharpe realizó del modelo pionero de H. Markowitz.

W. Sharpe consideró que el modelo de H. Markowitz implicaba un proceso de cálculo complicado ante la necesidad de conocer de forma adecuada todas las varianzas y covarianzas existentes entre cada pareja de títulos. Para evitar esta complejidad, Sharpe propone relacionar la evolución de la rentabilidad de cada activo financiero con un determinado índice, normalmente macroeconómico. Este fue el denominado modelo diagonal, debido a que la matriz de varianzas y covarianzas sólo presenta valores distintos de cero en la diagonal principal, es decir, en los lugares correspondientes a las varianzas de las rentabilidades de cada título. El modelo de mercado es un caso particular del diagonal, ya que el índice de referencia que se toma, es el representativo de la rentabilidad periódica que ofrece el mercado de valores.

En este sentido, el modelo se representa gráficamente por una recta de regresión lineal, denominada línea característica del título o de la cartera y cuya expresión es:

$$R_{it} = \alpha_i + \beta_i * R_{Mt} + \varepsilon_{it}$$

Donde:

R_{it} indica la rentabilidad ofrecida por el título i en el período t.

R_{Mt} representa el rendimiento ofrecido por el mercado en el período t.

α_i, como término independiente del modelo, expresa la parte del rendimiento del título i que es independiente del mercado.

β_i, por su lado, indica cómo se comporta la rentabilidad del título i ante variaciones en el rendimiento del mercado.

ε_{it} es la perturbación aleatoria del modelo econométrico-financiero planteado por Sharpe. Su sentido se refiere a la parte de rentabilidad restante que no se explica por el modelo debido, por tanto, a otros factores no contemplados por el modelo.

Si el modelo se aplica a una serie histórica de rentabilidades correspondientes a n períodos, el rango de variación de t irá desde 1 hasta n.

Todo esta resumida explicación del modelo de mercado de Sharpe es aplicable a las carteras formadas por títulos financieros, tal que:

$$R_{pt} = \alpha_p + \beta_p * R_{Mt} + \varepsilon_{pt}$$

Donde los componentes de la expresión no varían de sentido, cambiando únicamente el estudio de un título i por el de la cartera p. (IMTE)

modelo de selección de carteras de Markowitz. Las principales ideas de la teoría de selección de carteras de Markowitz y sus consecuencias, son las siguientes.

Partiremos de un escenario de un periodo, donde hoy se toman las decisiones cuyo resultado veremos al final del mismo. En estas condiciones, dada una riqueza inicial para invertir, es indiferente hablar de riqueza final o de rentabilidad por unidad monetaria invertida; hablaremos de rentabilidades. Por otro lado supondremos que los individuos prefieren más riqueza a menos, son enemigos del riesgo y tratan de maximizar su utilidad esperada; así como que conocemos las distribuciones de probabilidad de las rentabilidades de los títulos. Finalmente, supondremos que los individuos toman sus decisiones en función de μ y σ (media y desviación típica) de las rentabilidades; esto se puede justificar si las rentabilidades siguen una distribución normal, así como en otros casos (precisamente Markowitz estudia este tema en la *Nobel lecture*). En estas condiciones cada título será un punto en el mapa μ-σ de rentabilidades (viene representado por su rentabilidad esperada y la desviación típica de esa rentabilidad), y los individuos tomarán decisiones en base al binomio μ-σ. Pero también se podrán formar carteras con los títulos, lo que dará lugar a una serie de carteras posibles; tales carteras (incluidos los títulos como carteras de un solo título) aparecen representadas en el "curvilátero" sombreado de la figura 1.

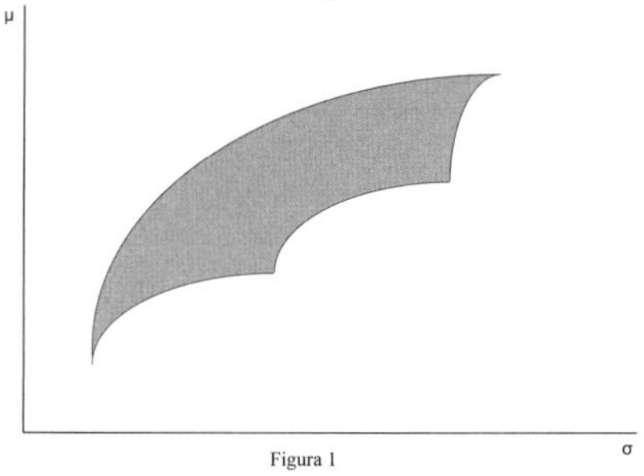

Figura 1

Supongamos un inversor que quiere decidir su "cartera" de títulos para el próximo periodo. Si seguimos la teoría de cartera, lo primero que hará es construir la figura 1, para lo que calculará la media y la desviación típica de las rentabilidades que puede obtener cada título o cartera; así obtiene la μ y la σ de cada uno, es decir, su rentabilidad esperada y su riesgo (que mide con la desviación típica). Estos cálculos los puede hacer en base a su experiencia, sus previsiones, datos históricos, etc. Cada título o cartera vendrá representado por un punto en el mapa μ-σ; y el conjunto da lugar al curvilátero sombreado. Una vez que el inversor haya obtenido el mapa de carteras posibles (el curvilátero), deberá decidir cuál es la que más le interesa. Pero antes de pasar a este punto es interesante darse cuenta de que, estadísticamente, el cálculo del riesgo de cada cartera (su σ) va a depender de los riesgos de los títulos que la componen, pero también de sus covarianzas. Una de las aportaciones más importantes de Markowitz (tal como afirma Bernstein) es la de distinguir entre el riesgo de los títulos y el de las carteras (que no es simplemente una media de los primeros): dos títulos de alto riesgo pero con correlación negativa pueden dar lugar a una cartera de bajo riesgo. En general, las carteras de muchos títulos sirven para disminuir el riesgo, de ahí el interés de la diversificación. Alguna vez se ha dicho que a Markowitz le dieron un Nobel por decir que no se deben poner todos los huevos en la misma cesta.

Pero volvamos a nuestro supuesto, donde el inversor trata de decidir la cartera de títulos que más le interesa para el próximo periodo. Hemos dicho antes que suponemos individuos enemigos del riesgo, por lo tanto supuestas varias carteras con la misma μ, preferirá la de σ menor, es decir, la de menos riesgo, lo que le guiará a buscar su cartera en algún punto de la curva que limita el mapa hacia la izquierda y hacia arriba. Si imaginamos la zona sombreada de la figura 1 como un mapa geográfico, esto le llevará a elegir las carteras de la "frontera noroeste", la curva convexa vista desde arriba, que será la "frontera eficiente". Los individuos elegirán sus carteras dentro de esa frontera eficiente. Hasta ahora no hemos tenido en cuenta la posibilidad de que exista un título sin riesgo (como podemos suponer que es la deuda del Estado), pues ningún título o cartera tenía σ igual a cero. Si existe, podremos formar carteras compuestas por el título sin riesgo (que rinde i) y cualquier cartera con riesgo. En la figura 2 vemos la recta que parte de i y pasa por R*, en ella estarán todas las carteras que pueden formarse con título sin riesgo y la cartera con riesgo R*: hasta R* se invierte parte en título sin riesgo y parte en R*, y a la derecha de esta última invertiríamos más del 100% de nuestra riqueza en R* pidiendo prestado a tipo i (es como si invirtiéramos negativo en título sin riesgo, y el tipo para prestar y pedir prestado fuera el mismo). De todas las rectas posibles que se pueden trazar desde i al curvilátero, la comentada es la más alta, luego la más interesante. Si todos los individuos hacen los mismos cálculos y llegan a la misma figura 2, todos querrán invertir en la cartera R* pues todos querrán situarse en la mencionada recta, luego si el mercado ha llegado al equilibrio en R* estarán representados todos los títulos con riesgo y en las proporciones que están en el mercado: es la cartera de mercado. Ahora nuestra recta se denomina Línea del Mercado de Capitales (LMC) y en ella se situarán todos los individuos (es la nueva frontera eficiente); el que sean más o menos enemigos del riesgo, les llevará a situarse más abajo o más arriba en LMC, pero todos elegirán R* (teorema de la separación de Tobin).

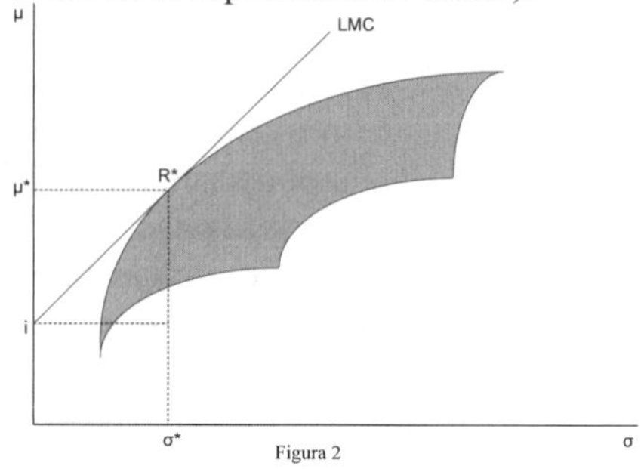

Figura 2

La ecuación de la LMC será: $\mu_p = i + \sigma_p.[\mu^* - i]/\sigma^*$, donde μ^* y σ^* son respectivamente la rentabilidad esperada y el riesgo de R*, y el subíndice p indica la cartera. Pero por el modelo de mercado sabemos que $\sigma_p^2 = \beta_p^2.\sigma^{*2} + \sigma_\varepsilon^2$, donde σ_ε representa el riesgo diversificable y β_p el sistemático. Las carteras de la LMC no tienen riesgo diversificable (se ha eliminado por diversificación), luego: $\sigma_p = \beta_p.\sigma^*$. Substituyendo ahora en la ecuación de la LMC:

$$\mu_p = i + \beta_p.\sigma^*.[\mu^* - i]/\sigma^* \rightarrow \mu_p = i + \beta_p.[\mu^* - i]$$

Esta es la formulación más habitual del CAPM (aquí referido sólo a carteras eficientes) por el que William Sharpe compartió el Nobel con Markowitz. (FGB)

modelo de valoración de activos (*capital asset pricing model*- CAPM). Postula que el valor de un activo financiero viene determinado por dos componentes:

- El valor del dinero en el tiempo, representado por la tasa libre de riesgo.
- El componente debido al grado de influencia del riesgo sistemático sobre el activo, entendiéndose por riesgo sistemático aquel que afecta, en mayor o menor grado, a todos los activos financieros que se negocian en el mercado de capitales.

En un mercado de capitales en equilibrio, donde no hay asimetría de información ni costes de transacción, todos los inversores racionales con el mismo horizonte de inversión tenderían a seleccionar la misma cartera, llamada cartera del mercado, la cual contendría una combinación de todos los activos financieros con riesgo presentes en el mercado de capitales; la cartera del mercado es usualmente representada, en la práctica, por el índice de capitalización bursátil. Según Sharpe toda la influencia de los factores macroeconómicos que puedan actuar como riesgo sistemático se refleja en el rendimiento de la cartera del mercado. Por ello, si se mide la covarianza entre un activo determinado y el índice, se podrá evaluar cómo ese activo es afectado por los factores sistemáticos, pudiendo determinar cuál es la contribución marginal al riesgo sistemático debido a ese activo; riesgo que se puede reflejar en un incremento o en una disminución en la prima o tasa de rendimiento exigida, adicional a la tasa libre de riesgo. En adición a los supuestos antes mencionados, el CAPM requiere que se cumpla una de los dos siguientes supuestos: los inversores tienen un grado de aversión al riesgo determinado por una función cuadrática, o los rendimientos de las acciones siguen una distribución normal.

El modelo CAPM establece que la rentabilidad esperada de un activo $\overline{R_i}$, viene dada por la siguiente expresión:

$$\overline{R}_i = R_F + \beta_i\left(\overline{R}_M - R_F\right)$$

siendo:

$$\beta_i = \frac{\operatorname{cov}\left(R_i, R_M\right)}{\operatorname{var}(R_M)}$$

donde

$E(R_i)$ valor esperado de la rentabilidad requerida del activo i

R_F rentabilidad ofrecida por un instrumento libre de riesgo

β_i contribución marginal al riesgo sistemático del mercado del activo i

R_M rentabilidad de la cartera del mercado, representada usualmente por el índice bursátil.

$\operatorname{cov}(R_i,R_M)$ covarianza entre la rentabilidad del activo i y la rentabilidad de la cartera del mercado.

$\operatorname{var}(R_M)$ varianza de la rentabilidad de la cartera del mercado.

Al unir el activo libre de riesgo RF con la frontera eficiente (llamada así por ofrecer el menor riesgo para una rentabilidad determinada), se forma la línea del mercado de capitales (LMC), la cual representa el conjunto de puntos de mayor rentabilidad para un nivel de riesgo determinado; el punto donde la recta es tangente a la frontera eficiente (el punto M) representa, en condiciones de equilibrio, la mejor relación rentabilidad vs. riesgo que puede obtener un inversor si utiliza sólo recursos propios para invertir en activos financieros. A la cartera formada por el punto M se denomina cartera del mercado y, usualmente, se utilizan los índices bursátiles como medidas de aproximación de la misma. (AHA)

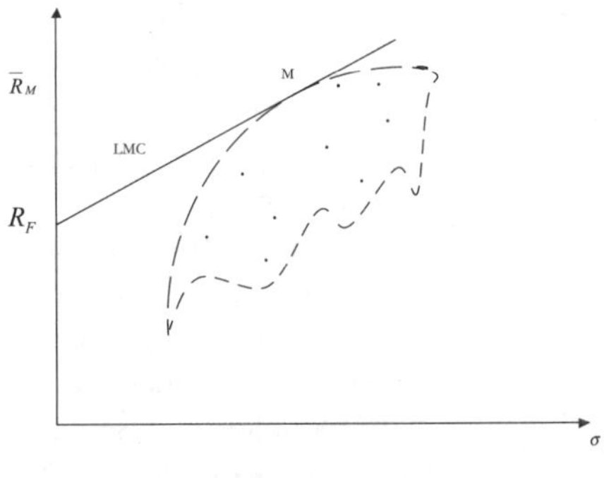

modelo de valoración de activos por arbitraje (*arbitrage pricing theory* - APT). El Modelo de Valoración por Arbitraje, postulado por Stephen Ross (1976) sostiene que, en un mercado de capitales en equilibrio, no debe haber oportunidades de obtener ganancias por mecanismos de arbitraje; es decir, no puede haber ganancias si no se ha invertido y si no se ha asumido un riesgo en la inversión. El APT postula que la rentabilidad esperada de un activo financiero viene dada por la combinación lineal de algunas variables macroeconómicas, ponderadas por factores específicos (o betas) para cada activo, que indica cómo la rentabilidad del activo es afectada por los cambios en dichas variables. El APT no establece ni cuántos ni cuáles son los factores de riesgo no diversificables o sistemáticos que afectan el rendimiento del activo, a diferencia del CAPM el cual afirma que los cambios que experimenta la rentabilidad del activo surgen como consecuencia de las variaciones de sólo un factor, al cual Sharpe (1964) identificó como cartera del mercado de activos riesgosos (usualmente representada por el índice bursátil). (AHA)

modelo de valoración de opciones. El valor teórico de una opción, es sencillamente el valor esperado de los beneficios actualizados que la opción puede proporcionar. Los fundamentos de la valoración son simples y tienen su apoyo en conceptos clásicos de las finanzas y la teoría de la decisión. (Valor actual y valor esperado o esperanza matemática del valor). Los modelos que se usan en los mercados de opciones, por muy sofisticados y complejos que parezcan, utilizan exactamente los mismos principios. Donde radica la dificultad de la valoración, es en la definición de la evolución de los precios del subyacente y sus correspondientes probabilidades.
En este sentido podemos hablar de tres enfoques de construcción de modelos de valoración de opciones:

- Modelos en tiempo continúo como el modelo de Black Scholes.
- Modelos en tiempo discreto como el modelo binomial.
- Modelos basados en las técnicas de simulación de Montecarlo.

El método de simulación de Montecarlo es un método de simulación numérica que se suele utilizar cuando, para la valoración de opciones, no existen fórmulas cerradas como por ejemplo las fórmulas de Black-Scholes. Esta metodología fue introducida por Boyle en 1977. Se puede utilizar para la valoración de la gran mayoría de las opciones de tipo europeo y para múltiples modalidades de "exóticas". (PLF)

Modigliani-Miller, el teorema. Corría el verano de 1958 cuando vio la luz en las páginas de la *American Economic Review* un artículo que iba a revolucionar las finanzas corporativas y orientar el rumbo de la disciplina durante los siguientes cincuenta años: *The Cost of Capital, Corporation Finance and the Theory of Investment.* En poco más de treinta páginas sus autores, Franco Modigliani (1918-2003) y Merton Howard Miller (1923-2000), por aquel entonces profesores ambos de la Escuela de Graduados en Administración Industrial del Instituto de Tecnología de Carnegie (actual Universidad Carnegie-Mellon), presentaban una serie de proposiciones que chocaban frontalmente con las ideas aceptadas en el mundo de las finanzas.
Hasta ese momento los economistas financieros compartían la idea de que existía una estructura óptima de capital para la empresa. Esta creencia comenzó a resquebrajarse cuando Modigliani y Miller (1958) probaron teóricamente que el valor de la empresa, el coste del capital y la rentabilidad requerida de los proyectos de inversión es independiente de su estructura de capital, estableciendo así una completa separación de las decisiones empresariales de inversión y financiación: El valor de la empresa depende de la capacidad de sus activos productivos para generar renta, no de los títulos que la empresa emite para financiar sus inversiones.
Por si hubiese sido poco el revuelo que este trabajo levantó entre los profesionales de las finanzas, Miller y Modigliani (1961) volverían a destapar tres años más tarde la caja de los truenos. Frente a la creencia generalizada de que los inversores preferían una rentabilidad

cierta en el momento actual a perspectivas de futuros e inciertos dividendos -más vale pájaro en mano que pájaro en rama-, Modigliani y Miller (MM, en adelante) publicaron en el número 34 del Journal of Business un segundo artículo *Dividend Policy, Growth, and the Valuation of Shares* para de manera sencilla probar que la decisión de dividendos era igualmente irrelevante y que no había ninguna razón para pensar que el reparto de un mayor o menor dividendo modifique la cuantía o el grado de incertidumbre de los rendimientos totales que un accionista espera obtener por su participación en el capital de la empresa.

La conmoción que en el mundo académico y profesional causaron tan sorprendentes como inesperadas proposiciones, agravada por el estilo provocador y la forma nada convencional con los que ambos artículos fueron escritos, hizo que a las ideas que hoy conocemos como teorema Modigliani-Miller o proposiciones de irrelevancia (invarianza o neutralidad) se las tildase de 'proposiciones bomba' y en consonancia con el término, se las recibiese con sonadas explosiones de recelo e ironía, especialmente por parte de los responsables de la tesorería de las empresas que no dudaron en etiquetarlas de poco realistas y nada intuitivas.

El teorema Modigliani-Miller (teorema MM o M2) es una de las piedras angulares de las modernas finanzas corporativas. En puridad, más que un teorema es una proposición de irrelevancia que establece las condiciones bajo las cuales las decisiones financieras de una empresa no afectan a su valor. En esencia, el teorema MM es un conjunto de resultados que muestran, bajo las hipótesis de mercados ideales normalmente asumidas por los teóricos de la economía, que la política financiera de una corporación es irrelevante. Su núcleo teórico comprende cuatro diferentes proposiciones que pueden articularse como sigue (Duffie, 1994):

- Proposición I. El valor total de mercado de una empresa dada es independiente de su estructura de capital.
- Proposición II. El coste del capital propio de una empresa dada es una función creciente de su ratio de endeudamiento.
- Proposición de irrelevancia del dividendo. El valor total de mercado de una empresa es independiente de su política de dividendos.
- Proposición de indiferencia de los accionistas. Los accionistas de una empresa son indiferentes a su política financiera.

MM son los responsables directos de las tres primeras proposiciones (las dos primeras en su artículo de 1958 y la tercera en el de 1961). La proposición de indiferencia de los inversores está implícita en su análisis y ha sido explicitada por otros autores en contextos diferentes.

Las cuatro proposiciones son corolarios relativamente simples de la observación de que si los accionistas pueden realizar las mismas transacciones financieras que la empresa -y a los mismos precios- los accionistas podrían contrarrestar sin coste alguno los efectos de cualquier política financiera corporativa. Con esta idea *in mente*, pueden probarse las cuatro proposiciones anteriores bien asumiendo la ausencia de arbitraje, como hicieron MM (1958), o bien demostrando la existencia de un equilibrio general en el que cada una de las cuatro anteriores afirmaciones se verifica.

El teorema MM establece que en mercados perfectos la riqueza de los accionistas viene determinada por la política de inversión y que las decisiones de endeudamiento y reparto de dividendos no afectan al valor de la empresa, siempre que esta disponga de un programa de inversiones que maximice la riqueza de los accionistas. Dicho de otra manera, cuando una empresa valora distintas decisiones de endeudamiento y de reparto de dividendos, simplemente está cortando una tarta de un tamaño determinado en diferentes porciones, cuyos valores individuales en mercados sin fricciones indefectiblemente han de sumar el valor generado por la política de inversión subyacente.

Modigliani (1980, p. xiii) resumió el teorema como sigue: "… bajo las hipótesis de mercados perfectos (y neutralidad impositiva) e inversores racionales que pueden replicar la estructura financiera de la empresa formando carteras con préstamo o endeudamiento, el valor de mercado de la empresa -deuda más fondos propios- depende únicamente del flujo de renta generado por sus activos. Consecuentemente puede colegirse que el valor de una empresa no debiera verse afectado por el grado de endeudamiento de su estructura financiera o por el empleo que se haga de los rendimientos obtenidos -pagados como dividendos o reinvertidos (rentablemente)."

La importancia de las hipótesis relevantes estriba en que establecen el conjunto de condiciones que garantizan la efectividad del arbitraje: Cuando un mercado financiero no sufre las distorsiones que provocan los impuestos, los costes de transacción o los costes de quiebra, la información imperfecta o cualquier otra fricción que limite el acceso al mercado crediticio, los inversores pueden replicar sin costes las decisiones financieras de las empresas.

En su reconsideración del teorema MM desde la perspectiva actual de las finanzas, Rubinstein (2003) estableció el conjunto mínimo de axiomas que requiere su cumplimiento, a saber:

- No existen oportunidades de arbitraje sin riesgo.
- El resultado operativo no se ve afectado por la estructura de capital.
- La proporción del resultado operativo que conjuntamente se asigna a las acciones y a la deuda no se ve afectada por la estructura de capital de la empresa.
- La función valor actual no se ve afectada por la estructura de capital.

En las proposiciones MM yacen los principios fundacionales de la moderna teoría de las finanzas corporativas. Sus implicaciones hicieron posible que comenzase a emerger un cuerpo teórico coherente, capaz de analizar tanto la financiación de las decisiones de inversión de las empresas como la asignación del ahorro por parte de las economías domésticas.

Controvertidas desde el principio, las proposiciones de irrelevancia pueden tacharse de cualquier cosa menos de irrelevantes, pues medio siglo después siguen provocando apasionadas discusiones teórico-empíricas. La relevancia de sus proposiciones fue puesta de manifiesto por el propio Merton Miller cuando de manera tan concisa como brillante resumió en una sola frase los resultados de sus investigaciones de consuno con Franco Modigliani: *Demostramos lo que no era relevante y, por ende, lo que sí lo es*. (Miller, 1988). Desde esa perspectiva la contribución más importante de MM, aunque no suficientemente reconocida, es la aceptación del principio de maximización del valor de mercado como criterio racional para la asignación del presupuesto de capital de la empresa. Para MM los hechos que se derivan de los procesos de mercado tienen la ventaja de que hacen poco relevante la pregunta por las expectativas de cada individuo. Finalmente lo que importa es el precio de equilibrio del mercado. El proceso de maximización del valor de mercado convierte las percepciones subjetivas de los distintos individuos en un hecho objetivo: el valor máximo. En suma, la creación de valor se refleja a través del espejo del mercado en los precios de los activos financieros que la empresa emite para financiar su cartera de proyectos.

Bernstein (2005) valora como capital la idea de introducir el mercado como marco de valoración de las decisiones financieras de las empresas. Sostiene que "antes de MM, no teníamos una teoría general de finanzas corporativas, sólo reglas generales y folklore" y reconoce que, como dijo Ross (1988), "hoy vemos las finanzas con los ojos de Modigliani y Miller". Y es que así como en física existe un antes y un después de Einstein, en medicina hay un antes y un después de Fleming, en finanzas también existe un antes y un después de MM.

Ciertamente no son muchos los investigadores de los que pueda decirse que sus descubrimientos científicos han dejado huella, marcando el camino a seguir a posteriores generaciones de investigadores. Los elegidos suelen ser unos pocos. Entre estos pocos se encuentran sin duda alguna, Franco Modigliani y Merton Miller. En el fluir histórico de las finanzas, el teorema MM es el equivalente de la dinámica newtoniana. Medio siglo después de la publicación de sus proposiciones, nada es lo mismo: Panta rhei. Pero el legado de Modigliani y Miller permanece inmanente. Sus contribuciones a la economía, a las finanzas y singularmente a las finanzas corporativas, no sólo marcaron el camino sino que lo abrieron, no sólo dejaron huella sino que su huella permanece indeleble: M&M. (VAP)

monolines. Entidades que aseguran las emisiones de bonos, mejorando su calidad de riesgo de crédito.

Originalmente vinculadas a las emisiones de bonos municipales en Estados Unidos, desde hace unos años han ampliado su ámbito de actuación al aseguramiento de emisiones de bonos de titulización, CDO, etc. (RAS)

mora. Incumplimiento del plazo pactado, o legalmente establecido, para el pago de una deuda dineraria. La mora del deudor de una operación comercial perjudica al acreedor que cobrará intereses de demora o intereses moratorios. (CMR)

moral hazard. *Véase*, riesgo moral.

morosidad. Incumplimiento de los plazos contractuales o legales de pago de una deuda dineraria. Demora o retraso en los pagos adeudados a los acreedores. El deudor moroso, que incurre en morosidad, incumple la fecha de pago establecida en las cláusulas pactadas entre las partes de una operación comercial o en las normas legales. Las medidas legales contra la morosidad en operaciones comerciales establecen el devengo de intereses de demora, el tipo de interés de demora y la indemnización que debe pagar el deudor moroso por los costes de cobro en que incurre el acreedor. Los índices de morosidad, como el cociente entre la cartera de créditos vencida y la cartera total de créditos, permiten estimar el peso de los deudores morosos de operaciones comerciales de empresas. (CMR)

N

Nasdaq (*national association of security dealer's active quotations*). Es la bolsa de valores electrónica más grande de Estados Unidos. Se caracteriza por comprender las compañías de alta tecnología en electrónica, informática, telecomunicaciones o biotecnología. Sus índices más representativos son el *Nasdaq Composite* (incluye todos los valores, tanto nacionales como extranjeros, que cotizan en el mercado Nasdaq) y el *Nasdaq 100* (incluye las cien mayores empresas del mercado Nasdaq).
Su origen está en una petición por parte del Congreso de los Estados Unidos a la comisión que regula la bolsa (*Securities and Exchange Comisión*, SEC) para que realizara un estudio sobre la seguridad de los mercados. Este informe detectó que los mercados no regulados eran poco transparentes y la SEC propuso su automatización, convirtiéndose en el primer mercado de valores electrónico del mundo, empezó a funcionar en febrero de 1971. Su sede está en Nueva York. (NBD)

NDF (*non delivery forward*): Contrato sintético a plazo, originado en los mercados de divisas, en el que se produce una liquidación por diferencias entre el cambio pactado y el precio de liquidación. Se utiliza mucho en mercados emergentes para evitar el riesgo de entrega. (RAS)

***netting*.** *Véase*, compensación neta

nocional. Importe nominal teórico asociado a un activo financiero, usualmente un contrato derivado. En los instrumentos de Deuda que se negocian como subyacentes a productos derivados (Futuros y Opciones) es usual el empleo de nocionales, para facilitar la correlación entre el derivado y las referencias de Deuda reales, así como incrementar la liquidez en la negociación del mercado. (MMB)

números rojos. Números comerciales negativos o saldos negativos (saldo deudor del depositante), en los contratos de cuenta corriente de entidades de depósito o depositarios (Bancos etc.). (Los números negros son el saldo positivo o saldo acreedor a favor del depositante de una cuenta corriente). El tipo de interés aplicable al saldo deudor o números rojos en cuenta corriente, puede diferir del aplicable al saldo acreedor. (CMR)

O

obligaciones. Valor mobiliario que representa cada una de las partes alícuotas en que se divide una deuda, en forma de empréstito, contraída por una sociedad mercantil o por cualquier otra institución, privada o pública, con facultades para ello. Las obligaciones suelen ser de plazos superiores a cinco años, reservándose el término "bono" para aquellos de vencimiento más reducido. La obligación le otorga a su titular la condición de acreedor, con rendimientos pagaderos periódicamente (en el caso español, semestral o anualmente). Las obligaciones pueden ser representadas por medio de anotaciones en cuenta o por títulos, que podrán ser nominativas o al portador, y emitirse, con garantía especial o sin ella, a la par, sobre la par o bajo la par, según que el precio de emisión sea igual, superior o inferior a su valor nominal; con prima de reembolso, cuando el precio de reembolso supera a su valor nominal, o con lotes, cuando cada intervalo de tiempo (generalmente por año o por semestre) se sortea entre los títulos que todavía están pendientes de amortización (títulos vivos) uno o varios premios. *Véase* Bono y obligaciones del Estado. (SRC)

obligaciones con garantías. Se trata de una categoría de obligaciones con menor riesgo al incorporar una garantía o colateral que, usualmente, son de carácter hipotecario, de forma que la emisión de estas obligaciones pueda venir respaldada por una hipoteca sobre determinados bienes inmuebles del emisor. Con la existencia de la cobertura de la obligación de reembolso con un derecho de garantía real o personal, se disminuye el riesgo de crédito y el prestatario puede colocar la emisión en el mercado a menores tipos de interés, reduciendo así sus costes de financiación. (SRC)

obligaciones con "*Warrant*". El *warrant* puede considerarse como un "cupón" anejo a la obligación que conceden el derecho al inversor de adquirir acciones de la empresa emisora de las obligaciones a un precio prefijado, generalmente más favorable que el del mercado, en unas fechas determinadas. El *warrant* es un derecho semejante al que ofrecen las opciones de compra (Call) y es un título separable de la obligación, lo que permite al propietario ejercitarlo o venderlo en el mercado secundario. (SRC)

obligaciones convertibles. Bonos emitidos que pueden ser convertidos en acciones (o en otros bonos) de la empresa emisora a solicitud de su tenedor dentro de los plazos y precios establecidos

Dan derecho a sus propietarios a canjear títulos por acciones, generalmente del propio emisor, en determinados periodos de tiempo y según las condiciones prefijadas. Para el inversor, esta convertibilidad se trata de un derecho y no una obligación, que ejercerá según las condiciones del mercado. Si no se ejercen las obligaciones, éstas se mantendrán en la cartera percibiendo los correspondientes intereses hasta su amortización o venta, no pudiéndose negociar el derecho de conversión separadamente. Se pueden diferenciar las obligaciones convertibles, cuando ofrecen acciones nuevas a cambio de valores de renta fija, de las obligaciones canjeables, que ofertan acciones que ya están cotizando en el mercado con plenos derechos sobre los dividendos. Desde el punto de vista del prestatario o emisor, este tipo de obligaciones suponen un medio inicial de endeudamiento que luego pasa a ser un aumento de capital propio. (SRC)

obligaciones de empresa. Son títulos de renta fija emitidos a largo plazo por las empresas con la finalidad de obtener recursos financieros. La rentabilidad de estas obligaciones, en la mayoría de los casos, es superior a las emitidas por el Estado debido al mayor riesgo asumido y menor liquidez. (RAS)

obligaciones del Estado. Son valores emitidos por el Tesoro. Los bonos y las obligaciones del Estado son iguales en todas sus características salvo el plazo, que en el caso de los Bonos oscila entre 2 y 5 años, mientras que en las obligaciones es superior a 5 años.Los bonos y obligaciones del Estado se emiten mediante subasta competitiva. El valor nominal mínimo que puede solicitarse en una subasta es de 1.000 euros y las peticiones por importes superiores han de ser múltiplos de 1.000 euros. En la actualidad el Tesoro emite bonos a 3 y 5 años, y Obligaciones a 10, 15 y 30 años. *Véase*, obligaciones (SRC)

obligaciones indizadas o indexadas. Son aquellas obligaciones en las que el interés o el reembolso, o ambos conjuntamente pueden variar de acuerdo con un índice determinado (tipo de interés, tasa de inflación, etc.). (AMR)

obligaciones participativas. Esta clase de obligaciones incluyen, además del pago de un cupón o interés fijo, un ingreso adicional sobre los posibles beneficios de la empresa. Además, puede darse el caso de que estas obligaciones se puedan convertir en acciones. (RAS)

obligaciones subordinadas. Títulos de deuda en los que los titulares están subordinados en la percepción del importe adeudado a los obligacionistas, si bien se encuentran por delante de los accionistas y principales en la percepción de intereses y reembolso del principal.
En España la emisión de títulos de deuda subordinada ha sido muy utilizada por las entidades de crédito como una forma de capitalización e incremento de sus recursos propios, Se configuran así como una modalidad de empréstitos que se incluyen en el balance de la emisora como fondos propios. (RAS)

oferta pública de adquisición (OPA). Operación que se realiza en el mercado de valores a través de una sociedad que expresa públicamente su deseo de adquirir una parte o la totalidad de los títulos de una compañía que cotiza en bolsa. La operación va dirigida a quien posea acciones de la compañía y se les ofrece un precio determinado de adquisición para cada uno de los títulos. Este precio puede ser en efectivo, en acciones o mixto (dinero y acciones) y suele ser superior al de mercado para favorecer la aceptación. El objetivo de la OPA es la toma de control de la sociedad objeto de la oferta, puede ser amistosa (con el acuerdo entre la sociedad oferente y los accionistas significativos o el Consejo de Administración de la opada) u hostil (sin su acuerdo).
Los accionistas de una sociedad objeto de OPA disponen de varias opciones:

- No acudir a la OPA y mantener las acciones en cartera. Esta opción no requiere ninguna actuación por parte del accionista.
- Aceptar la oferta. En este caso debe transmitir a su intermediario financiero su intención de acudir a la OPA.
- No aceptar la oferta y vender las acciones en el mercado, debiendo transmitir a su intermediario financiero la orden de venta.

Las OPAs pueden ser de distintos tipos:

- Obligatorias: la legislación vigente establece la obligatoriedad de lanzar una OPA en determinados casos: toma de control, exclusión y reducción de capital. Las OPAs obligatorias se presentan por el 100% de las acciones de la compañía a un precio equitativo y no pueden estar sujetas a condición alguna.
- Voluntarias: no están sujetas a requisitos legales de precio o número de acciones y el oferente si puede establecer condiciones.
- Por toma de control: su finalidad es permitir que los accionistas de la sociedad opada vendan sus acciones a un precio equitativo, una vez que la sociedad oferente tiene el control de la sociedad opada.

- Competidora: la oferta afecta a valores sobre los que ya se ha presentado otra OPA cuyo plazo de aceptación aún no ha finalizado, siempre que ocurran una serie de requisitos.
- De exclusión: su objetivo es que la compañía deje de cotizar en Bolsa, en este tipo de OPAs la contraprestación siempre será dinero.

El folleto informativo de la OPA es un documento que recoge toda la información precisa para que el inversor se forme un juicio fundado sobre la oferta: los valores a los que se dirige, la contraprestación ofrecida, los gastos derivados de la aceptación, condiciones a las que está sujeta, finalidad de la operación, procedimientos de aceptación y liquidación, ...etc. El anuncio de la OPA recoge de forma resumida los principales punto de la oferta.

El plazo para la aceptación de la oferta no podrá ser inferior a quince días naturales ni superior a setenta. La orden de aceptación podrá revocarse en cualquier momento antes del último día del plazo de aceptación de la oferta, fijado en el folleto informativo.

Cuando exista más de una OPA sobre la misma sociedad, los accionistas podrán presentar declaraciones de aceptación múltiples, siempre que se indique el orden de preferencia y que dichas declaraciones se hagan llegar a todos los oferentes competidores.

Los supuestos de compra/venta forzosa (*squezze out/ sell out*) se dan en OPAs lanzadas sobre el 100% de las acciones de la compañía, cuando al final del plazo de aceptación aún quedan accionistas que no han vendido (no más del 10% del capital) y la oferta ha sido aceptada por al menos el 90% de los valores a los que se dirigía. En tales casos, el oferente puede exigir a los accionistas la venta de sus acciones, al precio de la OPA. De igual manera, cualquier accionista podrá exigir al oferente que le compren las acciones al mismo precio. En el folleto explicativo se debe indicar si el oferente tiene intención de exigir la venta forzosa. Si es el inversor el que exige al oferente la compra de sus acciones, los gastos derivados de la compraventa y liquidación correrán por su cuenta. En cualquier caso, el plazo máximo para exigir la venta (por parte del oferente) o la compra (por parte del accionista) será de tres meses desde que finalice el plazo de aceptación de la oferta. (NBD)

oferta pública de suscripción (OPS). Una oferta pública de suscripción (OPS) es una oferta pública de venta de valores realizada a través de una ampliación de capital, en la que uno, varios, o la totalidad de los accionistas renuncian al ejercicio del derecho de suscripción preferente. Esta operación la pueden realizar tanto empresas cotizadas como no cotizadas, y en ambos casos se diluye la participación de los antiguos accionistas. En general, la finalidad es la captación de fondos que les permita acometer nuevos proyectos, y en el caso de las no cotizadas, alcanzar además el requisito de difusión accionarial exigido para acceder al mercado.

Cuando una sociedad decide realizar una OPV u OPS dirigida al público en general, es obligatorio registrar en la CNMV un folleto informativo. En él se ofrece al inversor una información completa sobre la colocación de los valores, la entidad emisora, su situación económico- financiera, su estructura social y organizativa, así como la política prevista de dividendos. (IMTE)

oferta pública de venta (OPV). Una oferta pública de venta (O.P.V.) es una operación que se realiza a través del mercado bursátil, mediante la cual un ofertante pone a la venta algún activo financiero de una empresa o sociedad. La oferta pública de venta comprende la oferta pública general y la oferta pública restringida. La primera es la que se dirige al público en general; la segunda es la que se dirige a determinados grupos restringidos.
El vendedor puede ser la propia empresa, uno, varios o todos los accionistas mayoritarios. Los activos financieros ofrecidos en venta pueden ser obligaciones, pagarés o acciones. Las acciones ofrecidas pueden ser parte o la totalidad de la empresa. Los vendedores deberán hacer presentación de un folleto donde se explican las condiciones de la OPV, que son registradas y verificadas por el órgano regulador de la bolsa correspondiente.
Hay dos tipos de ofertas públicas de venta de acciones:

- OPV de acciones no cotizadas, son empresas que no han cotizado anteriormente y quieren colocar por primera vez acciones de una empresa en bolsa. Como paso previo necesita una solicitud de admisión a cotización.
- OPV de acciones cotizadas, son empresas que ya cotizan y uno o más accionistas mayoritarios se quieren desprender de ellas.

El emisor tiene que registrar ante la CNMV un folleto informativo para que el inversor pueda conocer todas las características y posibles riesgos de la operación. A saber:
Se detallan los tramos del público al que se dirige: empleados, doméstico (institucional y particulares) e internacional; se marca un rango de precios (máximo y mínimo) de colocación; se examinan las peticiones y se decide el precio de colocación; y en caso de que hubiera exceso de demanda, se decide el criterio de prorrata (orden de llegada, apellido, un mínimo por accionista...)
Las OPVs se realizan en los siguientes casos:

- Privatizaciones o salidas a bolsa de empresas públicas. El Estado vende un porcentaje del capital de la empresa pública a privatizar, que ya cotizaba o va a iniciar su cotización. En ambos casos el Estado obtiene financiación, y si la sociedad es de nueva admisión, adquiere una difusión que determinará en parte su futura liquidez.
- Salidas a bolsa de empresas privadas. Uno o varios accionistas venden una parte o la totalidad de sus acciones en la compañía, obteniendo por ello unos ingresos y alcanzando a la vez la difusión requerida para salir a cotizar. En muchos casos se vende sólo una parte de su participación y se sigue manteniendo el control de la sociedad.
- Venta de una participación significativa, realizada por un accionista mayoritario o de control.

Las ofertas públicas de venta (OPV) son operaciones sobre valores ya existentes, mientras las ofertas públicas de suscripción (OPS) se refieren a valores que han de ser emitidos, procedentes de una ampliación de capital. La OPV consigue diseminar la propiedad para garantizar la liquidez previamente a su admisión a cotización, o incrementarla si ya cotiza, y los fondos obtenidos van a los antiguos propietarios de las acciones. Con la OPS se obtiene financiación del mercado y también la difusión en su caso, y los fondos obtenidos entran en la empresa (IMTE) (NBD)

ofertas públicas iniciales (*initial public offerings* - IPO). Primera emisión pública de acciones ordinarias que realiza una empresa antes de comenzar a cotizar en bolsa. (AHA)

OPA amistosa. Es una OPA que cuenta con el consentimiento del equipo directivo de la empresa objetivo. (JMPI)

OPA hostil. Es una OPA que no cuenta con el visto bueno del equipo directivo de la empresa objetivo. Por lo que en estos casos, a través de la OPA, se produce una "negociación" entre el equipo directivo de la empresa compradora y los accionistas de la compañía objetivo, "puenteando" a los directivos de ésta última. (JMPI)

opción americana. Contrato de Opción, que puede ejercerse anticipadamente en cualquier fecha hasta el vencimiento del mismo. (SRC)
Véase, Opciones.

opción cilindro. Compra venta simultánea de una opción *call* (de compra) y una *put* (de venta), cuya prima neta resultante es cero. (JJDH)

opción cubierta. Una opción está cubierta si se compensa, bien con otra opción de signo opuesto o bien se compensa con otro producto financiero. (JJDH)

opción de abandono. En el ámbito de las opciones reales, la opción de abandono proporciona a su propietario la posibilidad de vender, liquidar o abandonar un proyecto determinado a cambio de un precio. Las cláusulas de escape son la forma más directa de construir opciones de abandono al crear una flexibilidad operativa de forma contractual con otras partes implicadas en el proyecto. La existencia de la opción de abandono aumenta el atractivo del proyecto y su valor se verá incrementado cuanto mayor sea la incertidumbre sobre el futuro valor del negocio, cuanto mayor sea la cantidad de tiempo de que se dispone para ejercer la opción y cuanto mayor sea la relación entre el valor de abandono del proyecto (valor de liquidación) respecto de su valor residual (valor actual de los flujos de caja libres restantes). (SRC)

opción de crecimiento. En el ámbito de las opciones reales, existe una opción implícita de crecimiento cuando el proyecto de inversión que proporciona el derecho a adquirir una a cambio de un coste adicional (precio de ejercicio de la opción). Esta opción equivale a adquirir una opción de compra sobre una parte adicional del proyecto base con un precio de ejercicio. Son opciones secuenciales que enlazan distintas fases de crecimiento y expansión al mismo tiempo que preservan la flexibilidad directiva para acometer la fase siguiente dependiendo de las condiciones del mercado. Este tipo de opciones resulta especialmente útil para las empresas con mayor riesgo económico y que generan mayor rendimiento con los proyectos de inversión, en particular podrían ser los casos de adquisiciones de tipo estratégico; la inversión en investigación y desarrollo o los multietapa, en los que se puede revaluar la demanda en cada etapa y decidir si se pasa a la siguiente o se proyectos abandona. (SRC)

opción de diferir. En el ámbito de las opciones reales, cuando existe la posibilidad de posponer la realización de un proyecto de inversión durante un plazo de tiempo determinado. Esta opción resulta más interesante en proyectos donde una empresa tiene derechos exclusivos para invertir y va perdiendo valor conforme las barreras de entrada vayan desapareciendo. Esta opción equivale a adquirir una opción de compra sobre el valor actual de los flujos de caja esperados del proyecto y su precio de ejercicio sería el coste de realizar el proyecto en la fecha de vencimiento de la opción, valorándose la posibilidad de realizar el proyecto en la fecha de vencimiento o, por el contrario, la de abandono definitivo. (SRC)

opción de venta. También denominada *opción put*. El comprador o tenedor de esta opción tiene el derecho de vender el activo subyacente objeto del contrato al precio de ejercicio. Por su parte el vendedor de la opción tiene la obligación de comprar dicho activo subyacente en el caso de que el comprador ejerciera su derecho. En el caso en que la liquidación se realice por diferencias, si se ejerce la opción no se produce una compra-venta, sino sólo una transmisión de efectivo; este intercambio si se produciría en el caso de que la liquidación fuera por entrega. *Véase*, Opciones. (SRC)

opción de venta venenosa. Los obligacionistas tendrán la opción a que se les amortice su deuda en dinero, o en títulos convertibles, en el caso de una toma de control hostil. Este tipo de píldora venenosa hace muy atractiva la inversión en deuda al posibilitar la obtención de un beneficio en el caso de una adquisición puesto que la OPA hará subir el precio de las acciones de la empresa objetivo lo que hará mucho más rentable la conversión de las obligaciones. (JMPI)

opción dentro del dinero (ITM). Dependiendo de la relación entre el precio de ejercicio de la opción (precio al que el comprador de la opción tiene el derecho de compra (opción *call)* o de venta (opción *put))* con la cotización del activo subyacente, las opciones se pueden clasificar en: dentro del dinero, en el dinero o fuera del dinero. Una opción *call* estará dentro del dinero, o *in the money* (ITM), cuando el precio de ejercicio sea menor que el precio del activo subyacente en el momento de valoración. Una opción *put* estará dentro del dinero, o *in the money*, cuando el precio de ejercicio sea mayor que el precio del activo subyacente en el momento de valoración. En ambos casos, si se pudiera ejercer la opción se obtendría un beneficio (sin considerarse la prima pagada). *Véase*, opciones (SRC)

opción en el dinero (ATM). Dependiendo de la relación entre el precio de ejercicio de la opción (precio al que el comprador de la opción tiene el derecho de compra (opción *call*) o de venta (opción *put*)) con la cotización del activo subyacente, una opción *call* o *put* estará en del dinero, o *at the money* (ATM), cuando el precio de ejercicio sea igual o muy próximo al precio del subyacente en el momento de la valoración. *Véase*, Opciones. (SRC)

opción europea. Aquella en que el ejercicio de la opción se puede realizar únicamente en la fecha de vencimiento del contrato. *Véase*, Opciones. (SRC)

opción exótica. Los mercados O.T.C. son una fuente constante de innovaciones financieras, que intentan adaptar las características de los diferentes instrumentos, a las necesidades específicas de cobertura y modulación de riesgos de los agentes económicos. En el caso de las opciones, las innovaciones las podríamos clasificar en dos modalidades: opciones sintéticas y opciones exóticas. Las primeras tienen una estructura formada por dos o más contratos, digamos "tradicionales", con un objetivo general de reducir el precio o prima del instrumento resultante a cambio de disminuir su potencial de beneficios. La mayor parte de estas opciones tienen alguna de estas dos composiciones:

1. Un contrato forward más una opción. Por ejemplo, los "break forward" que analizamos en el capítulo siete.
2. Una cartera de opciones compradas y vendidas. Por ejemplo, los "range forward" y opciones "túnel" en divisas, los collares de tipos de interés, etc. Este tipo de estructura, también se utiliza en los mercado O.T.C. de opciones sobre acciones e índices bursátiles, con la denominación de opciones con un CAP (límite máximo de precio del subyacente al ejercicio), opciones con un FLOOR (límite mínimo del precio del subyacente al ejercicio) y opciones con un COLLAR (límites máximos y mínimos al ejercicio

Las opciones exóticas son aquellas cuyo valor de ejercicio tiene un patrón de comportamiento completamente diferente al de las opciones tradicionales.

Adaptando la clasificación de Rubinstein (1990), podemos distinguir cuatro modalidades de opciones exóticas:

1. Opciones compuestas u opciones sobre opciones.
2. Opciones con un valor dependiente de la evolución histórica de los precios del subyacente como las denominadas opciones asiáticas.
3. Opciones condicionales.
4. Opciones sobre varios subyacentes. (PLF)

opción fuera del dinero (OTM). Dependiendo de la relación entre el precio de ejercicio de la opción (precio al que el comprador de la opción tiene el derecho de compra (opción *call*) o de venta (opción *put*)) con la cotización del activo subyacente. Una opción *call* estará fuera del dinero, o *out of the Money* (OTM), cuando el precio de ejercicio sea mayor que el precio del activo subyacente en el momento de la valoración. Una opción *put* estará fuera del dinero, o *out of the money*, cuando el precio de ejercicio sea menor que el precio del activo subyacente en el momento de la valoración. En ninguno de los casos compensaría ejercer la opción. *Véase*, opciones y opción en el dinero. (SRC)

opción de compra. Opción que confiere el derecho a su comprador, pero no la obligación, de adquirir un activo financiero (acciones, divisas...) o real a un precio de ejercicio predeterminado en (opción europeo) o antes (opción tipo americano) de la fecha de vencimiento. (JJDH)

opciones. Producto financiero derivado que confiere un derecho al que lo compra y una obligación al que lo vende. Las opciones tienen un precio, denominado prima, que es al que se intercambia en el mercado, cuya evolución va a depender de la variación del precio del activo al que va vinculado, o activo subyacente, de la fecha de vencimiento del contrato, de la volatilidad del mercado, de los tipos de interés, entre otras variables. Las opciones tiene diferentes clasificaciones, según sean de compra (*call*) o de venta (*put*); según la posibilidad de ejercicio pueden ser europeas o americanas. *Véase*, opción europea, opción americana. (SRC)

opciones asiáticas. Opciones cuyo precio de liquidación es la media de varios precios tomados en momentos diferentes del tiempo. Muy utilizadas en la distribución de fondos garantizados referenciados a acciones o índices bursátiles para impedir la manipulación de los precios, evitando que la referencia para liquidar sea únicamente la de un día en el momento de cierre del mercado. (RAS)

opciones barrera. Es una opción que otorga a su comprador el derecho de comprar o vender un activo determinado solo si el precio del activo subyacente alcanza o no un determinado valor (nivel barrera) en cualquier momento de la vida de la opción, en cuyo caso se activa o desactiva dicho derecho. Estas opciones pueden adoptar las siguientes modalidades:

DOWN	IN	en este caso el derecho aparece si el precio del subyacente baja hasta el nivel de la barrera.
DOWN	OUT	en este caso el derecho desaparece si el precio del subyacente baja hasta el nivel de la barrera.
UP	IN	en este caso el derecho aparece si el precio del subyacente sube hasta el nivel de la barrera.
UP	OUT	en este caso el derecho desaparece si el precio del subyacente sube hasta el nivel de la barrera.

(RAS)

opciones financieras. Un contrato de opciones es una acuerdo por el que se otorga a su comprador el derecho a comprar (opción *call*) o a vender (opción *put*) un activo subyacente a un precio (precio ejercicio o *strike*) y en una fecha futura fijados de antemano. Para obtener el derecho a comprar o vender se debe pagar un precio o Prima. La otra parte, el vendedor de la opción, asume la obligación de comprar o vender el activo subyacente al precio y fecha preestablecidos; y por asumir esta obligación recibe la prima. Pueden ser sencillas (en inglés *plain*, vanilla) o exóticas; según la relación entre el precio de ejercicio de la opción y el precio del activo subyacente pueden ser opción dentro del dinero, en el dinero o fuera del dinero. *Véase*, opción de compra; opción de venta; opción europea, opción americana; opción dentro del dinero, opción en el dinero u opción fuera del dinero, opción exótica, opción asiática, opciones barrera. (SCR y RAS)

opciones reales. Los proyectos empresariales requieren, a menudo, una importante inversión inicial, por lo que es fundamental la evaluación de distintas alternativas para el posible inversor. Tradicionalmente, la teoría de valoración de proyectos de inversión ha utilizado metodologías como el valor actual neto (VAN), o la tasa interna de rendimiento (TIR), basadas ambas en el descuento de los flujos de caja futuros esperados el proyecto. Posteriormente se han utilizado técnicas similares, basadas en la estimación de las distribuciones de probabilidad de los flujos de caja asociadas al proyecto, mediante técnicas aleatorias, como la simulación de Montecarlo. En estas metodologías, sin embargo, la viabilidad de los proyectos se asocia necesariamente a una decisión dicotómica: invertir ahora en el proyecto o no invertir nunca, hacerlo con una tecnología, tamaño y capacidad determinados, pero no con otros. La flexibilidad de poder invertir en el proyecto en formas distintas en un futuro incierto no está directamente contemplada en estos enfoques. Para contemplar esta situación y otras surgidas de la naturaleza flexible e incierta de la evaluación de inversiones, surge, en un primer momento el análisis de los árboles de decisión y, más modernamente, la teoría de opciones reales.

El concepto de Opciones Reales proviene de la aplicación indirecta de la metodología utilizada en la valoración de las opciones financieras, a la evaluación de proyectos de inversión, en activos no financieros (reales), considerando tanto el valor actual de los flujos de caja generados por el proyecto (metodología tradicional), como el valor de las opciones que lleve asociadas y que pueden ejercerse dependiendo del desarrollo de los acontecimientos futuros (incertidumbre).

Una opción real representa, por tanto, el derecho, pero no la obligación de ejecutar una acción (diferir, abandonar, reducir o expandir un proyecto) con un coste prefijado, durante un periodo de tiempo también predeterminado (Amram y Kulatilaka, 2000).

- El *valor de una opción real* dependería, normalmente, de cinco variables básicas (Kester, 1984):

- El *valor del activo subyacente arriesgado*: es decir, el valor actual de los flujos de caja generados por la inversión. Cuando este valor crece también lo hace el valor de la opción, pues el decisor, puede conocer su valor y también, por tanto, el valor de todas las opciones reales que dependan de aquél.
- El *precio de ejercicio o valor de la inversión*: es la cantidad de dinero invertido si se está "adquiriendo" el activo (opción call) o la cantidad de dinero recibida si se está "vendiendo" (opción put). Cuando el precio de ejercicio aumenta, el valor de la opción call (derecho a comprar) disminuye y el valor de la opción put (derecho de vender) aumenta.
- El *tiempo de vigencia de la opción*: cuanto más largo sea el tiempo del que se dispone para ejercer la opción, más aumenta el valor de dicha opción, dado que ello aumenta el rango de valores posibles del proyecto y nos permite ampliar el nivel de incertidumbre (volatilidad) y por tanto aumentar el rendimiento del capital (esperar y ver, en un mundo incierto).
- La *desviación estándar o volatilidad del valor del activo subyacente arriesgado*: si ésta volatilidad es alta, aumenta el valor de optar, al ser mayor la probabilidad de obtener valores que hagan la opción valiosa.
- La *tasa de interés libre de riesgo*: si su valor aumenta también lo hace el rendimiento del capital, al aumentar el valor del dinero difiriendo la inversión.

Las opciones que se pueden plantear son variadas, siendo las más utilizadas (Amram y Kulatilaka, 2000):

- La *opción de diferir* esta presente en la mayoría de los proyectos en los que se tiene el derecho de retrasar el comienzo de la inversión. Se trata de una call.
- La *opción de abandonar* un proyecto pagando un coste fijado: Una put.
- La *opción de reducir* la escala de producción es lo mismo que la venta de una parte del proyecto por un coste fijo, se trata también de una put.
- La *opción de expandir o ampliar* un proyecto invirtiendo más, lo que supone una call.
- Las *opciones compuestas* son aquellas cuyo valor depende del valor de otra opción Suelen ser inversiones que se realizan por etapas: diseño, ingeniería, construcción, teniendo la opción de parar, diferir o seguir al fin de cada etapa.

operación. Es el intercambio de uno o más capitales por otro(s) capital(es) en distintos momentos del tiempo. Los capitales intercambiados deben ser equivalentes según la ley financiera (basada en interés simple o compuesto) acordada a tal efecto. (AHA)

operador por cuenta ajena (*broker*). Persona o empresa que actúa como intermediario entre un comprador y un vendedor de títulos valores, a cambio de una comisión o retribución. Para ejecutar órdenes de los clientes, debe estar autorizado por el mercado bursátil en el cual se comercializa el activo (acción, bono, opción, etc.). (AHA)

operador por cuenta propia (*dealer*). Persona o empresa que se ofrece para comprar y/o vender títulos valores por su propia cuenta y riesgo; el beneficio obtenido es producto del diferencial entre el precio de compra y el precio de venta del activo. (AHA)

operación simultánea. Una operación simultánea es similar a un acuerdo de compraventa con pacto de recompra (Repo). La principal diferencia radica en que los títulos en garantía pueden ser vendidos a un tercero por el comprador de la simultánea y que su operativa está limitada a aquellas entidades que realizan funciones de creador de mercado en deuda publica. (RAS)

oportunismo. El oportunismo es reconocido por la teoría económica de las organizaciones como un supuesto básico del comportamiento de los individuos. En particular, este concepto se atribuye a la teoría de los costes de transacción, si bien la teoría de la agencia parte de la misma asunción sobre el comportamiento humano. El oportunismo, siguiendo a O. E. Williamson (1988), se refiere a la condición humana de búsqueda del interés personal que podría conducir al engaño (un supuesto más duro del considerado por Simon (1957) quién lo considera como la fragilidad en la intención de un individuo). La consecuencia de este potencial comportamiento de los individuos es que resulta difícil creer en las promesas de actuación responsable de un agente sin que existan compromisos creíbles (aunque son mecanismos muy discutidos en la teoría de los costes de transacción, los compromisos serán creíbles si son claros y observables 'ex-ante' por todos los individuos e irreversibles 'ex-post'). Además tiene dos implicaciones básicas para la economía de las organizaciones: en primer lugar, el contrato como promesa de cumplimiento del mismo es un mecanismo ingenuo y, en segundo lugar, el intercambio entre agentes exige garantías, bien de naturaleza espontánea, bien diseñadas al efecto.

Este supuesto del comportamiento humano ha servido para justificar la creación de las empresas (Williamson, 1993), el desarrollo de sistemas de incentivos en las empresas (Shleifer y Vishny, 1989) o de sistemas regulatorios (Goldberg, 1976). En finanzas, el oportunismo ha sido utilizado para justificar y comprender el diseño de mecanismos de control a directivos y accionistas (Noe y Rebello, 1996; Tirole, 2006).

El concepto de oportunismo suele ir acompañado del concepto de racionalidad limitada en la búsqueda de formas de gobierno eficientes. En concreto, el objetivo de la economía de la organización es el diseño de estructuras de gobierno que permitan reducir la racionalidad limitada de los agentes y simultáneamente proteger del riesgo de comportamientos oportunistas en la realización de transacciones. Aunque los problemas de oportunismo han sido referidos o clasificados en ocasiones como de selección adversa y riesgo moral, en realidad, el primero sería consecuencia de la asimetría de información, mientras el segundo es el que

realmente refleja el concepto de oportunismo.
Una de las críticas planteadas al uso del concepto de oportunismo en la teoría de los costes de transacción se refiere a la ausencia del concepto de confianza (Craswell, 1993). Sin embargo, los defensores de la inclusión del oportunismo como característica del comportamiento humano argumentan que es importante reconocer que no todos los individuos tienen la misma visión del interés general a largo plazo ni tienen la misma buena voluntad y todos, en ciertos momentos, están tentados de perseguir sus propios e inmediatos intereses en detrimento de los demás (Hart, 1988; Williamson, 1988). (NMC)

orden bursátil de compra–venta. Las órdenes de Bolsa, tanto de compra como de venta, son el encargo formal a un intermediario financiero (sociedades y agencias de valores autorizadas por la CNMV y entidades de crédito habilitadas) de ejecutar una operación de compra-venta de acciones, al amparo de una relación contractual. El vendedor se obliga a entregar un valor mobiliario cotizado determinado al comprador, y el comprador debe abonar al vendedor el precio determinado por la cotización bursátil del valor objeto de la operación.
Los tipos de órdenes más frecuentes son:
Teniendo en cuenta el precio:

- Limitada: se establece un precio por encima del cual no se quiere comprar o por debajo del cual no se quiere vender. El intermediario financiero debe tratar de mejorar este precio y nunca sobrepasar los límites.
- De mercado: se introducen sin límite de precio y se negocia a los mejores precios de contrapartida existente. Es una orden muy arriesgada para el inversor pues si no se negocia en el momento de su introducción o se hace parcialmente, la parte no ejecutada permanece en el sistema al precio que desee ofertar la parte contraria.
- Por lo mejor: al igual que la orden de mercado se introducen sin límite de precio y se negocian a los mejores precios de contrapartida existente. La diferencia es que si no existe contrapartida suficiente, la parte no negociada queda limitada a ese precio

Teniendo en cuenta el volumen:

- Ejecución mínima: se especifica la cantidad mínima de valores que deben ser ejecutada, el resto se trata como una orden sin restricciones. Si no existe volumen suficiente para atender ese mínimo fijado, la orden es automáticamente excluida del sistema sin ninguna negociación.
- Todo o nada: se ejecutan en su totalidad o se rechazan. Es una orden de ejecución mínima donde el mínimo es la totalidad de las acciones.
- Ejecutar o anular: el volumen de la propuesta que no se ejecuta en el momento de ser introducida en el mercado es rechazada por el sistema.
- Volumen oculto: se introducen mostrando al sistema sólo una parte del volumen a negociar. Una vez ejecutada esta parte, el resto va saliendo al mercado en paquetes previamente definidos.

Las órdenes permanecen vigentes durante el plazo que en ellas se expresen, siendo como máximo 90 días naturales desde la introducción. Si no son ejecutadas, la orden completa o el resto no negociado, se cancela automáticamente al llegar esa fecha. Cuando no se indica un plazo específico, son válidas sólo para la sesión en la que se introducen.

Las órdenes de valores se pueden dar de forma presencial, telefónicamente, por fax o internet. Las órdenes deberán ser claras y con un contenido perfectamente identificable, en donde se establezca: identidad del ordenante, tipo de operación (compra o venta), identificación de los valores comprados o vendidos, cantidad de valores, plazo de validez de la orden, entidad a la que se dirige la orden, forma de ejecución de la orden. (NBD)

osciladores. Modelos matemáticos, utilizados en el análisis técnico, con el fin de predecir tendencias en la cotización de un título valor. Utiliza como principales insumos el precio, el volumen y el interés abierto (si se trata de futuros u opciones) durante un periodo de tiempo determinado. Los osciladores aventajan a las medias móviles así como a las líneas de resistencia en que ofrecen las señales con antelación a éstas. Normalmente se calcula como la diferencia entre dos conjuntos de datos (por ejemplo, la diferencia entre la cotización más reciente y la cotización de la 20º sesión anterior) para medir la fuerza y la velocidad con que varía el precio de un determinado título valor. (AHA)

origen de fondos. *Véase*, estado de origen y aplicación de fondos.

***out of the money* (OTM).** *Véase*, opción fuera del dinero.

***over-the-counter* (OTC).** Operaciones realizadas al margen de los mercados organizados. *Véase*, mercado no organizado. (JJDH)

P

pagaré. Documento mediante el cual una persona física o jurídica (emisor o suscriptor) se compromete a realizar un pago a otra (tomador o beneficiario) de una cierta cantidad de dinero (nominal) en la fecha determinada en el documento. El Pagaré es transmisible por endoso sin consentimiento del deudor. En el texto del pagaré debe constar: la denominación de pagaré, la promesa incondicional del pago de una cierta cantidad de dinero y sus intereses, la fecha y lugar de emisión y de vencimiento, así como la firma del emisor y el nombre del beneficiario. (CMR)

pagaré de empresa. Son títulos que se emiten "a la orden" o al "portador" por las empresas y que constituyen promesas incondicionales de pago. Los emiten directamente las empresas para ser suscritos por inversores primarios o institucionales. Son títulos negociables al descuento y los vencimientos suelen ser, a tres, seis o doce meses.
Se emiten sin garantía bancaria, con lo que el riesgo corre por cuenta de la empresa emisora. (AMR)

pagos. Monto que transfiere el deudor al acreedor fin de reducir o extinguir una obligación producto de una prestación acordada. (AHA)

papel comercial. Instrumento de financiación a corto plazo emitido al descuento que pueda adoptar la forma de pagaré o cualquier otro instrumento de pago aceptado en el tráfico mercantil. Su origen se encuentra en los Estados Unidos, aunque en la actualidad están extendidos por todo el mundo. Los plazos de emisión varían entre treinta días y seis meses. Se formalizan como emisiones al portador y con rendimiento implícito (emisión al descuento) pudiendo excepcionalmente colocarse con garantía hipotecaria. (MMB)

paridad. En el ámbito de los mercados financieros, relación de igualdad nominal entre el valor nominal y el efectivo de un activo.
En los mercados de divisas, el término paridad se utiliza para simplificar situaciones en las que se produce una equivalencia unitaria entre dos monedas.
Tipo de cambio de una moneda en relación a otra divisa o cesta de monedas. Dicho precio puede ser fijo o flotante.
Relación de equivalencia entre las primas de las opciones financieras de compra y venta que integran una cartera de inversión (paridad *put-call*). (JJDH)

participación. Parte del fondo o capital de una institución de inversión colectiva (IIC) o de una sociedad (de responsabilidad limitada, R.L.). Instrumento financiero que reconoce el derecho, de los partícipes en fondos o de los socios propietarios de una sociedad de R.L., sobre el fondo o capital de una institución o de una empresa. Activo financiero que posee el participe en fondos o el socio de una sociedad de R.L. Pasivo financiero de las IIC (fondos) o de las sociedades (R.L.), que captan efectivo de los ahorradores que compran participaciones. Derecho de cobro futuro que adquiere el participe en fondos o el socio de la sociedad (R.L.) Obligación de pago futura que adquiere el fondo o sociedad (R.L.) que emite las participaciones para obtener liquidez.

- *Participación social*: Activo financiero primario para la captación directa de fondos de socios o propietarios que compran las participaciones, emitidas por sociedades de responsabilidad limitada. Las participaciones sociales no son valores ni se representan en anotaciones en cuenta, a diferencia de las acciones.
- *Participación en instituciones de inversión colectiva*. Las participaciones en IIC son activos financieros secundarios, emitidos por Intermediarios Financieros que captan fondos de un amplio colectivo de ahorradores o partícipes, con el objetivo de traspasar dichos fondos a otras unidades económicas deficitarias, a través de un proceso de transformación de activos financieros, pues la IIC invierte los fondos captados en instrumentos financieros diversificados.
- *Participación en fondos de inversión*. Participación en una IIC "fondo de inversión" cuyo objetivo es invertir de forma diversificada para conseguir una rentabilidad adecuada a un nivel de riesgo.
- *Participación en planes y fondos de pensiones*: Participación en una IIC "fondo de pensiones", cuyo objetivo es garantizar el cumplimiento de las futuras obligaciones de pago contraídas con los partícipes que complementan su pensión de jubilación, del

sistema público de Seguridad Social, mediante un plan de pensiones (las aportaciones al plan de pensiones integran el fondo de pensiones). Para cumplir el objetivo de cubrir las obligaciones de pago recogidas en el plan de pensiones, el fondo de pensiones es invertido de forma diversificada para conseguir una rentabilidad adecuada a un nivel de riesgo.

- *Participaciones significativas:* Determinada proporción de acciones y/o derechos de voto (por ejemplo, 5%) de una sociedad anónima (S.A.). El accionista que posee participaciones significativas, cuando adquiere o transmite las acciones que atribuyen los derechos de voto, debe notificarlo al emisor y a la Comisión Nacional del Mercado de Valores.
- *Participaciones preferentes:* Valores emitidos por una Sociedad que no confieren participación en su capital ni derecho de voto. Instrumento financiero diferente a los valores de renta fija y a los valores de renta variable que, por sus características de liquidez, rentabilidad y riesgo, es un activo financiero complejo y arriesgado que puede provocar pérdidas al comprador. (CMR)

participación de un fondo de inversión. Es la unidad de titularidad, la cual faculta al titular a participar en los resultados de la gestión del fondo, sin derecho a voz ni a voto, desde el momento de su compra hasta el de su venta. (AHA)

participación permanente. Cuando la titularidad sobre el activo referido en el documento no se extingue en una fecha determinada. (AHA)

participaciones hipotecarias. Títulos nominativos o valores anotados en cuenta que documentan la participación de un tercero en un porcentaje determinado de un crédito hipotecario. No se consideran pasivos para los intermediarios que las emiten, sino venta de activos. En el caso de obras de infraestructura de gran envergadura, construcción o adquisición de inmuebles de elevado valor, etc., su financiación puede requerir un tamaño de préstamo que no siempre pueden ser concedidos por un sólo acreedor por falta de capacidad financiera. Por medio del sistema de participaciones hipotecarias se fracciona el crédito hipotecario entre varios acreedores, aunque sólo uno de ellos asume la titularidad externa del crédito y actúa como emisor de las participaciones. Los propietarios de las participaciones percibirán los pagos por interés y el principal, asumirán el riesgo y la entidad emisora continuará siendo legitimada para ejecutar la hipoteca. El plazo y el tipo de interés de las participaciones no pueden ser superiores a los de los créditos hipotecarios respectivos. Los títulos hipotecarios están admitidos a cotización en Bolsa (en el mercado AIAF, en mercado de la Asociación de Intermediarios de Activos Financieros). (SCR)

pasivo. El pasivo tiene una doble acepción:

- Acepción jurídico – patrimonialista (acepción clásica) El pasivo es el conjunto de las obligaciones de una empresa.

- Acepción económico – financiera. Así, pasivos son obligaciones actuales surgidas como consecuencia de sucesos pasados, para cuya extinción la empresa espera desprenderse de recursos que puedan producir beneficios o rendimientos económicos en el futuro. A estos efectos, se entienden incluidas las provisiones. Como en el caso del activo, prima el fondo sobre la forma

Cabe destacar las siguientes características que deben reunir estos elementos para formar parte del pasivo del balance:

- Los pasivos deben reconocerse en el balance, cuando sea probable que, a su vencimiento y para liquidar la obligación, deban entregarse o cederse recursos (normalmente activos) que incorporen beneficios o rendimientos económicos futuros y siempre que dichas obligaciones, se puedan valorar con fiabilidad.
- El reconocimiento contable de una pasivo implica también el reconocimiento simultáneo de un activo, la disminución de otro pasivo o el reconocimiento de un gasto u otra disminución del patrimonio neto. (TPM)

pasivos corrientes. El pasivo del balance representa las obligaciones de la empresa en un momento dado, clasificadas, verticalmente, de menor a mayor exigibilidad, término este que trata de medir la lejanía o proximidad en el tiempo de que dichas obligaciones venzan.

En la Tercera Parte del Plan General de Contabilidad de 2007, relativa a las Cuentas Anuales, de su Norma 6ª, correspondiente al balance, se señala que el pasivo corriente, comprenderá las obligaciones vinculadas al ciclo normal de explotación que la empresa espera liquidar, saldar, en el transcurso del mismo.

En el apartado C) pasivo corriente del balance se encuentran los siguientes agregados:

I. Pasivos vinculados con activos no corrientes mantenidos para la venta.

II. Provisiones a corto plazo. Pasivos que cumpliendo la definición y los criterios de registro o reconocimiento contable contenidos en el Marco Conceptual de la Contabilidad, resulten indeterminados respecto a su importe o la fecha en que se cancelarán.

III. Deudas a corto plazo. Financiación ajena instrumentada en valores negociables y acciones u otras participaciones en el capital de las empresas, considerados como pasivos financiero, cuyo vencimiento vaya a producirse en un plazo no superior a un año. Entre estos instrumentos de financiación figurarían, entre otros, las obligaciones y bonos a corto plazo, ordinarias o convertibles, las acciones o participaciones a corto plazo consideradas como pasivos financieros, etc.

IV. Deudas con empresas del grupo y asociadas a corto plazo. Deudas o financiación a corto plazo contraídas con empresas del grupo, multigrupo, asociadas y otras partes vinculadas, cualquiera que sea su forma de instrumentación, incluidas las fianzas y depósitos recibidos a corto plazo.

V. Acreedores comerciales y otras cuentas a pagar. Instrumentos financieros y cuentas a pagar originadas en el tráfico comercial de la empresa, así como las cantidades a pagar relacionadas con las Administraciones Públicas. Entre las cuentas contables utilizadas para recoger estas deudas a corto plazo, figurarían, entre otras, las de proveedores, acreedores varios, deudas con el personal, deudas con las Administraciones Públicas, etc.

VI. Periodificaciones a corto plazo. Importe neto de ingresos contabilizados en el ejercicio que se cierra y que corresponden al ejercicio siguiente. (TPM)

pasivos no corrientes. Obligaciones (exigible) actuales que tengan un periodo de liquidación en efectivo (vencimiento) superior al periodo medio de maduración o duración del ciclo normal de explotación. En general estos pasivos no corrientes son pasivos destinados a financiar de forma duradera las actividades - inversiones de la empresa cuyo vencimiento, se espera habrá de producirse en un plazo superior a un año. Por su plazo de vencimiento, los pasivos no corrientes forman parte de la llamada financiación básica o permanente de la empresa, junto con la Financiación Propia.

En el apartado B) pasivo no corriente del balance se encuentran los siguientes agregados:

I. Provisiones a largo plazo. Obligaciones expresas o tácitas a largo plazo, claramente especificadas en cuanto a su naturaleza, pero que al cierre del ejercicio, son indeterminadas en cuanto a su importe exacto o a la fecha en que se producirán. Entre otras partidas aparecen las siguientes provisiones: para retribuciones a largo plazo, para impuestos, para otras responsabilidades, por desmantelamiento, retiro o rehabilitación del inmovilizado, para actuaciones medioambientales, para reestructuraciones, por transacciones con pagos basados en instrumentos de patrimonio.

II. Deudas a largo plazo. Financiación ajena a largo plazo, instrumentada en valores negociables, acciones u otras participaciones en el capital de las empresas consideradas como pasivos financieros, deudas por préstamos recibidos y empréstitos emitidos (ordinarios o convertibles), deudas con proveedores de inmovilizado, acreedores a largo plazo etc.

III. Deudas con empresas del grupo y asociadas a largo plazo. Deudas o financiación a largo plazo, contraídas con empresas del grupo, multigrupo, asociadas y otras partes vinculadas, cualquiera que sea su forma de instrumentación, incluidas las fianzas y depósitos recibidos a corto plazo.

IV. Pasivo por impuesto diferido. Importe íntegro de los pasivos por impuestos diferidos que darán lugar en el futuro a mayores cantidades a pagar o menores cantidades a devolver por el impuesto sobre beneficios.

V. Periodificaciones a largo plazo. Importes recibido a cuenta de futuras ventas o prestación de servicios que deben imputarse como ingresos en futuros ejercicios cuando se devenguen. (TPM)

patrimonio neto. El marco conceptual de la contabilidad, define el patrimonio neto, señalando:

"*Constituye la parte residual de los activos de la empresa, una vez deducidos todos sus pasivos. Incluye las aportaciones realizadas, ya sea en el momento de su constitución o en otros posteriores, por sus socios o propietarios, que no tengan la consideración de pasivos, así como los resultados acumulados u otras variaciones que le afecten.*"

El Patrimonio Neto recoge los recursos financieros destinados a financiar, por lo general en su mayor parte, las inversiones permanentes de la empresa, las llamadas inversiones fijas o activos no corriente, es decir las inversiones a largo plazo. Forman parte del agregado Financiación Básica de la empresa.

En el apartado A) del Balance, Patrimonio Neto, se recogen los siguientes agregados:

A-1) Fondos propios. Financiación aportada por los socios o propietarios de la empresa, bien en su momento fundacional o en otros posteriores, representadas contablemente por la cuenta de Capital. También forman parte de los fondos propios la autofinanciación de la empresa derivada de los resultados positivos obtenidos y no repartidos que constituyen las Reservas.

A-2) Ajustes por cambios de valor. Ajustes por valor razonable de activos no corrientes clasificados como mantenidos para la venta, y de activos y pasivos directamente asociados.

A-3) Subvenciones, donaciones y legados recibidos. Financiación no reintegrable recibida de terceros, distintos de los socios o propietarios, destinada a financiar la inversión fija de la empresa. (TPM)

***pay-back* dinámico o descontado.** Es el período de tiempo o número de años que necesita una inversión para que el valor actualizado de los flujos netos de Caja, igualen al capital invertido. (AMR)

Pay Out. Término anglosajón que designa la parte del beneficio de una sociedad que se distribuye como dividendo. Su expresión en forma de ratio es el resultado de dividir el dividendo por el beneficio neto:

Pay Out = Dividendo por acción/beneficio neto por acción.

Por ejemplo, un pay out del 50 por ciento significa que esa empresa reparte la mitad de sus beneficios netos entre sus accionistas.

Esta ratio nos señala la política de dividendos de la empresa, que puede destinar parte o todos los beneficios para los accionistas y otra parte o todos los beneficios a las reservas para autofinanciación de la empresa. El inversor utiliza este indicador para valorar dicha política en función del horizonte temporal de su inversión, de sus expectativas de dividendos y de lo que supone de refuerzo de la estructura financiera de la empresa el incremento de sus reservas. (NBD)

peor escenario posible (*worst case scenario* -WCS). Siglas de *worst case scenario* o "Peor Escenario Posible". Metodología que evalúa la máxima pérdida en que podría incurrir una cartera, o grupo de activos/pasivos en un horizonte temporal determinado. A diferencia del valor en riesgo (VeR) que expresa el riesgo de precio en términos de la frecuencia de un nivel específico de pérdidas, WCS cuantifica dicho resultado negativo. (RAS)

PER (*price earning ratio*). Relación o ratio entre el precio al cual se cotiza una acción en bolsa, y los beneficios netos de la Sociedad. El PER de una empresa determinada puede ser comparado con los correspondientes a otras empresas del sector a fin de determinar si la acción está infravalorada o sobrevalorada. (AHA)

pérdida. En el ámbito económico, quebranto generado como consecuencia de la venta de un activo. Por extensión, menoscabo en el valor de un activo, debido a su deterioro físico o funcional. Contablemente, saldo deudor de la cuenta de pérdidas y ganancias. *Véase*, cuenta de pérdidas y ganancias. (MMB)

pérdida esperada (*expected loss*-EL). En el ámbito de los modelos *de* valoración de riesgo de crédito, Equivale a la pérdida media anual esperada que la entidad espera sufrir en una cartera sujeta a riesgo crediticio durante un determinado horizonte temporal. Se calcula como producto de PD, EAD y LGD. (RAS)

pérdida no esperada (*unexpected loss*-UL). En el ámbito de los modelos de valoración de riesgo de crédito, Diferencia entre la pérdida real y la esperada. Mide la volatilidad de las pérdidas crediticias. Depende de PD, LGD, las correlaciones entre las distintas contrapartidas y el tamaño relativo de los préstamos. (RAS)

pérdida por incumplimiento (*loss given default* –LGD. Valor de la pérdida en que se incurre en el caso de que se verifique el incumplimiento de la contraparte en una operación crediticia. (RAS)

período de mantenimiento (*holding period*). Es el horizonte temporal utilizado por la medición del valor en riesgo (VeR). Con carácter general, cuanto mayor sea el período de mantenimiento, mayor será el cambio esperado en el precio y, consecuentemente, mayor será la medida de riesgo. Teniendo en cuenta que ha de ser el período necesario para deshacer o liquidar una posición, para su determinación debe considerarse las características de las posiciones en riesgo y la liquidez de los mercados en que éstas son negociadas. (RAS)

período de observación. En el ámbito de la gestión de riesgos de mercados, es el período muestral histórico sobre el cual son observados los precios de los factores de riesgo y calculadas las volatilidades y correlaciones de sus cambios. La duración del horizonte temporal histórico puede tener un impacto significativo en la medida VeR producida por el modelo. El inconveniente de seleccionar un período corto es que solo captura "shocks" recientes, lo que conduciría a una medida de riesgo muy baja si en el período elegido se ha caracterizado por una inusual estabilidad en los mercados. Por el contrario, la desventaja asociada a un período largo es que no responde con suficiente rapidez a los cambios que se producen en los mercados. (RAS)

permuta financiera. Contrato financiero por el que dos partes acuerdan intercambiar dos corrientes de pago en la misma o en diferentes monedas. Los principales usos del swap son la reducción de los costes de financiación, la cobertura de riesgos de mercado y de crédito y la rotura de barreras de entrada a mercados crediticios y cambiarios. Las categorías básicas de permutas, se dividen en *swap* sobre tipos de interés y *swap* de divisas. *Véase, swap*. (I.R.S)

Las permutas sobre tipos de interés implican que las dos partes acuerdan intercambiar los pagos periódicos, en una misma divisa, calculados sobre un principal, pero con tipos de interés de referencia distintos, y sin efectuar libramiento de fondos correspondientes al principal, liquidándose periódicamente el diferencial de ambas corrientes de pago. En el caso más habitual (swap de cupón), el pago de una de las partes está calculado sobre un tipo variable (EURIBOR, etc.) y el de la otra es un tipo fijo. También es frecuente intercambiar flujos a tipo variable contra flujos de otra referencia variable diferente (swap de base). A partir de estas estructuras, pueden diseñarse operaciones I.R.S más complejas que incluyan opcionalidad en alguno de los flujos o amortizaciones en sus nominales (I.R.S Compuestos)

Las permutas o Swap de divisas son contratos que intercambian flujos en una divisa a un tipo fijo o variable frente a flujos en una moneda diferente a tipos fijos o variables. La distinción entre los dos flujos vendrá dada por los diferentes tipos de interés de cada divisa y la evolución de los respectivos tipos de cambio.

Al margen de las permutas financieras ligadas a flujos de intereses, existen en el mercado contratos swap vinculados a distintos subyacentes. Entre ellos cabe destacar los siguientes:

- *Equity Swap*: Una de las partes esta referenciada a tipo de interés y la otra referenciada a renta variable (*Equity*). La vinculación de un pago a renta variable puede expresarse como la variación sobre un índice, sobre una cesta de acciones, etc.)
- *Total Return Swap*: Se intercambia un flujo ligado a un tipo de interés variable por el conjunto de los flujos de un activo financiero.
- *Swaps sobre commodities*: Se permutan flujos vinculados a activos físicos o índices sobre materias primas.
- *Swaps sobre riesgo de crédito* (*Credit Default Swaps*): Una parte (compradora de protección frente al riesgo de crédito) abona pagos periódicos al vendedor, quién pagará una indemnización al comprador, si sobreviene un evento de impago sobre un activo financiero estipulado en el contrato. (MMB)

periodo medio de maduración. El periodo medio de maduración (PMM) inherente a una empresa es el tiempo (medido en días) necesita la inversión realizada en activos no líquidos afectos a la explotación del negocio para ser recuperados en forma líquida a través de su proceso o ciclo natural de inversión en condiciones normales de funcionamiento del negocio empresarial.

Si hablamos de una empresa de producción-distribución de bienes, el proceso completo de tenencia de los afectos a este proceso, conocido también como ciclo de explotación (CE) (p.e. los productos terminados) estará integrado por cuatro subprocesos consecutivos de circulación económica:

SPM = subproceso de almacenamiento en forma de materias primas u otros factores consumibles: número de días que transcurren desde la fecha en que se adquieren estos elementos hasta la fecha en la que pasan al subproceso de producción.

SP = subproceso de producción o de fabricación: número de días que transcurren desde la fecha en que se inicia el proceso de fabricación hasta la fecha en la que éste se concluye.

SV = subproceso de venta: número de días que transcurren desde la fecha en que el producto está terminado y apto para vender hasta que se vende.

SC = subproceso de cobro: número de días que transcurren desde la fecha en que el producto está vendido hasta que se cobra el importe de la venta en forma líquida.

La suma de los cuatro subperiodos indicados determinará la duración temporal del ciclo de explotación (CE) de la empresa, o sea:

CE= SPM + SP + SV + SC

Ni que decir tiene que si, por ejemplo, una empresa fabricase sobre pedido y con cobro al contado el CE se limitaría a la suma de los subperiodos de primeras materias y de producción (SPM + SP). Igualmente si, por ejemplo, fuese una empresa puramente comercial que compra mercancías y las vende en ese mismo estado y al contado, su CE se reduciría obviamente al subperíodo de venta, o sea, a SV.

En cambio, el PMM, en el sentido financiero del término, sería el CE menos el subperíodo medio de pago (medido en número de días) concedido a la empresa por los proveedores por las compras de materias primas u otros factores consumibles realizadas por ella SPP, naturalmente, salvo que la empresa pagase sus compras a proveedores al contado, es decir:

PMM = CE - SPP

El cálculo de estos dos conceptos se realiza mediante un mecanismo apropiado sobre la base de los datos contables disponibles, que consta de estas dos fases:

1ª) *Cálculo del número de rotaciones por año (Ri) de los cinco conceptos anteriores:*

- RPM: número de rotaciones anuales de las primeras materias y otros factores consumibles

  RPM = Importe monetario de las compras o consumos anuales de primeras materias y otros factores consumibles / Saldo medio del importe monetario de materias primas y otros factores consumibles
- RP: número de rotaciones anuales del proceso de fabricación

  RP = Importe monetario de los costes anuales de producción /Saldo medio del importe monetario de la producción en curso

- RV: número de rotaciones anuales de los productos vendidos
  RV = Importe monetario anual del coste de las ventas / Saldo medio del importe monetario de productos terminados
- RC: número de rotaciones anuales de las ventas a crédito:
  RC = Importe monetario anual de las ventas a crédito / Saldo medio del importe monetario de clientes
- RPP: número de rotaciones de las compras a crédito
  RPP: Importe monetario anual de las compras a crédito / Saldo medio del importe monetario de proveedores

2ª) Cálculo del número medio de días de duración de los cinco subprocesos indicados

SPM = 365/RPM ; SP = 365/ RP; SV = 365/ RV; SC = 365/RC; SPP = 365/ RPP con lo cual, la duración en número de días de los dos conceptos indicados ascendería a :

CE (Ciclo de Explotación) =
SPM + SP + SV + SC = X días

PMM (Período Medio de Maduración financiero de la empresa) = CE - SPP = Y días

La magnitud de estos dos datos es un elemento útil para el análisis financiero de la empresa, tanto para enjuiciar la evolución del comportamiento temporal mostrado por la empresa de estas magnitudes y su repercusión en la tasa de rentabilidad económica obtenida por ésta, en la medida que un aumento de las rotaciones de los activos de la empresa es un factor que favorece el aumento de la rentabilidad económica de los activos, para un mismo margen unitario de beneficios (diferencia entre precio de venta y coste de adquisición o de producción). También puede ser un instrumento útil para el análisis comparativo de rentabilidad con otras empresas competidoras, en la medida que una empresa con mayor velocidad de rotación de sus activos respecto a la de otras competidoras podrá conseguir mayores beneficios para un mismo margen de beneficios por unidad producida/ vendida. (JLCG).

pignoración. Operación por la cual se entrega un activo como garantía de una obligación o de un préstamo. (AHA)

píldora venenosa. Consiste en la emisión por parte de la empresa objetivo de un activo financiero convertible en acciones ordinarias. Dicha emisión tiene lugar cuando un inversor no deseado adquiere un paquete determinado de acciones ordinarias de dicha sociedad. La conversión en acciones ordinarias tiene lugar, a su vez, cuando dicho adquirente ha alcanzado otro porcentaje determinado del capital social de la empresa. Por ejemplo, el activo convertible se emite cuando alguien no deseado por la directiva adquiere el 10% del capital social y su conversión tiene lugar cuando alcanza el 40%.

El activo financiero convertible puede tomar las siguientes formas: acciones preferentes convertibles, obligaciones convertibles o, incluso, opciones de compra sobre las propias acciones ordinarias. La clave de su efectividad descansa en las especiales características de conversión y amortización, que reducen significativamente el control que el agresor tiene sobre la empresa objetivo. (JMPI)

píldora venenosa suicida. Es una obligación que figura en los estatutos de la empresa objetivo por la que en caso de que cambie el control de la empresa, los nuevos propietarios deberán reembolsar en un período de unos tres meses, toda la deuda de la compañía y los intereses de la misma, lo que le obliga a buscar una financiación extra para hacer frente a este pago extraordinario. (JMPI)

pipeline risk. Riesgo de que las condiciones adversas del mercado impidan al originador de una determinada operación (por ejemplo, de un LBO), sindicarla o colocarla entre otros inversores pese a haber asumido ya la deuda. (RAS)

plan de inversión. Secuencia de actuaciones previstas para alcanzar los objetivos planteados por el plan financiero de la empresa. Usualmente un plan de inversión en activos reales y financieros comprende las siguientes fases para su realización: definir el objetivo y tiempo estimado para su logro y determinar la estructura de activos a adquirir o a vender. Los planes de inversión son de carácter plurianual y se concretan en el correspondiente presupuesto de inversiones. (AHA)

planificación financiera. Estrategia para alcanzar las metas financieras de la empresa. Debe incluir: (a) las oportunidades de inversión seleccionadas (b) un análisis de las diferencias entre las metas y el estado financiero actual de la empresa, a fin de determinar el monto de recursos ajenos a utilizar (c) las acciones que necesita adoptar la empresa para lograr sus objetivos financieros, incluyendo los recursos monetarios para retribuir a los accionistas. Aún cuando los planes varían, dependiendo del tamaño y productos de la empresa, hay algunos elementos comunes: (1) Pronóstico de ventas; (2) estados pro forma de: balances, pérdidas y ganancias, así como de fuentes y usos de fondos; (3) Proyección del capital a invertir, así como del fondo de maniobra necesario; (4) Política de emisión y retribución de recursos propios y ajenos; (5) Supuestos sobre el entorno económico para el período planificado (tipos de interés, etc.). (AHA)

plan de pensiones. Producto financiero que da derecho a las personas que lo suscriben a recibir una renta por jubilación, invalidez o fallecimiento. Es un modelo de previsión voluntario y complementario del sistema público de pensiones. Sirve para que la persona que lo contrata construya a lo largo de su vida laboral un fondo económico con aportaciones periódicas, que se cobrará en el momento de la jubilación o contingencia prevista. Los planes de pensiones de empleo y asociados deben constituir una *Comisión de Control* formada por representantes del promotor o promotores y representantes de los partícipes y, en su caso, de los beneficiarios.

En los planes individuales el promotor tiene asignadas funciones que en las otras modalidades corresponden a la *Comisión de Control:* supervisa el cumplimiento de los derechos de partícipes y beneficiarios, selecciona el actuario, y representa judicial y extrajudicialmente los intereses de los intervinientes.

Sus funciones son principalmente: Supervisar el cumplimiento del Plan en cuanto a los derechos de sus partícipes y beneficiarios. Seleccionar el actuario para la revisión del Plan. Nombrar a sus representantes en la Comisión de Control del Fondo al que se adscriba el Plan. Representar judicial y extrajudicialmente los intereses colectivos de los partícipes y beneficiarios en relación con el Plan. Proponer y, en su caso, decidir en las demás cuestiones sobre las que la normativa le atribuye competencia.

Las *modalidades de planes de pensiones*, según los sujetos constituyentes, son:

- *Sistema de empleo*. Se conciertan entre una entidad o empresa (promotor) y sus empleados (partícipes). Las aportaciones pueden ser realizadas por ambas partes. El promotor sólo puede serlo de un único plan de este tipo, al cual son susceptibles de adherirse como partícipes exclusivamente los empleados de la empresa promotora, incluido el personal con relación laboral de carácter especial. También podrán ser partícipes los socios trabajadores y socios de trabajo en el caso de planes de empleo promovidos por sociedades cooperativas y laborales. Asimismo, existe la posibilidad de que el empresario individual sea partícipe de un plan de empleo promovido por él mismo a favor de sus empleados. Además, se prevé la posibilidad de otras modalidades:
  - planes promovidos conjuntamente por varias empresas; - planes de pensiones de grupos de empresas;
  - planes de pequeñas y medianas empresas;
  - planes de empresas cuyos compromisos de pensiones sean de ámbito supraempresarial;
  - subplanes de pensiones dentro de un mismo plan de sistema de empleo, aun cuando tengan diferentes modalidades, aportaciones o prestaciones.
- *Sistema asociado*. En ellos el promotor es una asociación o sindicato, siendo los partícipes sus asociados, miembros o afiliados. Las aportaciones son sólo realizadas por estos últimos.
- *Sistema individual*. Sus promotores son una o varias entidades financieras (bancos, cajas, compañías de seguros...) y los partícipes cualquier persona física. Solamente existen aportaciones de los participes. A su vez, en razón de las obligaciones estipuladas, los planes pueden ser:
  - De *prestación definida*, cuando se define como objeto la cuantía de las prestaciones a percibir por los beneficiarios (cantidad fija o variable, porcentaje del último salario, complemento a la pensión de la Seguridad Social, etc.). En función del objetivo, la aportación anual se calcula actuarialmente.

- De aportación definida, en los que se conoce previamente la cuantía de las aportaciones (cantidad fija o variable, porcentaje sobre salarios, beneficios, etc.). El importe de las prestaciones depende de los derechos consolidados del partícipe en el momento del acaecimiento de la contingencia cubierta por el plan, según las aportaciones realizadas y las rentabilidades obtenidas. Los planes del sistema individual sólo pueden ser de esta modalidad.
- Planes mixtos, cuyo objeto es, simultáneamente, la cuantía de la prestación y de la contribución. (LFA)

plazo de recuperación (*pay back*). El plazo de recuperación o *pay back* se define como el tiempo que se tarda en recuperar el desembolso inicial realizado en una inversión. Es un método de Valoración de proyectos de inversión de tipo estático ya que no actualiza los flujos netos de caja.
De acuerdo con este criterio, los proyectos de inversión se considerarán efectuables cuando su valor sea inferior a un plazo máximo determinado por la empresa, siendo preferibles los que ofrezcan una recuperación más rápida del desembolso, es decir, aquellos que tengan un plazo de recuperación menor. Este método valora más la liquidez que la rentabilidad del proyecto. Se conoce como plazo de recuperación corregido o descontado el calculado mediante los flujos de caja del proyecto actualizados. *Véase*, *pay back* dinámico. (AMR).

póliza de crédito. Se entiende por crédito o póliza de crédito el contrato a través del cual, la entidad financiera que actúa como prestamista pone a disposición del beneficiario fondos hasta un límite y por un plazo determinado. Los intereses se liquidarán de forma periódica sobre los importes de los que se haya dispuesto, así como las comisiones acordadas. La operación se instrumenta, habitualmente, en una cuenta corriente, lo cual supone una ventaja añadida para el beneficiario, al poder éste disminuir su deuda con la entidad financiera a través de los ingresos que pudiese realizar en dicha cuenta, y de esta manera reducir el pago por intereses, al pagarse éstos por las cantidades dispuestas.
Los créditos se formalizan en documentos denominados pólizas, que han de ser intervenidos por fedatario público, esta es la causa de que comúnmente se les conozca como pólizas de crédito. Normalmente suelen tener una duración anual renovándose, si se estima necesario, a su vencimiento.
Véase, línea de crédito. (AMR)

posición. Saldo deudor o acreedor que exhibe la cuenta de una persona o entidad en la contabilidad de otra persona o entidad. Se usa tanto en cuentas en moneda local como en divisas. En el ámbito bursátil, se refiere a la disposición a vender o a comprar la cual depende de las expectativas de la tendencia del mercado. En el argot financiero, también hace referencia a la asunción de una posición en el mercado. Una posición abierta implica asumir un riesgo al adquirir un activo cuyo valor puede variar en el mercado. El riesgo adoptado al mantener una posición puede liquidarse o limitarse, mediante operaciones de cobertura en los mercados a plazo, de futuros y opciones. *abierta*. En el lenguaje de los mercados de futuros y opciones tiene uno de los dos siguientes significados: obligación vigente de entrega (posición abierta compradora) en virtud de una compraventa a plazo por otorgamiento de contratos normalizados. En relación con los activos y pasivos en divisas significa que hay un desnivel en volumen, dando lugar a que se incurra en un riesgo de cambio. *acreedora*. Cuando el haber supera al debe. *al contado*. La que se refiere a todos los componentes del balance en divisas, a la vista y hasta dos días. *bajista*. En análisis técnico bursátil, cotización desde la que se espera un descenso en el precio de un activo. *contracíclica*. En el ámbito bursátil estrategia de adoptar una posición de operación opuesta a las expectativas generales del mercado. *corta*. Tiene distintas acepciones según el mercado en el cual se utilice. En el mercado de contado, la posición corta significa que se quiere adquirir un determinado activo. En los mercados derivados de opciones y futuros estar corto significa que se posee saldo neto vendedor; es decir, el que emite contratos. *corta en opciones*. Es la postura de un operador que espera que el precio de las opciones baje en el futuro. *de dinero*. En el mercado de valores, exceso de demanda que deja sin ejecutar ofertas de compra al final de la sesión, con el objetivo de proteger al pequeño inversionista y evitar oscilaciones bruscas de la cotización. *de divisas*. Saldos activos o pasivos que se mantienen en cada una de las divisas en los diferentes mercados en los que se opera. *de papel*. Situación, en los mercados de valores, en la que la oferta de valores mobiliarios (papel) es superior a la demanda. *de valores*. Se refiere a los valores adquiridos por un inversor, así como a los que tiene depositados en una entidad. *deudora*. Situación contable en la que el debe supera al haber. *económica*. capacidad de una empresa para generar beneficios. *económico-financiera*. Capacidad económica y financiera de una empresa. *estructural*. Es la posición, en divisas, establecida por cada tipo de moneda. Puede denominarse también así a una posición estructural que contemple la descomposición, por plazos, por cada una de las divisas. *financiera*. capacidad de una empresa para reembolsar las deudas financieras que mantiene, cualquiera que sea el plazo de vencimiento. *intradía*. Posición abierta, en divisas, durante un momento determinado de la jornada bursátil. *larga*. En el ámbito bursátil, se refiere a un inversor u operador que posee títulos valores, en espera de una subida de precios. En el mercado de contado, estar en posición larga significa que se posee un determinado activo físico o financiero. En los mercados de opciones y futuros, estar largo significa que se adquieren contratos. Se denomina así a la posición de divisas en las que el volumen de la posición de pasivo es mayor que el de la posición de activo, dirigiéndose esta asimetría por el salto entre ambas posiciones. *larga en opciones*. Posición de un inversor con la expectativa de un aumento del precio de las opciones, por lo cual adquiere hoy una opción a precio bajo para entregar en el futuro. (AHA)

posición corta. Aquella en la cual el inversor se beneficia de una disminución en el precio del activo o del activo subyacente. Generalmente la adopta quien vende un derivado. (AHA)

posición larga. Aquella en la cual el inversor se beneficia de un aumento en el precio del activo o del activo subyacente. Generalmente involucra la compra de un activo o de un derivado. (AHA)

precio de comprador, precio de demanda, (*bid price*). Precio al que un agente económico está dispuesto a adquirir de un activo. (JJDH)

precio de contado. Precio de un activo para entrega inmediata; normalmente se considera al contado cualquier transacción cuya liquidación se efectúa en los dos días hábiles siguientes a la fecha de contratación. (AHA)

precio de conversión. Precio de canje de un bono/obligación convertible por otro activo financiero (Acción, Bono,...) que se canjea por obligaciones/bonos convertibles u otros activos financieros. Se calcula multiplicando el número de activos financieros que se necesitan para acudir a la conversión multiplicado por el precio del activo a convertir. (JJDH)

precio del vendedor, precio de oferta (*Ask Price*). Precio al que un agente económico está dispuesto a vender un activo financiero en el mercado. (JJDH)

precio de ejercicio (*Strike Price*). Precio al que se puede ejercer (ejecutar) una opción. Es el precio al que se puede comprar o vender el activo subyacente. (JJDH)

precio de emisión. Precio a que se ofrece una emisión de activos financieros. En los mercados de deuda la emisión puede realizar sobre la par, a la par o por debajo de la par. También se puede expresar como porcentaje del importe nominal de la emisión. La emisión de acciones el precio de colocación puede coincidir con el valor nominal del título (emisión a la par) o bien ser superior a este (con prima de emisión). (JJDH)

precio de futuro. Cotización de un contrato de compraventa diferido en el tiempo, sobre un activo que se negocia dentro de un mercado derivado organizado (Mercado de Futuros). La relación entre éste y el precio de contado del activo subyacente (conocida como base), muestra el potencial de arbitraje que tiene el instrumento a futuro, siendo utilizado también como una medida de la viabilidad de las coberturas que eventualmente puedan adoptarse. Llegado el vencimiento del derivado, el precio del futuro se iguala a la cotización al contado del activo subyacente. (MMB)

precio de transferencia. Precio de realización de las transacciones internas de compra-venta entre empresas pertenecientes a un mismo grupo, nacional o internacional (empresas multinacionales). (JJDH)

precio del comprador, precio de demanda (*bid price*). Precio al que un agente económica esta dispuesto a adquirir un activo. (JJDH)

precio de la acción. Importe Monetario necesario para adquirir un título valor que representa una parte alícuota del capital social de una sociedad. (AHA)

prenda. La prenda es un derecho real de garantía que tiene como función accesoria el asegurar al acreedor el cumplimiento y satisfacción de su crédito, mediante un poder especial que se le confiere sobre la cosa dada en garantía. La prenda es por tanto la "cosa" que garantiza la seguridad o el cumplimiento de una obligación. (IMTE)

prestamista. Término utilizado para definir (referirse a) al agente económico que concede un préstamo. (JJDH)

préstamo. Operación financiera de amortización de un capital o valor actual que recibe un prestatario (deudor de la operación) y entrega un prestamista (acreedor de la operación). Operación de amortización con distintos sistemas o formas de devolución, al prestamista, del valor actual del préstamo y de los intereses. *préstamo simple*: préstamo que se amortiza con un único pago equivalente a la suma del valor actual del préstamo y los intereses. *préstamo a tipo fijo*: préstamo que se amortiza con pagos periódicos calculados para un tipo de interés fijo o igual todos los períodos. *préstamo a tipo variable*: préstamo que se amortiza con pagos periódicos calculados para un tipo de interés variable (un tipo o índice de referencia más un diferencial o prima de riesgo) distinto en cada período de la operación. *préstamo francés o de pagos constantes*: préstamo que se amortiza con pagos periódicos constantes calculados como suma de cuotas de interés decrecientes y cuotas de amortización crecientes. *préstamo americano o de cuotas de interés constantes*: préstamo que se amortiza con pagos periódicos constantes e iguales a las cuotas de interés constantes, excepto el último pago que es suma de la cuota de interés y la única cuota de amortización (equivalente al valor actual del préstamo). *préstamo de cuotas de amortización constantes*: préstamo que se amortiza con pagos periódicos decrecientes calculados como suma de cuotas de interés decrecientes y cuotas de amortización constantes e iguales al cociente del valor actual del préstamo entre el número de períodos de la operación. (CMR)

préstamo de valores. Por préstamo de valores se entiende la práctica de mercado que conlleva el traspaso temporal de títulos, a cambio de una comisión, por parte del prestador o prestamista, a un prestatario o tomador, estando este último obligado a la devolución de los mismos, bien cuando le sean solicitados o al concluir un plazo de tiempo previamente acordado.

Legalmente, se trata de una transferencia total de la propiedad del título (venta), contra garantía de devolución de valores equivalentes. Normalmente el tomador del préstamo garantiza la operación aportando efectivo u otros valores de igual o superior valor al de los prestados. De esta forma, el prestamista se protege contra el riesgo crediticio asociado al tomador.

Hay una serie de consecuencias relevantes derivadas de la naturaleza de las operaciones de préstamo de valores:

- La titularidad, sobre los valores prestados como sobre los que sirven como garantía, se transfiere de forma total entre las partes. Por ello, dichos valores pueden venderse de forma definitiva o volver a darse "en préstamo". Ambas prácticas son habituales y forman parte del funcionamiento intrínseco del mercado.
- Una vez adquiridos los valores, el nuevo propietario tiene determinados derechos sobre los mismos. Por ejemplo, tiene derecho a venderlos o prestarlos a otra parte, así como a participar en las juntas generales de accionistas.
- El tomador tiene derecho a disfrutar de los beneficios económicos que se derivan de la propiedad de los títulos prestados (como por ejemplo, el cobro de dividendos). Sin embargo, el acuerdo de préstamo habrá establecido ("fabricado") un sistema de pagos equivalentes y obligatorios que compensen al prestamista de los títulos.
- El prestamista de los valores no tiene la propiedad de los mismos, y no cuenta por tanto con derechos de voto. Aún así, sigue estando expuesto a las variaciones de su precio, ya que el tomador puede devolverlos a un precio acordado previamente. El prestamista se reserva normalmente el derecho a solicitar la devolución por parte del tomador de títulos equivalentes, y ejercerá este derecho si desea votar. Por otra parte, tomar acciones en préstamo de valores con el objetivo específico de influir en una votación de accionistas no se considera una práctica de mercado aceptable. (IMTE)

préstamo multidivisa. Préstamo que puede ser dispuesto en cualquiera de las monedas estipuladas en el contrato. Habitualmente la elección de la moneda de pago de las cuotas (principal y/o intereses) corresponde al prestatario. (JJDH)

prestamos participativos. Constituyen un instrumento de cuasicapital en el concurren rasgos característicos tanto de los fondos propios como de la deuda. Dos son los rasgos distintivos que caracterizan este tipo de operaciones: de un lado, la naturaleza de la remuneración y, de otro lado, su carácter subordinado. Desde el punto de vista de la remuneración, la entidad prestamista recibirá unos intereses variables que se establecerán en virtud de alguna variable o conjunto de variables representativas de la evolución de la actividad empresarial (tramo participativo). Además el prestamista podrá fijar un interés mínimo con independencia de la evolución de la actividad empresarial. Dicho tramo se establecerá a un tipo de interés fijo o variable de acuerdo a un tipo de referencia de mercado. Como deuda subordinada, en el orden de prelación del cobro, los acreedores por préstamos participativos se sitúan detrás de los acreedores ordinarios. Además de rasgos distintivos también debemos destacar que: 1) son operaciones con vencimiento largo plazo (entre 5 y 10 años) en los que, normalmente se contemplan largos periodos de carencia; 2) como instrumento de deuda, los intereses, tanto la parte correspondiente al tramo mínimo como al tramo participativo son considerados partida deducible a efectos del impuesto que grava la renta de sociedades del prestatario; y 3) las partes contratantes pueden acordar el establecimiento de cláusulas de penalización que restrinjan la amortización anticipada. Así, el prestatario sólo podrá amortizar anticipadamente el préstamo participativo si dicha amortización se compensa con un incremento en la misma cuantía en sus fondos propios y siempre que dicho incremento no provenga de la actualización de activos. En España esta modalidad de préstamo tuvo su origen en la década de los setenta como instrumento de apoyo a las empresas en procesos de reconversión industrial. En los últimos años la administración ha apostado por esta clase de préstamos como fórmula financiera adecuada para paliar las graves dificultades financieras que sufren muchas PYME, especialmente en sus estadios iniciales de desarrollo. (LCP).

préstamo sindicado. Préstamo bancario concedido por dos o más bancos, en el que uno de ellos participa como director o jefe de fila. El tipo de interés suele ser flexible (tipo de referencia, revisable periódicamente más un margen) y referido a la moneda en que está denominado el préstamo. (JJDH)

prestatario. Persona que recibe un préstamo o emite una obligación y adquiere el compromiso de su devolución y pago de los correspondientes intereses.(JJDH)

prima. Importe de la diferencia entre el valor de un título a la par y el precio al que se emite. En el mercado de opciones cantidad a pagar por el derecho a ejercer al precio de ejercicio estipulado en el contrato (JJDH)

prima de conversión. Diferencia entre el precio del mercado de un activo por el que se canjea una obligación convertible y su precio de conversión. (JJDH)

prima de emisión. Exceso sobre el valor nominal de emisión que debe pagarse en una ampliación de capital con el fin de compensar a los accionistas actuales de una empresa. (AHA)

prima de liquidez. Monto o tipo de interés adicional exigido por el inversor para compensar la menor facilidad para vender un activo en el mercado. (AHA)

prima de riesgo. La prima de riesgo, también denominada riesgo país o diferencial de deuda soberana es el sobreprecio que paga un país en los mercados por la deuda que emite en comparación con

el tipo de interés que pagan otros países. De tal manera que cuanto mayor sea el riesgo de un país, el tipo de interés de su deuda será más elevado. El cálculo de este diferencial se hace tomando como referencia el tipo de interés más bajo de la deuda soberana a nivel internacional, que corresponde con el que arroja el país considerado menos arriesgado (en general EEUU). En el caso de España y de la Eurozona en general, la prima de riesgo sería la diferencia que existe entre el tipo de interés al que coloca España sus bonos a diez años en el mercado y el que paga Alemania por los suyos.
Diferencia entre el tipo de interés de mercado (pactado por una operación de préstamo o en emisiones de obligaciones o bonos de empresas, por ejemplo) y el tipo de interés de un activo libre de riesgo o no arriesgado. Esta diferencia o prima compensa por el posible riesgo de no cumplimiento en lo referente al pago de intereses y devolución del principal. También puede emplearse este término para referirse a la diferencia de rentabilidad entre dos activos de características similares excepto en lo referente al riesgo de recuperar la cantidad invertida y/o los intereses devengados. (JJDH)

prima por riesgo. *Véase* el término anterior.

principal. Monto al cual se aplica el tipo de interés a fin de remunerar al tenedor de un activo financiero (bono, préstamo, etc…). (AHA)

probabilidad de transición. En el ámbito de la valoración del riesgo de crédito, probabilidad de que un acreditado cambie de rating en el horizonte temporal considerado. (RAS)

proceso presupuestario. El proceso presupuestario se lleva a cabo en dos etapas: presupuestación y control presupuestario.
La presupuestación consiste en la valoración económica del plan operativo para un determinado periodo a c/p, la cual se lleva a cabo mediante el establecimiento de los presupuestos de la empresa. Conlleva estimaciones precisas sobre ingresos y gastos, y se encuentra limitada por los recursos de los que dispone la empresa. Requiere especificar el responsable de los planes diseñados en los centros de responsabilidad y persigue coordinar, evaluar y controlar el conjunto de planes de acción que se tienen que realizar a corto plazo, para alcanzar los objetivos definidos en la planificación estratégica.
Algunas de las técnicas de presupuestación más conocidas son los llamados "presupuestos rígidos" y "presupuestos flexibles".
El presupuesto rígido o fijo consiste en la preparación de un presupuesto para un determinado volumen de actividad estimado. Resultan pertinentes en aquellas empresas en donde, aunque no se cumpla con exactitud el nivel de actividad señalado a priori, las desviaciones no son importantes, o en aquellas en las que se sabe que, aunque no se haya alcanzado el plan, sin embargo, se debía haber alcanzado, y en consecuencia se deben pedir responsabilidades, no de las desviaciones que puedan presen-

tarse en función del nivel real, sino en función del nivel estimado.
El presupuesto flexible o variable supone la elaboración de un conjunto de planes presupuestarios alternativos que se corresponden con los diferentes niveles de actividad previstos, conceptuados como una serie de rangos alternativos de actividad. Puede considerarse que el presupuesto flexible consta realmente de dos partes: la primera es un presupuesto fijo compuesto por costes fijos y por mixtos, en su componente fijo, y la segunda parte es un presupuesto verdaderamente flexible, ya que está integrado por costes variables.
El control presupuestario es un proceso metódico y regular de comparación entre las ejecuciones y las programaciones contenidas en los presupuestos, con el propósito de determinar y analizar las causas que puedan haber motivado la aparición de las diferencias entre los datos y aplicar las medidas que permitan prever los hechos probables y establecer programas racionales de acción. (BPG)

productos estructurados. Combinación de instrumentos financieros con diferentes niveles de complejidad y especialización que pueden definirse, en términos generales, como la combinación de dos o más instrumentos financieros generalmente incluyendo activos de renta fija y derivados. Están diseñados para proporcionar características específicas en términos de plazo, calidad crediticia y acceso a una variedad de mercados. A través de estas combinaciones es posible acotar el potencial de beneficios/pérdidas a parámetros preestablecidos. Las posibles clasificaciones incluyen:

- Según las garantías para el inversor:
  - Principal garantizado al 100%
  - Sin garantizar el principal total o parcialmente.
- Según la modalidad de percibir el rendimiento: Estructuras con rendimientos implícitos (cupón cero), explícitos y mixtos.
- Según la tipología de la estrategia:
  - Direccionales
  - Diferenciales
  - De volatilidad
- Según los activos subyacentes: Renta Variable, Renta Fija, Commodities, Divisas, e, incluso, Fondos de Inversión y Hedge Funds.

promedios moviles (*exponential weighting moving average* - EWAM). Siglas de *exponential weighting moving average* o promedios móviles exponencialmente ponderados. Se trata de un método para realizar predicciones de volatilidades y correlaciones (varianzas-covarianzas) - basadas en información histórica - que asume que los parámetros no son constantes a lo largo del tiempo, y que para realizar las estimaciones de los valores futuros de varianzas y covarianzas emplea una media móvil que otorga mayor importancia a las observaciones más recientes (pondera las observaciones de la serie financiera de forma diferente). Es el método que propone JP Morgan en *RiskMetrics*. (RAS)

puesta en equivalencia. No es un método de consolidación propiamente

dicho, sino un procedimiento de valoración de la cartera de participación financiera que posean las sociedades del grupo de las llamadas sociedades asociadas. En este contexto de la consolidación de cuentas, sociedades asociadas son aquéllas en las que una o varias de las sociedades del grupo ejercen una influencia significativa en su gestión. Para que exista influencia significativa en la asociada se deben cumplir estos dos requisitos: a) participación en el capital de la asociada en las Normas de Formulación de las Cuentas Anuales Consolidadas (NFCAC), distinto de la valoración de dicha cartera en las Cuentas Anuales individuales de las respectivas sociedades del grupo tenedoras de participaciones en sociedades asociadas, y a efectos exclusivamente de presentación de las Cuentas Anuales Consolidadas (CAC) del grupo.
Según el procedimiento de valoración de puesta en equivalencia (también llamado método de la participación) de las Participaciones Financieras en las sociedades asociadas, en esencia, éstas se valorarán en las CAC al valor teórico contable (cifra del Patrimonio Neto) correspondiente al porcentaje de participación de participación en el capital de la asociada detentado por la o las sociedades del grupo, una vez realizados los ajustes pertinentes que señalan las NFCAC para esta situación, mostrándose las diferencias valorativas, con respecto a la valoración de dichas Participaciones financieras en las Cuentas Anuales individuales, como aumentos o disminuciones de la cifra del Patrimonio Neto consolidado del grupo, o incluso incorporándose a la cifra de los Resultados Consolidados del periodo, según las prescripciones específicas contempladas dentro de las NFCAC para la variada casuística sobre estas situaciones. (JLCG).

punto básico (*basic point*). Unidad mínima de cotización porcentual en los mercados financieros. Un punto básico es una centésima de un punto porcentual en la cotización de un activo financiero.. Este término se utiliza para indicar las variaciones en el tipo de interés (de un 7,00 por ciento a un 7,25 por ciento hay una diferencia de 25 juntos básicos). Centésima parte de 1% (0,0001 o 0,01%). Es la unidad mínima de cotización porcentual en los mercados financieros (JJDH y RAS)

punto muerto o umbral de rentabilidad. Importe monetario de las ventas (cifra de negocios o ingresos de explotación) anuales que una empresa debería alcanzar en un ejercicio para cubrir la totalidad de los costes variables y fijos de toda naturaleza (de producción, de comercialización, de financiación, de administración…) inherentes a sus actividades estrictas de explotación que, de acuerdo con los criterios contables correspondientes, deberían imputarse a ese ejercicio. En suma, situación en la cual la empresa obtendría un resultado de explotación nulo (ni ganancias, ni pérdidas). Se conoce también bajo la denominación inglesa *break even point*. También podría expresarse, pero sólo en el caso de una empresa de un único o servicio homogéneo y con precio de venta único, como la cantidad física de productos o servicios que la empresa debería facturar a sus clientes en un ejercicio para cubrir todos sus costes de explotación (fijos y variables) imputables a dicho ejercicio. Evidentemente, para una empresa que vende varios productos distintos e incluso a precios distintos según los clientes a los que se venden (mayoristas o minoristas...), existirían múltiples combinaciones posibles en cuanto a cantidades a vender de los distintos productos o de distintos precios que situarían a la empresa en el punto muerto, motivo por el cual no es posible identificar una única solución de productos/precios que situase a la empresa en el punto muerto.

En términos analíticos y en un plano estrictamente conceptual es bastante sencillo calcular el importe monetario del punto muerto de la empresa, si se parte de la hipótesis de que es fácil identificar cuáles son los costes fijos y los costes variables de una empresa y también si se conoce el precio unitario de venta utilizado:

$$[1]\ I^* = CV^* + CF$$

y si la empresa puede, según las condiciones de mercado de los productos y servicios que ofrece fijar los precios de venta de éstos, mediante la técnica de marcar un determinado porcentaje medio "x" por encima de sus costes variables, entonces se podría calcular matemáticamente la cifra de ventas o de ingresos de explotación de dicha empresa representativa del punto muerto de ésta, puesto que:

$$[2]\ I^* = CV^* (1+ x)$$

con lo cual, sustituyendo en [1] se llegaría a esta expresión para el punto muerto:

$$[3]\ CV^* (1+ x) - CV^* = CF\ CV^* = CF/x$$

y, por tanto:

$$I^* = CF/x + CF = CF (1+x)/x$$

y, para el caso de vender un único producto homogéneo y todas las unidades vendidas al mismo precio unitario de ventas, entonces se podría conocer incluso el número de unidades físicas del producto o servicio a vender o a prestar en dicho ejercicio que situaría a la empresa en su punto muerto (resultado de explotación nulo):

$$[4]\ pq^* = cv\ q^* + CF$$

con lo cual, despejando:

$$q^* = CF/[p- cv]$$

donde q^* sería el número de unidades físicas a vender en el ejercicio del producto o servicio que comercializa la empresa para alcanzar el punto muerto o de resultado de explotación nulo, siendo p el precio de venta y cv el coste variable unitario . En términos de ingresos monetarios, la cifra de punto muerto sería, pues:

$$I^* = CF.\ p/[p - cv]$$

Para una empresa que comercializa productos múltiples con precios de venta distintos para cada uno de ellos: i = (1,2,.....,n), la expresión del umbral de rentabilidad tendría la siguiente expresión algebraica, con combinaciones múltiples de cantidades y de precios de los distintos productos para alcanzar esa situación:

$$\sum_{j=1}^{n} xj\ (pj - cvj) = CF$$

En la práctica y sobre el escenario más realista de una empresa de multiproducción o multiservicios, con multiplicidad y discriminación de precios de venta, según tipos de productos y de clientes, y con dificultades para distinguir lo que son costes variables o proporcionales según el volumen de los productos o servicios producidos o vendidos, y lo que son costes fijos o estructurales, el cálculo de esta magnitud conceptual se hace obviamente mucho más difícil y complejo de determinar de manera fiable y representativa. Hay que decir que este es el escenario más verosímil o frecuente en el que se encuentran la mayoría de las empresas en la vida real. En consecuencia, esta magnitud tiene más significado conceptual que trascendencia práctica. (JLCG)

puntos *swap*. Es la diferencia entre el tipo de cambio a contado y el tipo de cambio a plazo de un par de divisas. Puede calcularse en función del diferencial de tipos de interés asociados a dos divisas. (RAS)

Q

quebranto. En términos contables, *quebranto*, con carácter general, recogería cualquier componente del Debe de la Cuenta de Pérdidas y Ganancias (Resultados del Ejercicio) es decir cualquier componente de los gastos del ejercicio, que tienen un significado de partidas que contrarrestan los ingresos y beneficios recogidos en el Haber de la Cuenta de Pérdidas y Ganancias.

En términos más delimitados, *quebranto*, recogería las minusvalías, reales o potenciales, en los valores de los componentes del Activo del Balance, es decir, en términos generales, de las inversiones. Estas reducciones de valor, estas pérdidas en el montante de las inversiones, pueden ser reales, es decir ciertas, y producirse en el momento de la realización (venta, enajenación o cobro) de dichas inversiones, identificadas dichas pérdidas por la diferencia entre el valor en libros de dichas inversiones y el montante obtenido en los procesos de realización. También, *quebranto,* puede identificarse con minusvalías potenciales, es decir no realizadas sino pérdidas estimadas. Esta manera de proceder en contabilidad registrando como del ejercicio, las pérdidas potenciales, estimadas, tiene que ver con la aplicación del principio contable de *prudencia,* que viene a señalar: "*se deberán tener en cuenta todos los riesgos, con origen en el ejercicio o en otro anterior, tan pronto sean conocidos,…..*

Estas pérdidas potenciales o *quebranto* potencial, vendrían determinadas por la diferencia entre el valor contable de la inversión y un valor de referencia, por lo general un valor objetivo de mercado. En el Plan General de Contabilidad de 2007, quebranto, sería toda aquella partida del Debe de la Cuenta de Pérdidas y Ganancias, que no forme parte de los llamados Gastos de Explotación y Gastos Financieros. Entre otros componentes podríamos destacar las siguientes:

- Pérdidas procedentes de activos no corrientes y gastos excepcionales.
- Pérdidas procedentes de activos corrientes. (TPM)

quiebra. Situación legal que puede surgir cuando la empresa no puede cumplir con las obligaciones de pago previamente contraídas. Desde un punto de vista contable la quiebra se produce cuando el Patrimonio neto es negativo (El activo es menor que las deudas contraídas por la empresa). (AHA)

R

rappel. Se suelen identificar los rappels sobre compras y *rappels* sobre ventas. Los *rappels* sobre ventas constituyen los descuentos o bonificaciones otorgados a los clientes de la empresa por haber alcanzado un determinado volumen de pedidos. Se materializan como una reducción del importe a pagar por los adquirentes de los bienes y servicios. En términos económicos netos, los rappels sobre ventas, reducen el montante de los ingresos por ventas o prestación de servicios.

Por alcance simétrico, los rappels por compras constituyen los descuentos o bonificaciones otorgados por los proveedores a la empresa por haber alcanzado un determinado nivel de pedidos. Se materializan como una reducción del importe a pagar por la empresa adquirente de los bienes y servicios a sus proveedores o suministradores. En términos económicos netos, los rappels sobre compras, reducen el montante de las compras de bienes y servicios. (TPM)

rating. *Véase*, calificación crediticia.

ratio *price to book* o p/b ratio; valor de mercado/valor contable (*market value/book value*). Puede definirse sobre los valores globales de mercado y contable de la compañía, o bien sobre el valor de mercado (cotización oficial) de una acción y el valor teórico contable de ésta, siendo el coeficiente (ratio) calculado de una u otra forma obviamente coincidentes.

Este coeficiente o ratio se calcula bajo diferentes versiones dentro de la literatura relativa al análisis financiero o bursátil, según cómo se definan concretamente las magnitudes del numerador y denominador. Además, por lo general, el dato suele calcularse sobre las correspondientes cifras de sus elementos referidas a la fecha de cierre del ejercicio contable.

En cuanto al numerador se observan dos modalidades de cálculo, según que se tome como Valor de Mercado de la compañía: a) el conjunto del valor de mercado (capitalización bursátil) de sus acciones ordinarias netas en circulación (Vk) + el valor de mercado de sus deudas o pasivos (Vl) en una determinada fecha (normalmente se calcula en la fecha de cierre del ejercicio); b) solamente se toma como valor de mercado el de sus acciones ordinarias netas en circulación.

En cuanto al denominador, igualmente se observan dos modalidades de cálculo, cada una de las cuales debe aplicarse en congruencia con la modalidad elegida para la definición del numerador. Así, si la ratio tomada en cuanto al numerador es la opción a), o sea, como valor de mercado se toma el conjunto del valor de mercado de las acciones más el de sus deudas o pasivos, entonces, en el denominador debería figurar como valor contable el de todos los activos mostrados por la compañía en su balance (A). Por contra, si se tomase la opción b) en cuanto al numerador, o sea, sólo el valor de mercado de sus acciones ordinarias, entonces como valor teórico contable del denominador debería figurar el correspondiente exclusivamente al capital-propiedad, es decir, sería el valor contable de todos los activos del balance menos el valor contable de todas sus deudas o pasivos (incluidas las provisiones reconocidas contablemente) (D).

En consecuencia, las dos versiones básicas de esta ratio que se encuentran en la literatura financiero- contable serían:

[1] (P/B) k+l = (Vk + Vl) /A

[2] (P/B) k = Vk /(A – D)

o, lo que es análogo, (P/B) k = Cotización bursátil de la acción/Valor teórico-contable de la acción

De las dos versiones básicas indicadas, la que se maneja con más frecuencia es la [2].

Hay también alguna otra versión modificada de estas expresiones, que puede encontrarse en cierta literatura sobre el tema, que propugna no tener en cuenta como activos en el denominador, los inmovilizados intangibles que tuviese la empresa reconocidos en su balance (AI). Esta modificación se apoya en la idea de que lo que pretende mostrar la expresión es la relevancia que otorga el mercado financiero a los activos intangibles de la empresa en cuanto a su potencial de generación de flujos de efectivo futuros que se dice que es lo que implícitamente viene valorado en la diferencia (Cotización bursátil -Valor teórico-contable de la acción), por lo que deberían restarse de los activos contables totales el valor de los inmovilizados intangibles que apareciesen reflejados en el balance de la compañía, aunque no parece que esta modificación sea significativa. Esta matización, sin embargo, sólo tiene significación en el plano meramente teórico, pero sin ninguna trascendencia en el plano pragmático. En suma, las versiones refinadas de [1] y [2], darían paso a estas dos variantes:

[1´] (P/B)´k+l = (Vk + Vl) /(A -AI)

[2´] (P/B)´k = Vk /(A- AI - D)

- El coeficiente o ratio "q" de Tobin

Otra variante de esta definición básica de la ratio que comentamos, es la ratio o coeficiente conocido en la literatura sobre el tema como "q" de Tobin, en la que en vez de utilizar el valor contable de los activos según balance, éstos se evaluarían a su coste presente de reposición, lo que exigiría recalcular bajo ese criterio valorativo aquellos activos mostrados en el balance que no figurasen a su valor presente de reposición, si éste valor fuese identificable de forma fiable. Es otro de los refinamientos de la ratio que se comenta, cuyo fundamento, si es que tiene sentido, seria meramente en el plano teórico o meramente especulativo, pues carecería de sentido práctico el esfuerzo de recalcular los valores de los activos de la empresa a sus supuestos costes presentes de reposición en aras de una supuesta pureza superior en el cálculo de la ratio que se comenta. En todo caso, la versión de la "q" de Tobin, calculada sobre la definición de [1] tendría la siguiente configuración matemática

[1´´] (P/B)´´k+l = (Vk + Vl) / (valorados a su coste presente de reposición)

Las referidas variantes expresivas de esta ratio tendrían exclusivamente sentido en el ámbito puramente académico, pero sin ningún interés en el plano real o pragmático, donde nos quedaríamos con la expresión más frecuente y sencilla de cálculo que sería la expresión:

[2] (P/B) k = Vk /(A – D).

La interpretación convencional que se da a esta ratio es que para valores de (P/B) k > 1, la empresa tendría, a juicio de los inversores financieros, activos intangibles o inmateriales, no contabilizados según los cánones marcados por las normas del modelo de regulación contable (PGC 2008 ò normas internacionales IASB), pero que los inversores sí incorporan a través del precio o cotización real de la acción de la compañía correspondiente (superior a su valor teórico contable en donde no estarían computados buena parte de los intangibles creados por las grandes empresas sobre todo), por ser el precio real pagado por la acción la expresión que hacen los agentes del mercado bursátil de los flujos reales de efectivo que se espera que obtengan en el futuro las acciones de una compañía cotizada.

Según esta interpretación teórica de esta ratio, el exceso de su valor por encima de 1, estaría dando señales al mercado financiero de la prima que el inversor financiero está pagando por las acciones de una empresa por encima de su valor teórico contable, calculado como se sabe sobre el valor analítico contable de los activos menos el de las deudas o pasivos mostrados en el balance de la empresa. Sin embargo, esta interpretación convencional de la ratio [2] (P/B) k = Vk/(A – D) > 1, estaría dando por sentado que el valor de mercado o capitalización bursátil de una empresa en un

momento se puede calcular a partir de la cotización de la acción en un momento dado, cuando esta cotización se alcanza a partir del intercambio de un pequeño número de las acciones en circulación que tienen una gran empresa y asimismo que la diferencia entre el valor de mercado y el valor teórico contable o en libros de esa empresa son los intangibles no contabilizados por la empresa por causa del conservadurismo contable convencional, reacio a reconocer los componentes intangibles que genera una empresa y que son los marcadores de superflujos de efectivo futuros para las acciones que captan los mercados, etc. Es evidente, que la fuerte oscilación de las cotizaciones de las acciones en cortos periodos de tiempo, que la experiencia sobre la evolución de los mercados bursátiles corrobora, vendría a desmentir o cuestionar que la referida diferencia entre ambos valores (bursátil y teórico contable) sería la expresión de esos supuestos activos intangibles no contabilizados de las compañías cotizadas.
Esta ratio se maneja habitualmente en el ámbito del análisis financiero/bursátil. Bastantes analistas y teóricos creen que puede ser utilizada para pronosticar la rentabilidad futura de una compañía por encima de la rentabilidad normal o media de las compañías cotizadas, pues se piensa que cuanto más alto sea el valor de esta ratio, tanto más el mercado está anticipando o apuntando mayor rentabilidades futuras para las acciones de una compañía respecto a las de similar riesgo, o sea, se espera que ésta cree mayor valor para sus accionistas. Sin embargo, no parece excesivamente sólida esta conjetura. (JLCG).

ratio de cobertura. Número de contratos derivados necesarios para reducir la exposición al riesgo de mercado de uno o varios activos subyacentes. (MMB)

ratio de endeudamiento. *Véase*, coeficiente de endeudamiento.

ratio de valoración. 'q' de Tobin o ratio de valoración, mide la relación entre el valor de mercado de una empresa y el valor de reposición de sus activos.
'q' = Valor de Mercado de la Empresa / Valor de Reposición del Activo
El numerador de esta relación mide el valor de la empresa en el mercado en su conjunto, incluye por lo tanto, el valor de mercado de los recursos propios y ajenos. El valor de estos recursos se puede obtener directamente del mercado para empresas cotizadas o indirectamente a través de los modelos de capitalización de beneficios y rentas financieras.
El denominador es una medida del valor de los activos de la empresa a precios de reposición, es decir, mide cuanto costaría reponer los activos de la empresa en términos de sus capacidades productivas; se trata de una medida en la que los activos se valoran no por sus costes de adquisición, que sería el coste de reproducción, sino por cuanto costaría en el mercado una cartera de activos capaz de hacer lo mismo que los que actualmente están disponibles en la empresa. Esta medida tiene en cuenta el progreso técnico, las variaciones en los precios de este tipo de activos y su antigüedad.

De los resultados de esta medida se derivan conclusiones inmediatas en términos de estrategias de inversión para la empresa. Un resultado q > 1, indica claramente que se trata de una empresa para la que el mercado valora cada unidad monetaria de inversión en más de una unidad monetaria, por lo tanto, se trata de una empresa cuyas inversiones han tenido éxito y han sido bien valoradas por el mercado; han generado elevados beneficios, han sabido aprovechar las oportunidades o han sido muy competitivas en sus negocios y áreas de actividad.

Un resultado q < 1 indica lo contrario, se trata de empresas que no han conseguido de sus procesos de inversión resultados positivos ya sea porque no han sido capaces de rentabilizar sus áreas de negocio o de aprovechar las oportunidades que se le hayan presentado o que sus negocios están en franco declive y han perdido todo su atractivo.

Resulta fácil relacionar esta medida con otras habitualmente manejadas en el análisis financiero. La rentabilidad económica mide la relación entre el beneficio económico y los activos de la empresa y el valor de mercado se obtiene de capitalizar los beneficios de la empresa a su coste de capital, en consecuencia podemos derivar la siguiente relación,

Valor Mercado =
B. Económico / Coste de Capital
Rentabilidad Económica =
B. Económico / Activo

Se obtiene que,

'q' = Rentabilidad Económica
/ Coste de Capital

de dónde se deriva que la generación de valor queda relacionada con los resultados que la empresa obtiene de tal forma que cuanto la rentabilidad obtenida de los activos supere al coste de capital la empresa estará generando valor. (MEE)

reaseguro. Instrumento técnico utilizado por empresas aseguradoras para conseguir la necesaria compensación estadística y homogeneidad cuantitativa de sus carteras de pólizas, mediante la cesión de riesgos cubiertos a terceras entidades reaseguradoras. Contrato en el que una empresa cede parte de su riesgo técnico-asegurador a otra empresa de reaseguros. Contrato que sirve a una empresa de seguro directo reasegurada para distribuir los excesos de los riesgos de más volumen entre otras entidades reaseguradoras. Contrato que permite a entidades de seguros y de reaseguros operar sobre una masa de riesgos homogéneos. (CMR)

recapitalización apalancada. Consiste en endeudar fuertemente la empresa y distribuir los recursos financieros obtenidos entre sus accionistas, bien sea comprando sus acciones y/o distribuyéndoles un importante dividendo. Este mecanismo se puede utilizar como medida defensiva ante una posible toma de control hostil o como forma de suministrar liquidez a los dueños de la compañía. Permite a la empresa actuar como su propio *caballero blanco*. (JMPI)

recompra de acciones. Proceso mediante el cual la empresa compra sus propias acciones con el fin de reducir el número de acciones en circulación. *Véase*, autocartera. (AHA)

recursos ajenos. Aquellas fuentes de financiación que representan una obligación o deuda para una empresa. Se pueden distinguir dos tipos: a corto plazo (pasivo corriente), cuando el reintegro debe efectuarse en un período igual o menor a un año. A largo plazo, (pasivo no corriente), cuando el período de devolución es superior al mencionado. (AHA)

recursos propios. Financiación constituida por aportaciones realizadas por los socios de la empresa y por la reinversión de los beneficios generados y no distribuidos. (AHA)

rédito. Rendimiento o beneficio del acreedor de una operación financiera, obtenido por la cesión de su capital al deudor de la operación. Renta de intereses periódicos o intereses únicos recibidos por el inversor como rendimiento de su capital. El capital cedido por el inversor rinde o genera intereses pagados por la persona que se financia o necesita capital en efectivo. (CMR)

reducción del capital social. Proceso mediante el cual una entidad de naturaleza jurídica societaria minora la cuantía del capital social (total del importe monetario nominal de las aportaciones de los socios) bien mediante la reducción de valor nominal de las acciones (partes alícuotas del capital social) o bien disminuyendo el número de ellas. (IPF)

regulación económica. Es el conjunto de todas aquellas medidas adoptadas por la autoridad económica del país, debidamente legitimada, que tienen por objeto o no la eliminación de trabas para que el mercado funcione en competencia y/o para influir en la asignación de recursos. (FGO)

regulación financiera. La regulación financiera parte del concepto de regulación económica y lo aplica a la industria financiera, la cual ha de ser sometida a una regulación más estricta que el resto de sectores. La regulación financiera establece normas que han de cumplir las entidades financieras en su actuación, así como normas y reglas que se han de aplicar al funcionamiento de los mercados financieros. La regulación sobre las entidades financieras aborda los siguientes aspectos: (i) normas que velan por la solvencia y seguridad de las entidades mediante exigencias en materia de recursos propios, (ii) normas que persiguen lograr buenas prácticas en la operativa de estas entidades, entre las que destacan la política de créditos, (iii) normativa sobre garantías de los derechos de los titulares de derechos sobre las entidades financieras (por ejemplo la normativa sobre seguros sobre depósitos bancarios), (iv) normas que exigen honorabilidad y profesionalidad a los principales responsables de las entidades financieras y (v) normativa sobre cumplimiento de coeficientes técnicos. En lo que respecta a la regulación sobre los mercados financieros, las normas regulatorias persiguen el buen funcionamiento de los mercados mediante la prohibición del uso de información privilegiada por algunos inversores, la correcta formación de precios y la protección de los pequeños inversores. (FGO)

relación de agencia. En el ámbito de la gestión empresarial, se entiende por relación de agencia la que surge por el encargo de una tarea remunerada por parte de un "principal" a un "agente", el cual ha de desempeñar su tarea siguiendo las directrices recibidas del principal y velando por sus intereses. La relación de agencia en la empresa a la que más atención se le ha prestado es aquella entre los accionistas (principal) y los directivos (agente). En aquellas empresas en las que no coincide el accionista con poder con el directivo surgen con frecuencia los denominados problemas de agencia. Estos problemas se producen porque: (i) hay divergencia entre los intereses de los accionistas y los directivos y (ii) los directivos controlan más información relevante del negocio que los directivos. La solución de los problemas de agencia se encuentra en la implementación de controles adecuados, los cuales tienen unos costes asociados (costes de agencia). Otro tipo de relaciones de agencia pueden establecerse entre accionistas mayoritarios (con control sobre la gestión de la empresa) y accionistas minoritarios. (FGO)

remesa. Se refiere a los fondos que repatrían los emigrantes a su país de origen. En el ámbito del comercio internacional, una remesa es el envío de una serie de documentos comerciales y financieros que permiten al acreedor iniciar los trámites para el cobro de una factura a través de una entidad bancaria. Se distingue entre remesas simples, cuando sólo se envían documentos financieros (por ejemplo, cheques o pagarés); y remesas documentarias, si se envían documentos comerciales (facturas y documentación del flete y seguro), pudiendo acompañarse o no de los documentos financieros pertinentes. (FGO)

rendimiento (*yield*). Rentabilidad de un activo financiero expresada en porcentaje. Atendiendo al tiempo de conservación del activo puede denominarse como:

- Rendimiento hasta el vencimiento. Definido como la tasa interna de rentabilidad de un activo que se posee hasta el reembolso final de todos sus flujos de caja.
- Rendimiento antes del vencimiento. Se calcula como la tasa interna de rentabilidad del activo financiero, valorado desde el momento de su compra y hasta el momento de su venta.

Véase, TIR. (MMB)

renta. Capital que se cobra o paga periódicamente, todos y cada uno de los sucesivos períodos de tiempo durante un plazo de duración de la renta. *renta anual*: capital que se cobra o paga cada uno de los sucesivos años durante un número de años de duración de la renta. *renta fraccionada*: capital que se cobra o paga cada uno de los sucesivos períodos de tiempo inferiores al año (meses, trimestres, semestres etc.) durante un plazo. *renta mensual:* capital que se cobra o paga cada uno de los sucesivos meses durante un plazo. *renta temporal*: capital que se cobra o paga cada uno de los sucesivos períodos de tiempo durante un plazo finito de duración de la renta. *renta perpetua*: capital que se cobra o paga cada uno de los sucesivos períodos de tiempo durante un plazo infinito de duración de la renta. *renta pospagable*: capital que se cobra o paga a final de cada uno de los sucesivos períodos de tiempo durante un plazo. *renta prepagable*: capital que se cobra o paga al inicio de cada uno de los sucesivos períodos de tiempo durante un plazo. *renta constante*: capital constante o fijo que se cobra o paga cada uno de los sucesivos períodos de tiempo durante un plazo. *renta variable*: capital variable, creciente o decreciente, que se cobra o paga cada uno de los sucesivos períodos de tiempo durante un plazo. *renta unitaria*: capital de una unidad monetaria que se cobra o paga cada uno de los sucesivos períodos de tiempo durante un plazo. *Valor actual de una renta unitaria*: expresión $a_{n\rceil i}$ o valor actual equivalente a una renta constante, anual, unitaria, temporal de duración "n" ejercicios, pospagable y valorada a un tipo de interés "i". *renta no unitaria*: capital que se cobra o paga cada uno de los sucesivos períodos de tiempo durante un plazo. *Valor actual de una renta no unitaria*: expresión $Ca_{n\rceil i}$. Valor actual equivalente a una renta no unitaria (de capital "C" unidades monetarias), anual, temporal, constante y pospagable. *renta diferida*: renta que se valora un número de períodos antes del cobro o pago del primer capital de la renta. *renta anticipada*: renta que se valora un número de períodos después del cobro o pago del último capital de la renta. (CMR)

rentabilidad. La actividad económica implica movilizar recursos con el objeto de generar excedentes, por tanto una medida del buen desempeño es el ratio entre excedente económico y recursos utilizados para su generación, dicho ratio se denomina rentabilidad. Las distintas medidas del excedente obtenido y de los activos utilizados nos permite obtener medidas diferenciadas de rentabilidad. Entre otras pueden citarse las siguientes.

rentabilidad económica. Ratio entre el beneficio de explotación antes de la deducción de los intereses de la deuda, referido a un periodo de tiempo y el volumen de activos de la empresa. Es una medida relativa a la contribución económica del negocio con independencia de su financiación. (FUM)

rentabilidad ajustada al riesgo (RAR) o RAPM (*risk-adjusted performance measurement*). Término genérico empleado para referirse a las técnicas de medición de los rendimientos y de la rentabilidad por medio del ajuste de aquellos por el riesgo incurrido en su obtención.
La medida rapm más difundida es la denominada raroc (*risk ajusted return on capital*), expresada como el ratio entre beneficios - deducida la pérdida

esperada (PE), que se considera como un coste- y la cantidad de capital económico (o capital en riesgo). De forma genérica:

$$RAROC = \frac{Ingresos - Costes - PE}{Capital\ Económico}$$

Las instituciones financieras utilizan este tipo de medidas para orientar las decisiones las decisiones de inversión y calcular el consumo de recursos propios necesario para cubrir las pérdidas potenciales de operaciones, negocios, segmentos, etc. (RAS)

rentabilidad de los activos (*return on asset* - ROA). Esta tasa se conoce cada vez más con las siglas ROA que corresponden al término inglés *return on assets*. Es una medida que expresa la tasa de rentabilidad económica anual que obtiene la empresa por cada unidad monetaria de activos mostrados en su balance en la fecha de cierre del ejercicio contable (también es corriente expresar esta tasa en forma porcentual, o sea, el beneficio económico obtenido sobre 100 unidades monetarias de sus activos). Esta tasa puede calcularse tanto sobre los datos contables individuales de la empresa como entidad jurídica independiente como sobre los datos contables consolidados presentados por la empresa como sociedad dominante de un grupo de sociedades.

Su expresión matemática sería la mostrada en la parte inferior de esta página.

Esta tasa de rentabilidad económica de los activos empresariales es, como se ve, independiente de que los activos estén financiados con financiación ajena (pasivos o deudas), o con financiación propia (patrimonio neto). Por ello, en el numerador de la expresión debe figurar la cifra de beneficios antes de intereses y de impuestos (BAIT), puesto que este indicador mide el excedente económico que la empresa obtiene con todos sus activos, excedente que se distribuirá entre las fuentes de financiación de esos activos (es decir, los gastos financieros que corresponden a la financiación ajena y el beneficio neto de impuestos que corresponde a la financiación propia), más la participación en ese excedente que va a parar al Estado en forma de impuesto sobre los beneficios empresariales.

Esta magnitud se calcula por lo general sobre las cifras contables (de beneficios -BAIT- y de activos) correspondientes a la fecha de cierre de cada ejercicio anual, puesto que no tendría demasiado sentido hacerlo con respecto a las cifras contables por ejemplo de cada mes, de cada trimestre, etc. ya que el flujo de beneficios se va generando continuamente, mientras que el volumen de los activos invertidos podría ser el mismo o parecido a lo largo de cada subintervalo temporal (mes, trimestre…).

De otro lado, hay que significar que la tasa "r" ò "roa" es una medida tosca o aproximada por diversos motivos. Así, por ejemplo, se calcula sobre el volumen monetario total de los activos de la empresa según balance de cierre, pero puede ocurrir que haya empresas que tengan una parte importante de sus

$$r = ROA = \frac{\text{beneficios económicos (antes intereses e impuestos) del ejercicio}}{\text{Activos totales al cierre del ejercicio}} = \frac{BAIT}{AT}$$

$$rk = ROE = \frac{\text{cifra de beneficios netos (después de impuestos) del ejercicio}}{\text{Cifra de Patrimonio Neto al cierre del ejercicio}} = \frac{BDIDT}{PN}$$

activos en fase de construcción y por tanto sin haber podido generar todavía beneficios, o también empresas que tengan una cartera importante de participaciones financieras en empresas que, de acuerdo con las normas contables al uso, sólo computan como beneficios del ejercicio generados por esa cartera, los recibidos procedentes de los beneficios repartidos como dividendos y no por su participación en los beneficios totales obtenidos por las participadas en cada ejercicio, etc.

A veces, se utiliza también, como alternativa más refinada frente al "roa", la tasa conocida como "roce" (*return on capital employed*), en donde en el denominador se tomarían los activos totales menos la financiación ajena espontánea a corto plazo sin coste financiero explícito (proveedores comerciales y otros conceptos o partidas análogas), con lo que: ROCE = BAIT / (AT – Fac). (JLCG).

rentabilidad de los recursos financieros propios (patrimonio neto) (*return on equity* - ROE). Cada vez se conoce más bajo las siglas inglesas ROE. Es una medida relativa que expresa la rentabilidad financiera que obtiene la empresa por cada unidad monetaria de recursos financieros propios (cifra de patrimonio neto) mostrados en su balance de cierre de ejercicio. También es corriente expresar esta tasa en forma porcentual, o sea, expresando la tasa de beneficios que obtiene la empresa por cada cien unidades monetarias de patrimonio neto.

Esta tasa puede calcularse tanto sobre las correspondientes cifras de la empresa como entidad jurídica independiente, o bien sobre las cifras contables consolidada de la sociedad dominante de un grupo de sociedades controlado por ésta.

Su expresión matemática sería la mostrada en la parte superior de esta página. Así, pues, paras una tasa de rentabilidad económica "roa" obtenida por una empresa, la tasa de rentabilidad financiera "roe" podrá ser mayor o menor, según el coeficiente endeudamiento (conocido también como efecto apalancamiento) L/K = Fondos ajenos/Patrimonio Neto que mantenga la empresa y según la diferencia entre la tasa de rentabilidad económica y la tasa de coste financiero de la financiación ajena (roa – i) y para una determinada tasa media del impuesto sobre beneficios (t), según la conocida expresión:

$$roe = (1 - t)\,[roa + (roa - i)L/K]$$

De esa manera, se establece la conexión o relación matemática entre las dos tasas significativas, o sea: rentabilidad financiera de los recursos propios y rentabilidad económica de los activos totales.

Esta magnitud se calcula por lo general sobre las cifras contables (de beneficios netos después de impuestos y de activos) correspondientes al cierre de cada ejercicio contable anual, puesto que no tendría demasiado sentido hacerlo con respecto a las cifras contables por ejemplo de cada mes, de cada trimestre, etc., puesto que el flujo de beneficios se genera y se acumula continuamente, mientras que el volumen monetario de los recursos propios o patrimonio neto de la empresa podría ser el mismo o parecido a lo largo de cada subintervalo temporal (mes, trimestre,...).

De otro lado, hay que significar que la tasa "roe" es una medida de rentabilidad poco precisa o aproximada por varios motivos, puesto que depende en primer lugar del volumen monetario de los activos totales de las empresa según balance de cierre (en su cálculo previo del "roa"), pero puede ocurrir que haya empresas que tengan una cuotaparte importante de sus activos en fase de construcción y por tanto que no han podido generar todavía beneficios, o que también pueda haber habido un importante crecimiento o decrecimiento de la cifra de recursos propios en fecha próxima al cierre del ejercicio por diversas causas (reducción de capital social con reintegro hacia los socios registradas todavía como deuda, o bien una conversión importante de deuda en capital social, etc.), lo que producirá sesgos de cierta significación en cuanto a la magnitud calculada del "roe" con referencia estrictamente a las cifras contables en la fecha de cierre del ejercicio, etc. (JLCG).

rentabilidad financiera (RF). Ratio entre el beneficio neto (beneficio después de intereses y antes de impuestos, BDIAI). Es decir, el beneficio disponible para el accionista y los recursos propios de la empresa. Es una medida del rendimiento que obtiene el accionista de acuerdo a su inversión. Las diferencias existentes entre la rentabilidad económica y la financiera dependen del nivel de apalancamiento de la empresa. Este puede actuar como amplificador de la rentabilidad financiera de la compañía, siempre y cuando la rentabilidad económica sea superior al coste de la deuda después de impuestos. También se emplea como rentabilidad sobre los recurso propios (*return on equity*, ROE). La fórmula de la rentabilidad financiera depende por tanto de BDII, el coste de la deuda (Kd), su importe (D), la tasa impositiva (t) y el volumen de recursos propios de la empresa (RP).

$$R_d \frac{BDIAI - K_d \cdot D(1-t)}{RP}$$

renting. Es un término procedente del inglés que define el alquiler transitorio de bienes de equipo (mobiliario, automóviles, maquinaria, etc.) a medio y largo plazo para su utilización en una tarea productiva.

El arrendatario se compromete a pagar una renta fija periódica durante el plazo de vigencia del contrato.

Las diferencias fundamentales con el leasing son que el *renting* es un producto en el que predomina el componente de servicios sobre el financiero; que las operaciones de *renting* no están tan reguladas como las de leasing, por lo que los plazos, clientes potenciales, etc., son diferentes y, por último, que las operaciones de *renting* no incorporan opción de compra, obligatoria en el leasing. (AMA)

REPO. *Véase*, cesiones de activos financieros de deuda con pacto de recompra.

responsabilidad social corporativa. También se utiliza con frecuencia el término de responsabilidad social de la empresa. Se define como la integración voluntaria, por parte de las empresas, de las preocupaciones sociales y medioambientales en sus actividades empresariales y en especial en sus relaciones con sus interlocutores (*stakeholders*). Aunque se trate de una actividad voluntaria, las empresas se ven obligadas, por razones estratégicas, a prestar atención a las actividades que conforman la responsabilidad social corporativa. Los interlocutores o *stakeholders* esenciales son los siguientes: clientes, trabajadores, accionistas, proveedores y sociedad en general. Dentro de este último interlocutor destaca sobremanera los aspectos relacionados con el cuidado del medio ambiente. (FGO)

repelente antitiburón. Es un sofisticado artilugio para convertir a una empresa objetivo en algo desagradable de cara a un potencial atacante. Su utilización está muy cuestionada puesto que parece ser una forma de proteger los intereses de los directivos de la empresa objetivo sin tener en cuenta las bondades de la OPA de cara a los accionistas. Los repelentes tratan de evitar a los predadores a diferencia de las *píldoras venenosas* que, además, los dañan. Una característica común a la mayoría de los repelentes es que deben figurar en los estatutos de la empresa, de ahí que su aprobación en la Junta general de accionistas pueda llevar a conflictos entre los que quieren imponerlos y los que desean evitarlos. (JMPI)

reservas. Las reservas se podrían definir como un conjunto de fondos conservados por el sujeto económico en previsión de necesidades eventuales o por razones legales o contractuales.
La mayoría de empresas las constituyen a partir de un porcentaje de sus beneficios anuales antes del pago de los dividendos. Pueden tener una finalidad determinada como, por ejemplo, ampliar la capacidad productiva y los programas de investigación o, simplemente, servir de medida de protección general frente a contingencias inesperadas.
Las reservas de las sociedades habitualmente se reinvierten en la misma sociedad o fuera de ella, en títulos que produzcan un interés. Ciertas instituciones como los bancos y las compañías de seguros, por su propio carácter, deben conservar una parte de sus reservas en caja para garantizar la liquidez necesaria al objeto de satisfacer las exigencias cotidianas de sus clientes.
En sentido amplio, las reservas se pueden clasificar en legales, estatutarias, extraordinarias o especiales y ocultas. Desde un punto de vista contable y en un sentido estricto se suele hablar de reservas complementarias de activo, reservas de pasivo y reservas de capital. Por otra parte, las reservas de un país consisten en un saldo de oro y divisas empleadas en el comercio internacional. (AMA)

retroleasing (*lease-back*). Mecanismo financiero de obtención de liquidez a partir de los bienes en propiedad sin desprenderse de su uso que se materializa en un contrato en virtud del cual un agente económico vende un bien de su propiedad, de naturaleza mueble o inmueble, por un precio monetario pactado a una entidad financiera, habitualmente una entidad de leasing (especializada), para realizarse seguidamente una operación de leasing (arrendamiento financiero con opción de compra) sobre el mencionado bien. (IPF)

revisión prevista. Consiste en lanzar la OPA con un precio inferior al que realmente se está dispuesto a ofertar, si llega el caso. La oferta inicial deberá ser tal que desanime a cualquier potencial competidor y, al mismo tiempo, lo suficientemente baja para que permita un aumento de la misma, que ayude a salvar la cara de los directivos de la empresa objetivo, así como de sus consejeros y de los accionistas institucionales. (JMPI)

RHO. Sensibilidad del precio o prima de una opción financiera, respecto a cambios en la tasa de interés libre de riesgo. A través del "rho" se mide, por tanto, la sensibilidad del valor de la opción, ante variaciones en los tipos de interés de un activo libre de riesgo. Matemáticamente, se determina como la derivada parcial del precio de la opción, respecto al tipo de interés libre de riesgo.
Coeficiente de correlación lineal que mide la interdependencia en la evolución de dos variables (también conocido como coeficiente de correlación de Pearson). Se determina mediante el cociente entre la covarianza de las dos variables y el producto de sus desviaciones típicas. El resultado será un número real entre -1 (correlación negativa perfecta) y +1 (correlación positiva perfecta). *Véase*, RHO de una opción (MMB)

rho de una opción. Sensibilidad de la prima de una opción respecto al tipo de interés que se representa por la letra rho. Matemáticamente es la derivada parcial de la prima con respecto al tipo de interés. Dado su reducido efecto en la mayoría de las opciones no suele utilizarse con la misma frecuencia que otros parámetros.
Analíticamente se puede calcular por la siguiente expresión

$$\rho_C = \frac{\delta_C}{\delta_R} = t * E * e^{-rt} * N(d_2) > 0$$

$$\rho_p = \rho_C - t * e^{-rt} < 0$$

Donde los parámetros significan lo mismo que en el modelo de Black y Scholes. (PLF)

riesgo. Combinación de la frecuencia o probabilidad que pueda derivarse de la materialización de un peligro. En términos financieros, riesgo es la probabilidad de que los rendimientos reales futuros estén por debajo de los rendimientos esperados y por tanto, es la incertidumbre respecto el resultado futuro de una inversión. En este sentido, mayor incertidumbre implica mayor riesgo. Entre las medidas más utilizadas para medir el riesgo se encuentran la varianza, la desviación estándar, el valor en riesgo, etc. (IMTE)

riesgo administrativo. Aunque a menudo el concepto de riesgo administrativo se incluye dentro del riesgo político en la literatura académica, se trata concretamente del componente del riesgo país relacionado con la libertad económica del sector privado en general y de las filiales de las empresas multinacionales en particular, que se deriva de las acciones gubernamentales y de los cambios potenciales en la política de un país y en el que tanto los niveles de inestabilidad social y macroeconómica como los procesos de integración y regionalización tienen una influencia muy relevante.
De entre los diferentes aspectos que lo componen, se pueden destacar, entre otros, las reformas fiscales y monetarias, las políticas de control de precios y de regulación, las barreras arancelarias y no arancelarias, las barreras a la repatriación de beneficios, la existencia de servicios públicos adecuados, la corrupción, temas relacionados con los derechos humanos y asuntos de diplomacia internacional. (AJP)

riesgo comercial. Posibilidad de incurrir en pérdidas por parte de las unidades económicas derivadas del incumplimiento de los pagos por parte de los compradores de bienes y servicios. (IPF)

riesgo de base. El riesgo de base se define como aquel originado por un nivel de correlación diferente entre el instrumento financiero, cuyo riesgo de mercado pretende cubrirse y el elemento derivado de cobertura. Este riesgo puede aparecer cuando se utilizan instrumentos financieros de diferentes características como pueden ser distintos índices de tipos de interés, mercados, divisas. (MMB)

riesgo de contraparte. Riesgo vinculado a la desaparición (quiebra, por ejemplo) de una de las partes de la transacción, al no poder cumplir con el compromiso adquirido. (JJDH)
Pérdida potencial debida a incumplimientos de una contrapartida. Dicha pérdida depende básicamente del producto de tres factores: a) de que la contrapartida falle o no durante la vida de la operación b) de la exposición que exista con la contrapartida en el momento de default, y c) de la posterior recuperación o no del total o de parte de la exposición que se tenía en el momento del incumplimiento (*default*). (RAS)

riesgo de crédito. Riesgo derivado del incumplimiento por parte de un acreedor con sus compromisos de pago de deuda. (JJDH)

riesgo de mercado. Riesgo que se deriva de un movimiento no previsto en el precio de los activos. También se conoce como riesgo de precio por el mantenimiento de posiciones en los mercados (MMB)

riesgo de tipo de cambio. El riesgo de cambio se refiere a la incertidumbre sobre cuál será en el futuro el tipo de cambio al contado o spot. Una empresa está expuesta al riesgo de cambio si sus posiciones financieras y/o sus flujos de caja futuros están afectados por cambios no predecibles de los tipos de cambio. La exposición al riesgo de cambio se puede desglosar de la siguiente forma:

A) Exposición contable: es el efecto de las variaciones del tipo de cambio sobre la conversión en moneda propia de los estados financieros de las filiales

B) Exposición económica: se refiere a la incertidumbre sobre los flujos de caja futuros de la empresa debido a la evolución del tipo de cambio. A su vez, la exposición económica puede ser de dos tipos:

b.1) Exposición contractual: se trata del efecto del tipo de cambio sobre los flujos de caja futuros cuyo valor en moneda extranjera se ha fijado ya contractualmente

b.2) Exposición operativa: analiza el efecto del tipo de cambio sobre los flujos de caja futuros de la empresa que no se han fijado contractualmente

De acuerdo con esta definición y clasificación, se pueden señalar los siguientes aspectos peculiares:

- Exposición contable:
  - Se centra en la contabilidad de la empresa
  - Se centra en las decisiones pasadas que han quedado reflejadas en los estados contables
  - Sólo existe para empresas con filiales en el exterior que han de consolidar contabilidades
  - Está muy condicionado por las normas contables que se apliquen
- Exposición económica
  - Se centra en los flujos de caja que se van a generar en la empresa en el futuro, aunque no haya ninguna referencia de ellos en las cuentas de la empresa
  - Existe para empresas con filiales en el exterior y para aquellas que realicen alguna operación económica o financiera con el exterior.
  - Depende de aspectos económicos y empresariales y del entorno en el que se desenvuelve la empresa

(FGO)

riesgo financiero. El riesgo financiero en sentido estricto hace referencia a las consecuencias negativas que puede tener para una empresa una modificación de la tasa de endeudamiento o un aumento del coste de la deuda. El aumento del coste de la deuda, que puede estar originado por un aumento de los tipos de interés o por un aumento del riesgo de la empresa, supone un aumento de los pagos por intereses que sufre la empresa. Por otro lado, un aumento del ratio de endeudamiento puede empeorar la rentabilidad de los accionistas si la diferencia entre la rentabilidad económica de la empresa y el coste de capital es negativa. En caso contrario, un aumento del ratio de endeudamiento puede mejorar la rentabilidad de los accionistas. (FGO)

riesgo moral (*moral hazard*). Hace referencia a las acciones adoptadas por los agentes económicos en aras de maximizar su propia función de utilidad en detrimento de la del resto de agentes, en aquellas situaciones donde los agentes no en están situación de soportar por entero las consecuencias de sus acciones o bien no pueden disfrutar por entero de sus beneficios, a consecuencia de la existencia de incertidumbre, información incompleta y contratos restringidos que no son capaces de prever todas las posibles contingencias que se pueden plantear en una relación contractual (Kotowitz, 2008). En este caso el agente dispone de cierta ventaja informativa, por medio de la cuál puede incurrir en ciertas acciones que no pueden ser directamente observadas o inferidas por el resto de los agentes (*Hidden Action*, Arrow (1985)). En un contexto de relación principal-agente, las consecuencias del esfuerzo del agente no pueden ser por entero separadas de las consecuencias derivadas de otros eventos aleatorios mediante la simple observación del *output* derivado de la relación contractual. Si bien el *output* o resultado es observable tanto por el agente como por el principal, el nivel de esfuerzo sólo es conocido por el primero. A este respecto el agente elige entre acciones alternativas que determinan junto con los eventos inciertos (estados de la naturaleza) un resultado medible y observable tanto por agente como por principal, *output* que suele constituir la base sobre la que se fundamenta la remuneración otorgada al principal.

El término de riesgo moral nace en el mundo de los seguros, donde es posible encontrar ejemplos representativos que hacen referencia a los efectos adversos que sobre las compañías aseguradoras puede llegar a alcanzar el comportamiento del asegurado.

Ejemplos de riesgo moral pueden identificarse en las relaciones laborales entre empleador y empleado, donde el primero no puede observar sin costes y sin incurrir en sesgos el esfuerzo realizado por el segundo. El mundo de la empresa proporciona un caldo de cultivo idóneo en el que podemos encontrar problemas de riesgo moral. Una buena muestra de ello es la relación que se establece entre la dirección y los accionistas o propietarios. La dirección dispone de información exclusiva acerca de la futura marcha de la empresa en un contexto claramente marcado por la incertidumbre así como sobre el nivel de esfuerzo empleado en el desarrollo de su actividad. Del esfuerzo desplegado por el equipo de dirección dependerá en última instancia la riqueza de sus accionistas y el valor de la entidad. Para los accionistas no sólo es enormemente costoso la adquisición de la información de la que la dirección es poseedora, sino que, aún disponiendo de ella, les sería realmente difícil tratarla correctamente en aras de conseguir una valoración libre de sesgos de la actuación directiva. El directivo está en disposición de aprovechar esta situación de privilegio para incurrir en comportamientos oportunistas en aras de satisfacer sus intereses y perjudicar los del propietario, en la seguridad de que este último no posee ni la información ni la preparación suficiente para advertir tal comportamiento.

Otra claro ejemplo de riesgo moral puede ser observado en el sistema crediticio. El riesgo sistémico asociado a las crisis bancarias ha puesto de manifiesto la necesidad de fortalecer los sistemas de garantía de depósitos, establecer redes de respaldo de ámbito nacional y supranacional, así como de reforzar la regulación del sistema bancario. Sin embargo, en muchos casos estos sistemas de seguridad, generalmente de carácter público, han hecho disminuir sensiblemente la disciplina del mercado y han animado la adopción de riesgos imprudentes por parte de las entidades bancarias, incrementado de esta manera el riesgo sistémico de padecer crisis crediticias. (JARS)

riesgo operativo. El riesgo operativo se refiere al riesgo que supone para una empresa la existencia de costes fijos. A mayores costes fijos, la empresa tiene que vender un número mayor de unidades en el mercado para cubrir los costes fijos y poder obtener beneficios. El número de unidades a partir del cual la empresa obtiene beneficios se denomina umbral de rentabilidad o "punto muerto". Una empresa que no tuviese costes fijos obtendría beneficios a partir de la primera unidad vendida. Por otro lado, aunque los costes fijos suponen que se tenga que vender un mayor número de unidades para obtener beneficios, una vez alcanzado el "punto muerto", los posteriores aumentos de unidades vendidas producen incrementos mayores del beneficio.
Otra acepción del término es aquella que hace referencia a la posibilidad de pérdida financiera debida a fallos en los procesos de ejecución de decisiones derivados de errores humanos, deficiencias tecnológicas o eventos externos adversos. (FGO)

riesgo país. Indicador del riesgo asociado a las inversiones que efectúa una empresa multinacional, derivado de la impredictibilidad en el resultado de diversas variables QUE afectan a las filiales en el extranjero. El término recoge todas las diversas fuentes de incertidumbre implícitas en un determinado entorno, tanto de carácter político, económico, social como natural, teniendo en cuenta que el análisis del riesgo país no debe circunscribirse a los condicionantes internos de un determinado entorno, sino que debe incorporar la incidencia de las fuentes de riesgo externas al país, entre las que se deben incluir la incidencia de terceros países u organismos supranacionales.
El riesgo país se puede clasificar en riesgo político, que depende no sólo de la probabilidad de expropiación o nacionalización del sector privado con o sin compensación sino también de la probabilidad de que el estado emplee su monopolio de coerción legal para renegar de los acuerdos alcanzados con las empresas multinacionales (EMs), modificando unilateralmente las condiciones contractuales, con objeto de afectar la redistribución de las rentas entre los sectores público y privado; riesgo administrativo; que es el relativo a la libertad económica del sector privado en general y de las filiales de las empresas multinacionales (EMs) en particular, que se deriva de las acciones gubernamentales y de los cambios potenciales en la política de un país y en el que los recientes procesos de integración y regionalización, así como los niveles de inestabilidad social y macroeconómica juegan un papel fundamental; el riesgo soberano, que es el

asumido por prestamistas internacionales en sus operaciones de crédito con instituciones públicas y Estados y por último el riesgo de la naturaleza, en el que influye la variación en la pluviosidad (sequías o inundaciones), terremotos, huracanes, erupciones volcánicas u otros desastres naturales.
La medición del riesgo país ha resultado e incluso continúa siendo un debate controvertido, coexistiendo diversos métodos que van desde índices totalmente subjetivos, basados en la opinión de expertos, hasta otros totalmente analíticos, pasando por índices que ponderan tanto medidas cuantitativas como cualitativas.
El riesgo país resulta una variable fundamental no sólo a la hora de decidir donde localizar la inversión de la empresa multinacional, sino también para determinar el tipo de inversión y el grado de compromiso de recursos. Por un lado en países donde el riesgo país es más elevado, es aconsejable un menor compromiso de recursos para evitar el posible comportamiento oportunista de los socios al mismo tiempo que se aprovecha su mayor conocimiento de la idiosincrasia del mercado en que se la empresa se ha introducido. En este caso las empresas pueden optar por fórmulas cooperativas y/o contractuales, tales como las sociedades conjuntas (*joint ventures*) o las franquicias o contratos de arrendamiento. Por el otro lado, también es cierto que una propiedad mayoritaria o incluso total de la filial, otorga a la empresa un mayor poder de negociación frente al gobierno local, disminuyendo el riesgo de expropiación o modificaciones contractuales contrarias a los intereses de la empresa. (AJP)

riesgo político. Componente del riesgo país relativo a la probabilidad de expropiación o nacionalización del sector privado con o sin compensación, o de que el estado emplee su monopolio de coerción legal para renegar de los acuerdos alcanzados con las empresas multinacionales (EMs), modificando unilateralmente las condiciones contractuales, con objeto de afectar la redistribución de las rentas entre los sectores público y privado.
Resulta necesaria la distinción entre riesgo político e inestabilidad política, ya que mientras que la última es un atributo propio del entorno, el riesgo es una medida de cómo la inestabilidad puede afectar al negocio de la empresa. Fluctuaciones políticas que generen inestabilidad pueden no comportar riesgo político en tanto en cuanto no afecten a las condiciones en que opera la empresa. Además, cabe resaltar que no siempre el riesgo político acarrea consecuencias negativas para la empresa, ya que ésta puede obtener ventajas competitivas frente a la competencia si logra adaptarse mejor a las características propias del entorno político e institucional del país de destino.
En un sentido más amplio, el concepto de riesgo político suele incluir también el de riesgo administrativo, recogiendo cualquier suceso de carácter político o social que afecte a las empresas multinacionales en sus localizaciones en el exterior. Estos sucesos pueden ser internos o externos en función de su proce-

dencia respecto al país de destino, micro o macro en función del entorno del que se deriven. Así, un ejemplo de riesgo directo e interno se puede encontrar en la legislación de país de destino o las posibles nacionalizaciones o expropiaciones; mientras que indirecto o interno se observa en la posible influencia de grupos de presión sobre el gobierno. Por el otro lado, si la inversión en concreto está sujeta a protestas por parte de la sociedad en el país de origen, nos encontramos con un ejemplo de riesgo directo y externo. Finalmente, las posibles tensiones o fricciones entre el país de origen y el de destino o las fluctuaciones de materias primas procedentes de terceros países necesarias para el funcionamiento de la filial constituyen claros ejemplos de riesgos indirectos y externos. (AJP)

riesgo potencial. Es la cifra que adicional y potencialmente podría llegar a perderse en una operación si la contrapartida en algún momento futuro, y no hoy, fallase en sus obligaciones. (RAS)

riesgo sistemático. Es el riesgo que un inversor no puede eliminar cuando diversifica su inversión entre una cartera de títulos. La inversión en carteras de títulos permite disipar el riesgo a pesar de que no se pierde rentabilidad de los activos financieros en los que se invierte. El riesgo sistemático es, por lo tanto, el riesgo residual que le queda al inversor que distribuye su ahorro entre muchos activos financieros. (FGO)

riesgo sistémico. Es el riesgo de que un repentino shock dañe seriamente al sistema financiero de tal manera que afecte en amplia medida a la economía real. El riesgo sistémico puede tener una doble procedencia. Por un lado, puede provenir del pánico desatado en los depositantes o en los inversores. También puede originarse por una interrupción prolongada en el sistema de pagos. (FGO)

riesgo soberano. Componente del riesgo país asumido por prestamistas internacionales en sus operaciones de crédito con instituciones públicas y Estados. En concreto, se trata del riesgo de que un gobierno o estado soberano incumpla, voluntaria o involuntariamente, sus obligaciones financieras, ya sea por causas políticas, económicas o de otra índole. Como consecuencia, los inversores deben añadir una prima adicional al tipo de interés al que se efectúa el préstamo, en función del riesgo soberano percibido, como compensación al mayor riesgo asumido.

Al igual que el riesgo político, el riesgo soberano también trata de predecir la potencial pérdida financiera que se derivaría de acontecimientos políticos o macroeconómicos. La diferencia radica en que mientras que éste último recoge aquellas variables que están bajo control del gobierno mientras que el riesgo país incluye toda una gama de factores económicos, sociales y políticos a menudo fuera del control gubernamental.

La importancia del riesgo soberano se puso de manifiesto tras las subidas de precios del petróleo de la década de los 70. Diversos países en desarrollo, principalmente en América Latina, que se habían endeudado fuertemente con bancos occidentales, comenzaron a tener problemas para devolver los préstamos, lo que obligó a importantes reestructuraciones de los calendarios de pago en países tales como México o Argentina. Desde esta época, tanto bancos y agencias de calificación crediticia (Moody's, Standard & Poors, SAP,...) como organismos internacionales comenzaron a desarrollar herramientas analíticas, cada vez más sofisticadas, para medir el riesgo soberano antes de realizar el préstamo, la inversión o comenzar a operar en un país extranjero, de gran repercusión a día de hoy a pesar de sus limitaciones metodológicas. (AJP)

riesgo técnico-asegurador. Riesgo estadístico, particular en el sector de seguros, causado por las posibles desviaciones de la siniestralidad estimada o esperada y la realmente pagada por las entidades aseguradoras. Riesgo estadístico cuantificable estimando la posible desviación de la variable aleatoria siniestralidad. Riesgo que es necesario minimizar en aseguradoras que pretenden la homogeneidad cuantitativa de los riesgos cubiertos en pólizas de seguro directo y, para ello, deciden repartir y/o ceder riesgos mediante contratos de coaseguro y/o reaseguro. (CMR)

***Riskmetrics*™.** Documento técnico que explica la metodología de riesgo de mercado para el cálculo del VeR propuesta por JP Morgan. (RAS)

***riskweight assets* (RWA).** *Véase*, activos ponderados por riesgo.

Ross, Stephen. Economista estadounidense nacido en 1943, coautor de tres importantes modelos de las finanzas de mercado. Steve Ross recibió su licenciatura en física en Caltech en 1965 y se doctoró en Economía en la Universidad de Harvard en 1970. Ha enseñado en Wharton, Yale y MIT.

Sus aportaciones principales son tres. En primer lugar, al comienzo de los años 70, con Richard Roll avanzó el modelo de Valoración por Arbitraje, conocido como APM (Arbitrage Pricing Model) y la teoría como APT(Arbitrage Pricing Theory). Bajo este modelo, los factores que explican el rendimiento de los activos de los mercados son múltiples frente al supuesto unifactorial del CAPM.

En 1979, desarrolla con Mark Rubinstein y John Cox, el conocido modelo binomial de valoración de opciones que se describe en esta obra.

En 1985 con John Cox y Jonathan Ingersoll crean un modelo específico para representar la dinámica estocástica de los tipos de interés.

Todas estas aportaciones lo han convertido en un autor fundamental en el denominado paradigma neoclásico de las finanzas modernas. (PLF)

S

saldo. Pago de una deuda contraída por un agente económico. Mercadería vendida a bajo precio con el fin de liquidar existencias. Diferencia contable entre dos partidas MMB)

saldo de un proyecto de inversión. *Véase,* inversiones simples y mixtas.

Scholes, Myron. Economista canadiense, nacido en Timmins (Ontario) en julio de 1941. Investigador en el campo de la economía financiera, su mayor contribución fue el estudio de las variables que afectaban al precio de las opciones financieras, que culminó con el desarrollo de un modelo de valoración junto con el profesor Fisher Black. (Modelo Black -Scholes). Doctor por la Universidad de Chicago (1968) de la que fue profesor. Ha ejercido la docencia en la Sloan School of Management del MIT, y en la Universidad de Stanford. En la década de los 90 trabajó como consultor financiero en Solomon Brothers cofundando posteriormente la gestora "Long Term Capital Management" (LCTM). Entre las distinciones otorgadas a sus contribuciones académicas destaca el Premio Nobel de Economía concedido en 1997 (junto a Robert Merton) por sus trabajos en el campo de la valoración de opciones. A su vez, el profesor Scholes es Doctor "Honoris Causa" por las Universidades Paris-Dauphine (Francia), McMaster (Estados Unidos) y Católica de Lovaina (Bélgica).

La principal aportación a las Finanzas del profesor Scholes consistió en el establecimiento junto con Robert Merton y Fisher Black de un modelo de valoración de derivados cuyo uso se ha extendido rápidamente por toda la comunidad financiera. Además de ello, colaboró con Michael Jensen y Fisher Black en la contrastación del modelo de valoración de activos financieros (C.A.P.M) desarrollado por Sharpe. Posteriormente, sus investigaciones se han centrado en el papel de las instituciones financieras en la evolución de los mercados. (MMB)

security market line. *Véase,* línea de equilibrio en el mercado de valores.

selección adversa (*adverse selection*). Término referido a la existencia de sesgos de evaluación en la calidad de los bienes o servicios ofrecidos en un intercambio, tomando en consideración que las variaciones en la calidad de dichos bienes y servicios puede ser observada sólo por una de las partes intervinientes en la relación contractual, usualmente el oferente del bien o servicio. En un contexto de relación principal-agente, la selección adversa surge antes de la formalización de la relación contractual y guarda, por tanto, una estrecha relación con la desconfianza que produce en el principal la calidad o naturaleza incierta de las aptitudes e intenciones del agente con el que se va a contratar y su repercusión en la evolución posterior de la relación contractual. La selección adversa aparece inevitablemente asociada a la asimetría en la distribución de la información de forma que la auténtica y verdadera información reside de forma oculta (*hidden information*) en manos de una de las partes intervinientes en la transacción, generalmente el oferente, vendedor o agente, mientras que la otra parte, generalmente el demandante, comprador o principal, es incapaz de distinguir la calidad del producto intercambiado con la consiguiente pérdida de eficiencia en el mercado. Ejemplos típicos de mercados con selección adversa son los mercados de segunda mano para bienes duraderos, el mercado de trabajo donde el empleado dispone de un mayor conocimiento de su nivel de productividad que el empleador, los mercados de crédito donde el prestatario es sabedor de su capacidad de devolución del crédito, o los mercados de seguro, donde el asegurado conoce su propia capacidad para ser honesto con la compañía aseguradora.

El concepto de selección adversa es introducido por primera vez por George Akerloff en su trabajo "The Market for Lemmons", en referencia a la pérdida de eficiencia que se produce en el mercado de vehículos usados a consecuencia de la asimetría informacional que se produce entre los oferentes de vehículos que conocen mejor la calidad del bien intercambiado, y los demandantes que, aunque pueden inspeccionar el vehículo, poseen un nivel de conocimiento inferior al del vendedor. La incapacidad por parte del oferente para transmitir de forma creíble la auténtica información de la que es el único poseedor provoca la imposibilidad de llegar a un acuerdo comercial de otro modo conveniente para ambas partes. La coexistencia de bienes de diferentes calidades y el hecho de que los productos de buena calidad no puedan ser distinguidos de los productos de peor calidad (*lemmons*) producen como resultado una pérdida en la eficiencia del funcionamiento del conjunto del mercado. (JARS)

sensibilidad. En general, la sensibilidad de un instrumento financiero respecto a una determinada variable mide la variación que experimenta el precio del instrumento ante un cambio en dicha variable. Generalmente se utiliza para referirse a la relación precio/rentabilidad. (RAS)

servicio de la deuda. Los flujos de caja requeridos para cumplir con los pagos de capital e interés de una deuda durante un período determinado. (AHA)

severidad (*loss given default*-LGD). En el ámbito de los modelos de valoración de riesgo de crédito, representa la proporción final de la exposición que se pierde durante el proceso recuperatorio (es decir, lo que no se logra recuperar). Equivale a: LGD=(1-tasa de recuperación). (RAS)

Sharpe, William. William Forsyth Sharpe, economista estadounidense, nació en 1934, en Cambridge (Massachusetts), EE. UU.. Fue Premio Nobel de Economía en 1990 junto a Merton Miller y Harry Markowitz por sus aportaciones a la Teoría de la Economía Financiera y la Teoría de Carteras.

Sharpe estudió en la Universidad de California en Los Ángeles, donde se doctoró en Economía en 1961. Desde 1957 hasta ese año trabajó en la Rand Corporation junto a Markowitz y, más tarde, fue profesor en las universidades de Washington (1961-1968) y Stanford (desde 1970).

Sharpe estableció un modelo para fijar el precio de los activos financieros conocido como capital asset pricing model (CAPM). Un inversor puede elegir una exposición al riesgo a través de una combinación de valores de renta fija y una cartera de renta variable. La composición óptima de la cartera depende de la valoración de las perspectivas de los activos que haga el inversor, y no de la actitud hacia el riesgo. Si cada activo contribuye al riesgo total en un valor determinado, los ingresos esperados y la prima por riesgo variarán en proporción directa a dicho valor. Estas relaciones se generan vía precios, por lo que los riesgos son susceptibles de eliminarse, y las decisiones de la cartera terminan siendo consistentes.

También desarrolló el denominado ratio de Sharpe, que permite el análisis del comportamiento del rendimiento de una inversión en función del riesgo

El Dr. Sharpe ha publicado artículos en diversas revistas profesionales, incluyendo *Management Science, The Journal of Business, The Journal of Finance, The Journal of Financial Economics, The Journal of Financial and Quantitative Analysis, The Journal of Portfolio Management*, y *Diario de los analistas financieros*.

También ha escrito siete libros, incluyendo Portfolio Theory and Capital Markets (McGraw-Hill, 1970 y 2000),

Herramientas de Asignación de Activos (Scientific Press, 1987), Fundamentos de Inversiones (con Gordon J. Alexander y Jeffrey Bailey, Prentice-Hall, 2000), Inversiones (con Gordon J. Alexander y Jeffrey Bailey, Prentice-Hall, 1999) y Los inversores y los mercados: opciones de cartera, precios de los activos y Asesoramiento en inversiones (Princeton University Press, 2007). (IMTE)

SIBE. *Véase*, mercado continúo.

SICAV (sociedad de inversión de capital variable). Son Sociedades Anónimas que destinan su patrimonio a la adquisición, tenencia y administración de valores mobiliarios y activos financieros, y son reguladas por la Ley 35/2003 de 4 de noviembre de Instituciones de Inversión Colectiva y por el Real Decreto 1309/2005 de noviembre. En esencia, persiguen la disminución del riesgo en la inversión a través de su diversificación, proporcionar liquidez inmediata a los accionistas y favorecer el ahorro mediante la aplicación de importantes ventajas fiscales.
La normativa legal les obliga a cumplir los siguientes requisitos:

- Número de accionistas mínimo: 100.
- Capital mínimo: 2.400.000 euros íntegramente desembolsados desde la constitución.
- Capital social: pueden aumentarlo y reducirlo de manera casi automática, entre el mínimo y máximo fijado estatutariamente, sin pasar por la aprobación de la junta de accionistas.
- Inscripción en el Registro Mercantil.
- Autorización de la CNMV.
- Tutela y control de la CNMV y Dirección General del Tesoro y Política Financiera.

Cuentan con una serie de restricciones a la hora de invertir el capital:

- Coeficiente de control: No más del 5% de los valores deben de ser emitidos o avalados por una misma entidad.
- Coeficiente de inversión: Al menos el 90% del activo estará invertido en valores mobiliarios admitidos a cotización en mercados organizados reconocidos oficialmente.
- Coeficiente de liquidez: Mínimo 3%.
- Coeficiente de diversificación: No más del 5% de su activo invertido en valores de una misma sociedad. Este límite queda ampliado al 10%, siempre que el total de las inversiones de la SICAV, en valores en los que se supere el 5%, no exceda del 40% del activo de la misma.

Las ventajas fiscales mencionadas son:

- Para la Sociedad: Las rentas tributan al 1% del Impuesto de Sociedades y la constitución y ampliación de capital están exentas del Impuesto de Transmisiones Patrimoniales y Actos Jurídicos Documentados.
- Para el accionista: Sólo tributa cuando vende acciones y los rendimientos tienen la consideración de variaciones patrimoniales. Se realiza de acuerdo con las normas generales del IRPF. (NBD)

sinergia. En el ámbito empresarial, se refiere al aumento de valor que se consigue mediante la integración de varias empresas en una única unidad de decisión. La existencia de sinergias permite que dos empresas tengan un mayor valor juntas que por separado. La fuente de generación de sinergias proviene de la reducción de costes que se puede llevar a cabo cuando dos empresas ponen en común sus estructuras productivas y administrativas, y de la combinación de capacidades que puede permitir aumentar los ingresos actuales o futuros. (FGO)

sistema europeo de bancos centrales. Se constituyó como la institución monetaria suprema de la Unión Económica y Monetaria (UEM) en 1999, al iniciarse la tercera fase de la UEM. Está compuesto por el Banco Central Europeo (BCE) y los Bancos Centrales Nacionales de los Estados miembros de la Unión (el Instituto Monetario Luxemburgués es el Banco Central Nacional de Luxemburgo). Los órganos rectores del BCE (el Consejo de Gobierno y el Comité Ejecutivo) son los encargados de dirigir el SEBC.
El Eurosistema esta constituido por el Banco Central Europeo y los Bancos Centrales Nacionales de los Estados miembros cuya moneda es el euro. El Eurosistema adopta sus decisiones de forma centralizada pero su aplicación es de forma descentralizada. El Eurosistema y el SEBC seguirán existiendo mientras haya Estados miembros de la UE que no pertenezcan a la zona del euro. (ACH)

sistema "*flip in*". Mecanismo diseñado para tratar con situaciones en la que un comprador de una empresa si no pretende hacerse con la totalidad de la compañía. Suelen integrarse dentro del sistema *flip over*. Los accionistas de la empresa objetivo tienen el derecho a adquirir las acciones de su propia empresa con un fuerte descuento (alrededor de un 50% del precio de mercado) si un postor no deseado se hace con un paquete determinado de acciones de la compañía objetivo (entre el 25% y el 50%). El comprador está excluido de este derecho, con lo que se diluye su inversión y se reduce el número de sus votos, convirtiendo la operación en algo prohibitivo para él. (JMPI)

sistema "*flip over*". En el ámbito de las operaciones de fusiones y adquisiciones de empresas, un *flip over* consiste en entregar a los accionistas un dividendo consistente en unas opciones de compra de acciones de la empresa con un precio de ejercicio muy superior al precio de mercado de las acciones lo que refleja la valoración a largo plazo de la sociedad objetivo. Si llegado el momento se produce una *fusión* dichos derechos de opción se transforman (*flip over*) para permitir a su propietario adquirir acciones de la sociedad resultante de la fusión con una fuerte prima de descuento (alrededor del 50% es lo más corriente), lo que produce la dilución de cualquier ganancia del agresor. (JMPI)

sistemas de garantías. La falta de garantías constituye una de las principales barreras que dificulta el acceso de la pequeña y mediana empresa (PYME) al mercado de crédito a largo plazo. A lo largo del siglo XX, y en especial en los últimos cuarenta años, en los sistemas financieros de la mayoría de los países se han ido desarrollado e integrando diferentes modelos de garantías. Los sistemas de garantías se caracterizan por su heterogeneidad en relación a su estructura, funcionamiento y régimen jurídico, si bien, en general, los sistemas desarrollados responden a tres modelos básicos: los fondos de garantías, los programas de garantías y los esquemas de garantías.

Los fondos de garantías cuentan por regla general con recursos financieros limitados en el tiempo con origen estatal o de la cooperación internacional. Mientras que el fondo responde de los fallidos, el funcionamiento operativo del mismo se suele delegar a entidades financieras locales que se encargan del análisis, concesión y seguimiento de la operación, así como del recobro de los fallidos. Estos fondos suelen operar mediante garantías de cartera. El fondo establece los requisitos mínimos para emitir el aval y describe la cartera de préstamos para PYME que se pueden beneficiar, suscribiendo los convenios pertinentes con las entidades financieras. Éstas reciben y pagan la garantía automática del fondo sobre su cartera de préstamos y el fondo delega a la entidad de crédito la responsabilidad en la tramitación y evaluación de las operaciones.

Los programas de garantías se articulan y administran normalmente a través de una agencia de desarrollo estatal, banco central o un banco público. Sus recursos, que pueden ser limitados o renovables, proceden del Estado o de organismos de cooperación bilateral o multilateral. De funcionamiento parecido a los fondos, suele avalar carteras de préstamos de las entidades financieras que se suman al programa mediante convenio, delegando las operaciones operativas básicas a las entidades financieras, no existiendo además una participación directa de la PYME en el desarrollo del sistema al actuar como meros receptores del servicio.

Los esquemas de garantías operan fundamentalmente a través de las denominadas sociedades de garantía. El desarrollo de estos esquemas y el funcionamiento de estas sociedades requieren de una legislación específica, de la calificación de estas sociedades como entidades financieras y de la integración de las mismas en el marco de control y supervisión del sistema financiero. Estas sociedades ofrecen una garantía individual al empresario, realizando las labores de análisis, concesión y seguimiento de la garantía frente a la entidad de crédito, asumiendo además la morosidad y recuperación de los fallidos. A diferencia de los fondos y programas de garantías, los potenciales beneficiarios, las PYME, están implicadas directamente en el desarrollo del esquema mediante su participación directa o indirecta en estas sociedades. En este sentido es posible distinguir dos tipos de sociedades: las Sociedades de Garantía de naturaleza corporativa y aquellas de carácter mutuo. En el modelo corporativo el empresario participa corporativamente a través de cámaras de comercio o asociaciones empresariales. Por su parte en el modelo mutualista el beneficiario (la empresa) participa directamente en el capital de la sociedad. En este último caso la denominación de la sociedad varía según el ámbito. En países hispanoparlantes se conocen como sociedades de garantía recíproca, en países francófonos como sociedades de caución mutua, mientas que en zonas angloparlantes como sociedades de garantía mutua. *Véase*, sociedades de garantía recíproca. (LCP)

sociedad conjunta. Sociedad creada por dos o más empresas que aportan recursos para realizar un proyecto conjunto (creando una organización para su desarrollo). *Véase, joint venture*. (JJDH)

sociedad mercantil: concepto y clases. El Código Civil español en su artículo 1665 dispone que:" la sociedad es un contrato por el cual dos o más personas se obligan a poner en común dinero, bienes o industrias, con ánimo de partir entre sí las ganancias".

Este sería el concepto general de "sociedad civil" que permite desarrollar cualquier objeto lícito en interés común de los socios. Ahora bien, en el desempeño de las actividades de naturaleza eminentemente mercantil (de producción y distribución de bienes y servicios, de intermediación financiera, etc.) desarrolladas con habitualidad y con ánimo de lucro, éstas pueden realizarse también constituyendo una sociedad mercantil integrada por dos o más socios (personas físicas o jurídicas), encarnando la sociedad o compañía mercantil constituida a tal fin, alguna de las clases o figuras concretas que permiten las disposiciones mercantiles (el Código de Comercio, la Ley de Sociedades de Capital u otros textos legales de similar naturaleza).

La constitución de cualquier sociedad mercantil reqiere la formulación de la oportuna escritura pública en donde se hagan constar los pactos y condiciones que han de regir la constitución y la aportación del capital social por parte de los distintos socios que la forman, así como también las reglas que han de regir el funcionamiento general de la sociedad (estatutos sociales), debiendo ser inscrita en el Registro Mercantil. Esta regla regirá para cualquier modificación posterior de las condiciones iniciales establecidas en la escritura de constitución (p.e. aumento o reducción del capital social, cambios estatutarios, transformaciones estructurales de la sociedad, etc.).

Las sociedades mercantiles pueden revestir alguna de las formas siguientes:

- Sociedad Regular Colectiva (SRC)
- Sociedad Comanditaria (S en C), simple o por acciones
- Sociedad Anónima (SA)
- Sociedad de Responsabilidad Limitada (SL)

La SRC es eminentemente personalista, mientras que la SA y la SL son eminentemente capitalistas, siendo la S en C de naturaleza mixta en la medida de que habrá socios colectivos (de naturaleza personalista) y socios comanditarios (de naturaleza capitalista).

En las sociedades personalistas (SRC y socios colectivos de la S en C), sus socios responderán de forma personal,

solidaria e ilimitada por las obligaciones y pérdidas de su sociedad, mientras que en las formas societarias capitalistas (SA, SL y socios comanditarios de la S en C), sus socios sólo responderán de las obligaciones o pérdidas sociales con sus respectivos capitales o cuotas patrimoniales que correspondiesen a cada uno de ellos en función de sus cuotas personales de participación en el capital social de la compañía y además de manera conjunta y sin ningún tipo de preferencia o de excusión en favor o en contra de ningún socio.
Aparte de estas especies básicas de sociedades mercantiles existen diversas figuras singulares reguladas por disposiciones específicas como las entidades o sociedades cooperativas, o formas de asociación de carácter mútuo (mútuas de seguros, etc.). De igual forma, también existen figuras que encarnan formalmente (p.e. SA), pero que por su actividad u objeto social singular tienen regulación jurídica especial (p.e. las sociedades de garantía recíproca, las sociedades gestoras de los fondos de inversión mobiliaria o inmobiliaria, etc.).
Asimismo, habría que señalar, por su trascendencia internacional, la existencia de la llamada Sociedad Anónima Europea (SE) como especialidad concreta de la SA, o la Sociedad Nueva Empresa (SLNE) como especialidad concreta de la SL, las cuales reciben un determinado tratamiento jurídico singular (en la Ley de Sociedades de Capital, Títulos XIII y XII respectivamente). .(JLCG)

sociedad de valores y bolsa (SVB). Las sociedades de valores y bolsa (SVB) son uno de los tres tipos de empresas de servicio de inversión (ESI) que existen en España, junto con las agencias de valores (AV) y sociedades gestoras de carteras (SGC).
Las sociedades de valores y bolsa (SVB) pueden ofrecer todo tipo de servicios de inversión, están a autorizadas para operar tanto por cuenta de clientes como por cuenta propia.
El capital mínimo que se exige la actualidad para formar una SVB es de 2.000.000 euros.
Una descripción de las diferentes actividades que pueden llevar a cabo las empresas de servicio de inversión puede consultarse en la voz Agencia de Valores. (NBD)

sociedades de capital riesgo. El capital riesgo constituye una actividad financiera desarrollada por intermediarios especializados que tiene como principal objetivo inyectar financiación estable a largo plazo a favor de pequeñas y medianas empresas (en adelante PYME) no cotizadas en sus distintos estadios de desarrollo. El apoyo financiero consiste fundamentalmente en la inyección de recursos propios en forma de participaciones temporales y minoritarias en su capital social. La participación suelen tener carácter temporal, ya que el objetivo es permanecer en el capital de la empresa el tiempo que sea necesario. En el momento de que la empresa empieza obtener beneficios y el potencial de crecimiento de éstos es elevado, el inversor financiero (la entidad de capital riesgo) intentará vender su participación obteniendo las máximas plusvalías que reinvertirá en nuevos proyectos. La participación también suele ser minoritaria. En este tipo de operaciones el objetivo es que la gestión de la empresa quede en manos del grupo promotor (el empresario). El socio financiero tan sólo apoyará al grupo promotor en aquellas decisiones estratégicas en las que sea necesario. Además del apoyo financiero vía inyección de recursos propios, también es posible la utilización de otros instrumentos de cuasicapital como los préstamos participativos y, con carácter complementario, instrumentos de deuda ordinaria para sus empresas participadas. Además del apoyo financiero, otro de los rasgos distintivos que suele caracterizar a este tipo de intermediarios es la importante labor de asesoramiento y asistencia técnica que efectúan en favor del empresario. En teoría, son potenciales beneficiarios del capital riesgo aquellos proyectos empresariales desarrollados en el seno de PYME escasamente capitalizadas que, por su elevado riesgo, tengan muy restringido su acceso al crédito a largo plazo. Este sería el caso de PYME en estadios iniciales de desarrollo (capital semilla y capital arranque), así como proyectos de base tecnológica con fuerte contenido innovador en los que existan buenas expectativas de rentabilidad. Sin embargo, tanto en España como en el resto de países del entorno (fundamentalmente la Unión Europea) la evolución del sector no ha sido la esperada. En la actualidad la mayor parte de las operaciones tienen como destino proyectos de menor riesgo desarrollados en el seno de empresas de tamaño mediano en fases de expansión (capital expansión) y operaciones de compra apalancada. Atendiendo a la tipología del inversor es posible distinguir entre el sector de capital riesgo "informal", configurado por número indeterminado de sociedades de inversión y *business angels* que invierten en el capital de empresas y el sector de capital riesgo "formal" constituido por un conjunto de intermediarios de capital riesgo especializados regulados de acuerdo a una determinada normativa (España las ECR se regulan por la Ley 25/2005 de 24 de noviembre y se agrupan en la Asociación Española de Entidades de Capital Riesgo). En el ámbito de ECR, en función de la forma jurídica adoptada podemos distinguir: las Sociedades de capital riesgo (en adelante SCR) y los fondos de capital riesgo (en adelante FCR). Las SCR son sociedades anónimas cuyo consejo de administración es el encargado de gestionar los recursos que son aportados por sus accionistas (propietarios). No suelen tener duración limitada y normalmente incrementan sus recursos mediante sucesivas ampliaciones de capital. Por su parte, los FCR se configuran como fondos patrimoniales de duración y recursos limitados. La dirección y administración se regirá por lo dispuesto en el reglamento de gestión de cada Fondo, debiendo recaer su gestión necesariamente en una Sociedad Gestora de Entidades de Capital Riesgo (en adelante SGCR) o en una Sociedad Gestora de Instituciones de Inversión Colectiva. Actualmente en la mayoría de países en los que el capital riesgo ha alcanzado un cierto nivel de desarrollo el sector se concentra en manos de estas SGCR. Respecto a la operativa y funcionamiento de este tipo de operaciones, en general es posible identificar tres etapas: 1) negociación, 2) seguimiento y control y 3) salida o desinversión. La fase de negociación suele ser la más laboriosa y compleja del proceso. En esta fase el inversor financiero hace un estudio exhaustivo de la operación, comprobando y evaluando toda la documentación suministrada por el grupo promotor. Normalmente antes de la aprobación de la operación, la ECR hace una oferta de las condiciones generales de la participación. Aprobada la operación, la decisión se materializa en el contrato de inversión en el que se fijan los términos definitivos. Una vez materializada la inversión, la siguiente fase consiste en el control y seguimiento de la operación. El objetivo consiste en comprobar que el desarrollo de la actividad se corresponde a las previsiones efectuadas y, en su caso, detectar posibles desviaciones. En esta fase el seguimiento es muy importante dada la elevada asimetría de la información existente y los conflictos de agencia que pueden surgir entre las partes. La última fase consiste en la salida o desinversión por parte de la ECR. Trascurrido el tiempo (especificado o no en contrato), en función de la evolución de la actividad y las expectativas de crecimiento, el inversor financiero procederá a la venta de sus participaciones de acuerdo a los cláusulas fijadas en el contrato. Esta fase suele ser la más compleja, al surgir conflictos a la hora de fijar o interpretar los métodos de valoración, la fecha o el plazo de la desinversión y los canales de venta (recompra, venta a terceros o salida a bolsa). *Véase*: préstamo participativo. (LCP)

sociedades de garantía recíproca. Son entidades financieras sin ánimo de lucro cuyo objeto principal es facilitar el acceso al crédito de las pequeñas y medianas empresas (PYME), así como mejorar, en general, sus condiciones de financiación mediante la presentación de avales ante las entidades de crédito. En el contexto del modelo de garantías español, las sociedades de garantías recíprocas (en adelante SGR) son entidades financieras de capital variable integradas por las aportaciones de sus socios que no responden personalmente de las deudas sociales, creadas a iniciativa privada (al menos las cuatro quintas partes del capital deben estar integradas por PYME – artículo 1 de la Ley 1/1994, de 11 de marzo, sobre régimen jurídico de las sociedades de garantía recíproca-). Estas sociedades tienen como principal objeto prestar garantías personales por aval, o cualquier otro medio admitido en derecho distinto del seguro de caución, a favor de sus socios para el desarrollo de las operaciones que éstos realizan dentro del giro o tráfico de las empresas que son propietarios. Desde el punto de vista de la PYME desarrollan una función fundamental al facilitar el acceso de éstas al mercado de crédito en mejores condiciones de coste y plazo. Las SGR realizan por tanto una función de intermediación muy importante frente a la entidades de crédito actuando en varios frentes: 1) otorgando los avales necesarios para los socios; 2) evaluando el riesgo y reduciendo la asimetría de información existentes en la relación de endeudamiento, y 3) negociando con las entidades financieras mejores condiciones financieras para sus socios. Además de la función de intermediación las SGR realizan una importante labor de asesoramiento y asistencia a favor de sus socios. En el seno de las SGR, tomando en consideración los derechos y obligaciones, así como el control que pueden ejercer en la sociedad, podemos distinguir dos tipos de socios: los socios protectores y los socios partícipes. Los primeros participan en el capital de la SGR con el objetivo fundamental de inyectar recursos financieros para reforzar su nivel de solvencia, pero sin la posibilidad de beneficiarse del aval de la misma. Los socios protectores son fundamentalmente administraciones públicas y entidades financieras. Por su parte los socios partícipes son en su mayoría propietarios de PYME que deciden formar parte de una SGR para beneficiarse de sus servicios. Aunque en general las SGR no siguen un mismo procedimiento de actuación, el modo de funcionamiento de las SGR es el siguiente. Dentro de su ámbito de actuación la SGR suscribe convenios con entidades de crédito, lo que les permite ofrecer mejores condiciones de financiación (tipos y plazo) gracias al aval que proporcionan a la PYME frente a las entidades de crédito. A cambio del aval, la empresa asume la obligación de participar en el capital de la SGR. El importe de dicha participación puede ser reembolsado o no al vencimiento del crédito obtenido. En caso de incumplimiento por parte de la empresa, la SGR asumirá los impagos, respondiendo frente a la entidad financiera, e iniciando los trámites pertinentes para la posible recuperación de los fallidos. (LCP).

socios externos (intereses minoritarios). Este término surge en el ámbito el grupo de sociedades y en relación con la consolidación de las Cuentas Anuales del grupo de sociedades controladas por una sociedad dominante, mediante la participación financiera en el capital social de una o varias sociedades dependientes, cuando dicha participación es mayoritaria, pero sin ser total o al 100% del capital social de dichas sociedades, o sea 50% < x < 100%.

Representa, pues, la porción minoritaria del capital social de las sociedades dependientes, no poseída por la sociedad dominante o matriz del grupo, en manos de terceros ajenos al grupo. También se conocen con la denominación, de origen anglosajón, de "intereses (o socios) minoritarios (*minority interests*)".

Surge el término en el marco de la consolidación de las cuentas de un grupo de sociedades sobre las que la sociedad dominante posee una participación mayoritaria en su capital social en los términos indicados, en cuyo caso deberían ser consolidadas mediante el método de consolidación o de integración global establecidos en el régimen

de la regulación legal vigente en España de la Formulación de Cuentas Anuales Consolidadas, siendo una partida contable específica que aparece en el Balance Consolidado del grupo, cuyo concepto, cuantía monetaria y forma de presentación de esta partida dentro del Balance Consolidado están debidamente desarrollados dentro del referido régimen de regulación legal. Así, pues, aunque también existen reconocidas otras figuras de participación por parte de la sociedad dominante en otras sociedades mercantiles (sociedades asociadas y multigrupo) consolidables por otros métodos (integración proporcional y puesta en equivalencia), la partida Socios Externos sólo surge en el caso de las sociedades dependientes consolidables mediante el método de integración global.
En definitiva, la partida socios externos representa el importe monetario de la participación efectiva en el patrimonio neto de la sociedad o sociedades dependientes que incorpora el valor monetario al 100% de sus activos y pasivos dentro de las cuentas anuales consolidadas del grupo correspondiente a los accionistas minoritarios de dichas sociedades o terceros ajenos al grupo en sentido estricto. Esta partida contable, bajo la denominación indicada de Socios Externos, en la cuantía correspondiente respecto a la participación minoritaria de los activos y pasivos incorporados de las dependientes en el Balance Consolidado del grupo, deberá figurar en una subpartida separada dentro de la rúbrica general de Patrimonio Neto de dicho documento. (JLCG).

stop-loss. Es un control que se establece en las posiciones de tesorería que consiste en limitar con una cantidad las pérdidas en las estrategias de trading. Este tipo de límite no hace referencia a las pérdidas potenciales, sino a las pérdidas realizadas y no realizadas en las posiciones abiertas. (RAS)

Straddle. Consiste en la compra o venta simultánea de opciones *call* y *put* con el mismo vencimiento y precio de ejercicio. También llamado cono, se trata de una estrategia que apuesta a incrementos (compra) o decrementos (venta) de volatilidad, con independencia del sentido de los mismos. Para un *straddle* vendido, las ganancias se obtienen cuando el precio del subyacente oscila suavemente alrededor del precio de ejercicio de las opciones vendidas. En los mercados de futuros, la estrategia consiste en la compraventa simultánea de dos contratos sobre el mismo activo subyacente, a distintos vencimiento con objeto de deshacer simultáneamente la posición en un tiempo futuro. (MMB y RAS)

strangle. Es una estrategia de opciones similar al cono pero en la que los precios de ejercicio son diferentes, por lo que la estrategia gráficamente parece una cuna. Las primas desembolsadas o cobradas son inferiores que en el cono ya que, para el comprador, el rango de precios en los que la estrategia entra en beneficios es mayor. (RAS)

stress testing. Prueba de tensión económico-financiera a la que puede someterse a una empresa, mediante la aplicación de un conjunto de escenarios de mercado adversos y volátiles, para comprobar la sensibilidad del valor en riesgo (VaR) y de los resultados de las operaciones del balance. (RAS)

strike price. *Véase,* precio de ejercicio.

strip. *Véase,* bonos segregables.

suelo (*floor*). Operación simétrica al CAP. El poseedor de un *floor* se asegura que la rentabilidad de una inversión a tipo de interés variable no será inferior a la garantizada en el contrato.
En este caso, si el tipo de referencia (por ejemplo, EURIBOR) es menor que el tipo garantizado, el banco pagaría la diferencia entre ambos a la empresa. (RAS)

supervisión financiera. Consiste en la vigilancia del cumplimiento de la normativa en materia de regulación financiera. Las tareas de supervisión financiera pueden ser llevadas a cabo por el Gobierno, a través de las unidades administrativas de sus distintos ministerios; o por entidades públicas de carácter independiente. En el caso español hay tres organismos supervisores en el sector financiero: (i) Bancos de España, con competencias sobre el sector bancarios, (ii) CNMV (Comisión Nacional del Mercado de Valores), con competencias en los mercados de valores y sobre las empresas financieras que operan en los mismos y (iii) Dirección General de Seguros, adscrita al Ministerio de Economía y Hacienda, la cual tiene competencias sobre el sector de los seguros y fondos de pensiones. *Véase*, regulación financiera (FGO)

swap. *Véase,* permuta financiera.

swaption. Opción cuyo subyacente es un *swap* o permuta financiera sobre tipos de interés (IRS). El comprador adquiere, a cambio del pago de una prima, el derecho de poder entrar en un IRS a un plazo determinado y a un tipo de interés concreto, también existen de liquidación por diferencias. (RAS)

T

tasa anual equivalente (TAE). Tasa anual equivalente al tipo de interés efectivo anual que se despeja de una ecuación de equivalencia financiera que iguala las entregas de efectivo de dos partes de una operación financiera incluyendo, en dichas entregas de capitales, todos los gastos y comisiones entregados por una parte de la operación a la otra parte. (CMR)

tasa de descuento. Tasa o tipo de interés utilizado para actualizar flujos financieros generados durante un determinado horizonte temporal. (MMB)

tasa interna de rentabilidad o de rendimiento (TIR). La tasa de retorno o tipo de rendimiento interno de una inversión es aquel tipo de actualización o descuento, r, que hace igual a 0 el valor actual neto (VAN); es decir la tasa de retorno será aquel valor de r que verifique la ecuación:

$$\text{V.A.N.} = -FC_0 + \frac{FC_1}{(1+r)} + \frac{FC_2}{(1+r)^2} + ... + \frac{FC_n}{(1+r)^n} = 0$$

de donde (ver fórmula de la parte inferior de esta página):

FC_0, desembolso inicial o tamaño de la inversión

FC_J, flujo de caja del año j

$$FC_0 = \frac{FC_1}{(1+r)} + \frac{FC_2}{(1+r)^2} + ... + \frac{FC_n}{(1+r)^n} = FC_1(1+r)^{-1} + FC_2(1+r)^{-2} + ... + FC_n(1+r)^{-n}$$

Es un indicador de la rentabilidad relativa de un proyecto. Se utiliza para decidir sobre la aceptación o rechazo de un proyecto de inversión, sólo interesará realizar aquellas inversiones cuya tasa de retorno r sea superior al coste de capital k, es la llamada "condición de efectuabilidad de una inversión". Cuando existan varias inversiones que cumplan dicha condición se dará preferencia a aquellas cuya TIR sea mayor. (NBD)

techo (CAP). Es un contrato en virtud del cual el comprador esta protegido de todas las alzas de tipos de interés por encima de un límite dado durante el período de vigencia del contrato a cambio del pago de una prima.
Contrato que permite la cobertura del riesgo de subidas de tipos de interés a L/P. Tiene la ventaja de que permite aprovecharse de las bajadas de tipos, al mismo tiempo que cubre de posibles pérdidas.
Contrato condicional firmado con un banco, que permite al comprador fijar el coste máximo de una deuda obtenida a un tipo de interés variable. El comprador se protege de una subida de tipos de interés, pagando una prima (como en las opciones tradicionales), que puede ser periódica o única a la firma del contrato. El ejercicio del CAP es automático: si en una fecha de vencimiento el interés de referencia supera al tipo de interés fijado en el CAP, el banco vendedor liquida al comprador por la diferencia. (RAS)

tendencia del mercado. Dirección que toma el mercado a largo plazo sin que adquieran una relevancia importante las fluctuaciones a corto plazo. (IPF)

teoría de la cartera óptima. La teoría de selección de carteras surgió en 1952 tras publicar Harry Markowitz sus trabajos sobre la formación de la cartera óptima para cada inversor atendiendo tanto al rendimiento esperado por el mismo como a su actitud ante el riesgo. Sin embargo, no fue hasta 1959 tras completar sus trabajos con las nuevas ideas aportadas por James Tobin sobre el problema de la composición de una cartera de valores óptima cuando la teoría de la selección de carteras tomo finalmente forma.
Harry Markowitz centra su trabajo en definir los factores principales que motivan al inversor a la hora de invertir racionalmente. Se basa en la función de utilidad del inversor afirmando que ésta depende de la rentabilidad que desea obtener y del riesgo que asume con una composición de cartera de valores que logre maximizar el rendimiento y minimizar el riesgo, lo que responde al principio de "conducta racional del inversor", consistente en buscar la cartera eficiente, o una composición de la cartera que haga máximo su rendimiento para un determinado nivel de riesgo o que minimice el riesgo para un rendimiento dado.
El inversor tiene que optar por una determinada combinación ganancia-riesgo, en función de si prefiere obtener más ganancias soportando un mayor riesgo o con menor riesgo, menor ganancias. El rendimiento o rentabili-

dad de la cartera que un inversor espera obtener en el futuro se mide mediante la esperanza matemática del rendimiento de la cartera por no ser conocida con certeza, al estar únicamente basada en términos de probabilidad. El riesgo se medirá con la desviación típica o estándar de los rendimientos, por proporcionar ésta una medida de dispersión de los mismos respecto a la media.
El modelo de H. Markowitz es conocido también como modelo de inversión de dos dimensiones o modelo de decisión media-desviación típica. La aportación de James Tobin al modelo de H. Markowitz se centra en la preferencia de los inversores por la liquidez frente al riesgo. Esto se explica por la relación decreciente entre la demanda de dinero y el tipo de interés, y por la aversión de los inversores al riesgo.
En este contexto el objetivo fundamental de H. Markowitz fue la demostración gráfica y analítica (programación lineal) de la relación que existe entre:

- las expectativas del inversor (su actitud ante el riesgo) y
- la posterior elección de una cartera óptima, de acuerdo con los parámetros de rentabilidad y riesgo existentes en el mercado. *Véase*, también, Modelos de Selección de Cartera y Markowitz y la Teoría de Cartera (IMTE)

teoría de la preferencia por la liquidez. Teoría desarrollada por J.M. Keynes que se basa en que el tipo de interés se configura como el factor que permite equilibrar la oferta y la demanda de dinero teniendo en cuenta que los sujetos económicos muestran una preferencia a mantener activos de mayor disponibilidad frente a otros de más difícil realización. (IPF)

teoría del valor extremo (*extreme value theory* - EVT). Técnica de corte estadístico que trata la frecuencia y magnitud de eventos de baja probabilidad (observaciones más extremas). Recientemente está siendo aplicada a la medición de los riesgos financieros, y del riesgo de mercado en particular, para describir el comportamiento de los rendimientos extremos. (RAS)

términos nominales. Voz utilizada para informar de las variaciones que se producen en los datos económicos, tomando como referencia datos anteriores temporalmente no teniendo en cuenta que está actuando la inflación. (IPF)

términos reales. Voz utilizada para informar de las variaciones que se producen en los datos económicos, tomando como referencia datos anteriores temporalmente teniendo en cuenta la inflación. (IPF)

tesorería. Conjunto de fondos de una entidad (efectivo y otros activos líquidos equivalentes) que por ser de disponibilidad inmediata se consideran plenamente líquidos en términos monetarios. (IPF)

***theta dee* una opción.** Representa la proporción en que cambia la prima de una opción ante el transcurso del tiempo (siendo siempre una pérdida de valor), permaneciendo constantes los demás factores. Se trata de un indicador de la sensibilidad del precio de la opción ante la variación en la duración del contrato. El valor de theta será, en general, positivo ya que cuanto mayor sea el plazo hasta vencimiento mayor será la prima. El valor de theta es máximo cuanto mayor sea el valor temporal de la opción, alcanzando su máximo para las opciones (*at the money*).

Matemáticamente se define como la derivada de la prima de la opción respecto al tiempo hasta el vencimiento, siendo un valor que no permanece constante ante el paso del tiempo.

Es una de las medidas de riesgo asociadas con las opciones que son colectivamente conocidas como las griegas de las opciones. (SRC)

tiburón financiero. Se denomina tiburón financiero al agente económico que suele comprar un cierto porcentaje de las acciones de la empresa que pretende adquirir. Una vez conseguido, lanza una OPA hostil para hacerse con el resto de los títulos a un precio bastante más alto que el del mercado con objeto de controlar la sociedad. Tal oferta es atractiva para los accionistas a los que les es beneficioso deshacerse de sus títulos a esos ventajosos precios. Claro que el equipo directivo de la sociedad en cuestión estará temeroso de perder el control de la misma e, incluso, de perder sus puestos de trabajo, por lo que empleará todos los medios a su alcance para resistir el ataque.

El principal interés del tiburón financiero es la consecución de un beneficio extraordinario y rápido, por lo que centrará su atención sobre aquellas sociedades infravaloradas por el mercado en relación a sus activos; y que él piensa (y así lo hará saber) se debe a la mala gestión de los directivos de las mismas. El tiburón tendrá mucho interés en que quede claro que él lo que quiere es revitalizar la empresa para que vuelva a encontrar el camino de la rentabilidad, es decir, que está realmente interesado en los resultados de la misma a largo plazo. Pero, por desgracia, casi nunca es así y en cuanto pueda materializar sus ganancias el tiburón abandonará la presa a su propia suerte.

A pesar de su nombre, el tiburón financiero, cumple un papel importante y beneficioso en el mundo de las grandes compañías que cotizan en Bolsa. Gracias a él muchos malos directivos que, o bien no sabían dirigir las empresas, o bien no se habían dado cuenta de que eran unos simples asalariados cuyo objetivo era maximizar la riqueza de los accionistas, se han visto en la calle y las compañías que dirigían han acabado en mejores manos que las suyas (después de pasar por las manos del tiburón que aquí hace un papel de intermediario). Otros directivos ante el temor de caer dentro de sus mandíbulas han perseguido el crecimiento del valor de las acciones en el mercado a base de gestionar mejor la empresa lo que ha redundado en una reducción de los *costes de agencia* existentes entre los accionistas y los directivos. Por todo ello la teoría financiera no les suele contemplar con malos ojos. (JMPI).

tierra quemada. Una estrategia de tierra quemada es aquella que pretende dejar al comprador hostil sólo las "cenizas" y nada que pueda aprovechar, es decir, la empresa objetivo liquida todos sus activos o la mayoría de los mismos (incluyendo a todos los importantes), de esta manera elimina la motivación que el agresor podría tener para adquirir la empresa, dado que de hacerlo se encontraría con una empresa vacía de activos. No es necesario decir que esta estrategia sólo debe ser utilizada como amenaza y cuando todo está perdido. (JMPI)

tipo base. Tipo de interés tomado como referencia para el cálculo de una operación financiera mediante la agregación de un diferencial o margen (*spread*). Por ejemplo, el LIBOR (*London interbak offered rate*). (JJDH)

tipo cruzado. Tipo de cambio de dos monedas que se obtiene dividiendo el tipo de cambio de cada una de ellas con una tercera divisa. Por ejemplo, yenes: 1 euro =140 ; dólar : euro= 1,5 tipo cruzado entre el yen y el dólar sería 140:1,5 = 93,33 yenes por dólar. (JJDH)

tipo de cambio. Es el precio de una divisa en función de otra. El tipo de cambio es el resultado de la interacción de las fuerzas de oferta y demanda en el mercado de divisas, a diferencia del concepto de paridad, que es una relación fijada entre dos monedas. Hay dos tipos de cambio: (i) el tipo de cambio al contado o spot, que es el resultado del segmento operativo del mismo nombre y (ii) el tipo de cambio a plazo o *forward* cuyo nombre lo recibe de dicho segmento operativo. Los bancos que operan en el mercado de divisas ofrecen dos valores para un tipo de cambio: el tipo comprador y el tipo vendedor, siendo el primero inferior al segundo. El tipo de cambio está condicionado por el régimen cambiario elegido por cada país. Hay países que dejan flotar libremente su moneda, aunque en ocasiones intervienen para reconducir el tipo de cambio a niveles deseados. Hay diversas variables económicas que influyen en el tipo de cambio entre dos monedas. Las más importantes son las siguientes: inflación, crecimiento del PIB, expectativas de futuro, desequilibrios en la Balanza de Pagos y crecimiento de la masa monetaria. Hay otros países que ligan su moneda a otra divisa, por lo que han de actuar en los mercados de divisas para el tipo de cambio resultante sea el fijado. *Véase* mercados de divisas. (FGO)

tipo *forward*. *Véase***,** tipo de cambio.

tipo de interés. Se dice que el tipo de interés es el precio del dinero. El tipo de interés es el rendimiento, explícito o implícito, que obtiene aquel prestamista o inversor que presta su dinero a través de productos bancarios o de renta fija, tanto pública como privado. También se puede definir el tipo de interés como el coste al que ha de hacer frente un prestatario cuando recibe dinero proveniente de un producto bancario o de renta fija. En un sistema financiero hay, en un momento determinado, muchos tipos de interés, tantos como productos de ahorro e inversión bancarios y de renta fija existan en el mercado. Uno de ellos es fijado por el banco central del país o zona monetaria, en función de los objetivos de política monetaria. Este tipo de interés de referencia es el coste del dinero que el banco central presta a las entidades bancarias. El resto de tipos de interés siguen la tendencia marcada por el tipo de referencia. La diferencia, mayor o menor, con respecto a éste, viene establecida por la primar de riesgo. (FGO)

tipo de interés cupón cero. Es el rendimiento obtenido por los activos financieros de renta fija que no pagan cupones o intereses a lo largo de la vida de los mismos. Al no haber pago de cupones, el rendimiento se obtiene comparando el precio de venta o amortización del activo con el precio de adquisición, ya sea en el mercado primario o secundario. Los títulos con tipo de interés cupón cero se emiten generalmente a plazos cortos, no siendo habitual superar el plazo de los 18 meses.(FGO)

tipo de interés efectivo. Tipo de interés anual que se aplica en las leyes financieras de capitalización y descuento compuesto utilizadas para valorar operaciones de financiación, a medio y largo plazo, en las que no existen comisiones ni gastos. (CMR)

tipo de interés nominal (TIN). Tipo de interés anual que se obtiene multiplicando un tipo de interés de un período inferior al año por el número de veces en que se divide el año para calcular los intereses. Tipo de interés anual TIN que figura en los contratos de operaciones de financiación a medio y largo plazo pero, que no se aplica en las leyes financieras de capitalización y descuento compuesto utilizadas para calcular los intereses. Tipo de interés anual de operaciones con intereses fraccionados (mensuales, trimestrales etc.), inferior al tipo de interés efectivo anual. (CMR)

tipo preferencial. Tipo de interés que los bancos (cotizan) ofrecen a sus mejores clientes. (JJDH)

tipo de referencia. *Véase*, tipo base

titulización. Originalmente proceso de transformación de créditos bancarios en emisiones de bonos, que pueden ser negociados en los mercados financieros. Por extensión mecanismo mediante el que se convierte un flujo de caja recurrente en títulos de deuda. (JJDH)

títulos hipotecarios. Valores que se emiten con la garantía de un universo determinado de préstamos hipotecarios mantenidos por la entidad emisora. Bajo esta denominación genérica se incluyen los bonos, cédulas y participaciones hipotecarias. *Véase*, Cédulas, Bonos y Participaciones Hipotecarias.

TIR al vencimiento o TIR de un bono. *Véase*, rendimiento.

toe hold. Paquete inicial de acciones de la empresa objetivo que posee el potencial comprador antes de lanzar una OPA sobre aquella. (JMPI)

***trading member*.** *Véase*, miembro negociador.

***tracking error*.** *Véase,* error de réplica.

tramo de riesgo. Clasificación de la deuda de una empresa en función de la preferencia en el cobro de los acreedores. A menor preferencia de cobro mayor nivel de riesgo de crédito de las obligaciones de la empresa. En los productos estructurados unos tramos están subordinados a otros en función de la jerarquía establecida. Así, los tramos de riesgo más bajos "*equity*" y "*mezanine*", junior están subordinados a la protección de los tramos superiores (senior) contra los problemas de impago que reducen el valor de los activos que los respaldan (lABS, CDO, MBS…). (JJDH)

tributos. "Los tributos son los ingresos públicos que consisten en prestaciones pecuniarias exigidas por una Administración pública como consecuencia de la realización del supuesto de hecho al que la ley vincula el deber de contribuir, con el fin primordial de obtener los ingresos necesarios para el sostenimiento de los gastos públicos". Artículo 2.1 de la Ley General Tributaria.
Se clasifican en:

- Tasas: actividad realizada por la Administración, pero previamente promovida por el particular obligado a su pago. Ejemplo: Inspección Técnica de Vehículos (ITV).
- Contribuciones especiales: el obligado tributario obtiene un aumento de valor de sus bienes como consecuencia de la realización de obras públicas, establecimiento o ampliación de servicios públicos. A diferencia de la tasa, la actividad administrativa surge sin que medie petición del contribuyente. Ejemplo: cantidad que un Ayuntamiento exige a los propietarios de inmuebles situados en una calle que se hace peatonal.
- Impuestos

Véase impuestos (NBD)

trueque (*switch*). Intercambio de un activo por otro. (JJDH)

***turbo warrants*.** Los *turbo warrants* (TW) son instrumentos cotizados en Bolsa, que nos permiten posicionarnos cortos sobre un índice bursátil (por ejemplo, el IBEX 35)o largos. Hay ciertas similitudes y diferencias frente a los warrants (W) tradicionales:

- *Similitudes:* a) Ambos son productos derivados, siendo los TW un producto específico de los W; b) Ambos son productos apalancados, pero el apalancamiento es mayor en los TW que en los W tradicionales.
- *Diferencias:* a) El TW tiene elemento barrera, esto es, en el momento en que la barrera es tocada por el TW, éste vence anticipadamente.; b) El apalancamiento o elasticidad en el TW es superior al W, y así, cuanto más cerca esté del nivel de barrera, más barata será la prima del TW (menos valor intrínseco); c) El comportamiento del TW es más lineal que en el W, pues la pérdida de valor temporal o por los cambios de volatilidad es menor en el primero que en el segundo; d) Los dividendos afectan al TW más que al W.

U

underwriters. *Véase*, bancos aseguradores.

unit-linked. Los *unit-linked* combinan las características y ventajas de los seguros de vida y la flexibilidad e los fondos de inversión. Son, de hecho, seguros de vida cuyas primas se invierten en fondos de inversión o cestas de fondos. La diferencia fundamental con otros productos de ahorro tradicionales reside en que la carga del riesgo financiero es transferida de la compañía al propio asegurado, es decir, el titular de la póliza es quien asume el riesgo de las inversiones. Una de las características fundamentales es que el inversor tiene la posibilidad de reestructurar su cartera de inversiones sin tener repercusión fiscal. (RAS)

V

validación. Según el enfoque de Basilea II, las entidades deberán contar con un sistema adecuado para validar la precisión y coherencia de sus modelos internos y de sus procesos de modelización, asimismo, deberán demostrar a la autoridad supervisora que su proceso de validación les permite evaluar, de forma consistente y significativa, el funcionamiento de sus modelos internos.(RAS)

valor. El término valor hace referencia a la cuantificación monetaria de la utilidad que un activo, tangible o intangible, proporciona a su propietario. El valor de un activo es un número, es el resultado de una medición o cuantificación que –desde que el dinero sustituyera al trueque como mecanismo de pago y expresión de equivalentes– se realiza siempre en unidades monetarias.
El concepto valor se encuentra estrechamente relacionado con el de precio. De hecho, muchos de los modelos financieros se sirven del arbitraje para determinar el valor de equilibrio de un activo a partir de los precios del resto de activos que se negocian en un mercado completo. El refranero español expresa la conveniencia de diferenciar ambos conceptos de modo contundente: "Sólo el necio confunde valor y precio". El precio es lo que se paga por obtener un activo, el valor es lo que se obtiene. El precio es un hecho, un dato observable; el valor es subjetivo, es una opinión. El precio es único, es un consenso entre todos los posibles compradores y

vendedores respecto al valor del activo. El valor es la medición particular realizada por cada uno de sus potenciales compradores y vendedores, y existen tantos valores diferentes de un activo como las distintas utilidades que aporta su aprovechamiento. El valor es subjetivo porque la utilidad que proporciona depende del sujeto que lo utiliza. De ahí que, por ejemplo, un nuevo descubrimiento tecnológico en la miniaturización electrónica tenga más valor para un fabricante de microprocesadores que para una cadena de restaurantes. La subjetividad del valor complica extraordinariamente su estimación y exige el desarrollo de modelos de medición de las utilidades, que podrían ser diferentes para cada individuo. Tradicionalmente, las finanzas han abordado este problema de medición a través de la reducción de la utilidad de un activo a la corriente de flujos netos de tesorería que proporciona a su usufructuario. De esta manera, el valor de un activo se equipara al valor actual de la corriente de flujos netos de tesorería que se espera que genere a lo largo del tiempo y su medición se obtiene mediante el empleo de las técnicas del descuento.

El modelo de descuento de flujos se erige así en uno de los principales protagonistas de las finanzas, tanto de las corporativas, como de las finanzas de mercado. Para obtener el valor de un activo cualquiera –financiero o real, tangible o intangible– se han de estimar los flujos de tesorería futuros y sumar estos importes descontados a un coste de oportunidad que refleje convenientemente tanto el valor temporal del dinero como el riesgo. En consecuencia el valor hoy de un activo depende de su futuro y valorar se convierte en un ejercicio de divisiones y sumas, alimentadas por las estimaciones de un porvenir siempre incierto.

Más recientemente, el enfoque de opciones reales redefine el valor de los activos reales en términos de la *capacidad* que proporciona a su propietario para generar flujos de tesorería en el tiempo. La introducción del término "capacidad" en la definición de valor tiene una importancia extraordinaria. El valor de un activo no viene determinado por una corriente *dada* de flujos inciertos, sino por la capacidad que proporciona a su propietario para generar esa o cualquier otra de las posibles corrientes de flujos de tesorería. El valor procede de los flujos generados por las futuras decisiones que serán adoptadas en respuesta al devenir de los acontecimientos. El propietario de un activo, como supuesto ser racional y optimizador, no se limitará a observar la corriente de flujos de tesorería derivados de sus decisiones pasadas, sino que, a partir de la información disponible en cada momento, procurará potenciar los resultados positivos y limitar los negativos. La adopción de esta perspectiva permite obtener una medición más precisa del valor que aprovecha toda la información disponible en cada momento: el futuro es incierto, pero la respuesta de los individuos a los distintos acontecimientos puede anticiparse y utilizarse para estimar el valor de los activos.

En el modelo de opciones reales el valor de un activo depende no ya del binomio rentabilidad-riesgo sino del tetranomio

$$V.A.N. = -FC_0 \frac{FC_1}{(1+i_1)} + \frac{FC_2}{(1+i_1)(1+i_2)} + ... + \frac{FC_n}{(1+i_1)(1+i_2)...(1+i_n)}$$

rentabilidad-riesgo-flexibilidad-potencia. La rentabilidad y el riesgo son atributos de una corriente de flujos futuros dada, mientras que flexibilidad y potencia califican la *capacidad* para generar flujos. Cuanto más flexible sea un activo, mayores serán las posibilidades de actuar sobre sus resultados futuros y mayor será su valor. Cuanto más potente sea, mayor será su potencial para generar nuevas oportunidades de decisión y también mayor será su valor.
El concepto de valor representa uno de los ejes principales de las finanzas, como demuestra el hecho de que muchos académicos y directivos coincidan en identificar el papel fundamental de las finanzas con la estimación del valor de los activos. A su exaltación ha contribuido el hecho de que el objetivo normativo de la empresa se defina en términos de creación de valor. Si el objetivo de la empresa es crear valor, el criterio que ha de guiar las decisiones empresariales –entre ellas, las de inversión, financiación y dividendos– es el Valor Actual Neto (VAN), que establece que la mejor decisión de entre las disponibles es aquella cuya diferencia positiva entre su *valor* y coste de implementación sea mayor. El problema de la toma de decisiones (entre ellas, las de inversión, financiación y dividendo) se transforma en otro de valoración y las finanzas se convierten en un compendio de teorías y modelos que relacionan valor con las variables de las que supuestamente depende. (GFH)

valor a término. Dícese del valor que adopta un elemento en la fecha de su liquidación o vencimiento. (IPF)

valor actual neto (VAN). El valor actual neto o valor capital de una inversión es igual al valor actualizado de todos los flujos de caja esperados; es decir es igual a la diferencia entre el valor actualizado de los cobros esperados y de los pagos previstos (ver fórmula en la parte superior).
FC_0, desembolso inicial o tamaño de la inversión
FC_j, flujo neto de caja del año j
i_1, i_2, ..., i_n, tipos de descuento aplicables a cada unos de los 1, 2, ..., n años de duración del proyecto
Es un indicador de la rentabilidad absoluta de un proyecto. Sólo interesa realizar aquellas inversiones cuyo valor actual neto sea positivo, indica que la inversión en el proyecto produce excedentes superiores, precisamente en la cuantía del valor actual neto a los que podrían obtenerse invirtiendo la misma cantidad a la tasa de inversión i. Cuando existen varias inversiones con un valor capital positivo, se debe dar prioridad a aquellas cuyo VAN sea mayor. (NBD)

valor actual neto ajustado. VAN que actualiza los flujos de caja operativos separadamente en función de la naturaleza de los mismos; i) atendiendo a las distintas ganancias fiscales que se puedan obtener al deducir los gastos financieros y otras cargas financieras;

ii) beneficios financieros específicos del proyecto (financiación privilegiada o subsidiada); iii) flujos operativos puros. Cada flujo de caja específico se descuenta a una tasa de descuento adecuada a su nivel de riesgo. (JJDH)

valor añadido por la empresa (origen y distribución). El valor añadido (VA) es un concepto que viene a significar el incremento de valor que se produce en un bien sometido a una determinada operación dentro de las actividades desarrolladas en el seno de la empresa.

Cualquier empresa adquiere materiales y otros factores de coste a otras empresas (servicios exteriores en general), realiza una transformación sobre los mismos a través de la intervención del factor trabajo y uso de sus equipos, instalaciones y otras inversiones fijas con el fin de de obtener unos bienes o generar unos servicios aptos para poder ser vendidos a través de las operaciones comerciales de intercambio con otros agentes del mercado. La diferencia entre lo que la empresa obtiene a través de la venta de los bienes y servicios producidos y los consumos de bienes y servicios adquiridos a otras empresas es el valor añadido generado. (VAG).

Tomando como datos los contenidos en la Cuenta de Pérdidas y Ganancias del Plan General de Contabilidad (PGC´07), el Valor Añadido vendría determinado por la diferencia entre los importes correspondientes a los Ingresos por ventas (netas) más los ingresos por prestación de servicios y los consumos de bienes y servicios intermedios adquiridos y elaborados por otras empresas; estos inputs intermedios se corresponderían con aprovisionamientos o consumos de factores almacenables, trabajos realizados por otras empresas y servicios exteriores adquiridos. Siguiendo ésta delimitación conceptual, el Valor Añadido Generado (VAG) siguiendo el propuesto por la Central de Balances del Banco de España sería:

1. Valor de la producción (Incluidas subvenciones)
   - Importe neto de la cifra de negocios y otros ingresos de la explotación
   - (-) Consumo de mercaderías
   - Variación de existencias de productos terminados y en curso
   - Trabajos realizados por la empresa para su inmovilizado
   - Subvenciones a la explotación
2. Consumos intermedios (incluidos tributos)
   - Compras netas
   - (-) Variación de existencias de mercaderías y primeras materias
   - Otros gastos de explotación
   - Tributos
   - Dotación ordinaria a las provisiones para riesgos y gastos
3. Valor añadido bruto al coste de los factores (1 – 2)
   - Gastos de personal (a)
4. Resultado económico bruto de la explotación (3 – a)
5. Resultados financieros netos
6. Amortizaciones y provisiones de explotación
7. Resultado ordinario neto (4 – 5 – 6)

Es habitual observar a partir de la información contenida en este Estado, la participación de cada uno de los agentes sociales implicados en el seno de la empresa, en la distribución de la magnitud valor añadido bruto generado (VABG). De ésta comparación se derivarían los siguientes ratios, entre otros (ver claves del cuadro anterior):

- Participación del personal = $\frac{A}{VABG}$
- Participación prestamistas y acreedores = $\frac{B}{VABG}$
- Participación administración pública = $\frac{C}{VABG}$
- Participación accionistas = $\frac{C}{VABG}$
- Participación clientes = $\frac{D}{VABG}$
- Participación administradores = $\frac{H}{VABG}$
- Participación propia empresa = $\frac{I}{VABG}$

(TPM)

valor cupón cero. Valor de renta fija emitido a la par, cuya remuneración explícita se percibe íntegramente en el momento de su amortización en forma de una prima de reembolso. *Véase* bono cupón cero. (RAS)

valor contable o valor en libros. Importe neto por el que un activo o pasivo figura registrado en el estado de situación financiera de una entidad. Para el caso de los activos este valor refleja la minoración por amortización y/o deterioro. (IPF)

valor de inventarios. El Plan General de Contabilidad, en sintonía con la normativa internacional, distingue entre elementos identificables e intercambiables, según puedan tener un seguimiento individual o no.

Los elementos identificables son aquellos artículos que no son intercambiables y cuyo coste de entrada puede ser determinado artículo por artículo. Serán valorados a su coste real de entrada.

Esta identificación es recomendable cuando un determinado material se consume en un trabajo especial, tiene un elevado valor o presenta características muy particulares que impiden su almacenamiento en grandes cantidades.

Los elementos intercambiables, las cosas tales que no pueden ser unitariamente identificadas tras su entrada en el almacén, son valorados a su coste estimado de entrada, considerado al formado por: el importe de las existencias iniciales y el coste de las compras y de producciones del ejercicio.

Este total es repartido entre los artículos consumidos en el ejercicio y los que restan en existencias al final del periodo, por aplicación de:

a) Con carácter general el método del precio medio o coste medio ponderado.
b) Usando la fórmula de primera entrada primera salida, método FIFO, si la empresa lo considera más conveniente para su gestión

Se utilizará un único método de asignación de valor para todas las existencias que tengan una naturaleza y uso similares.

La fórmula FIFO asume que los productos en existencias que fueron comprados o producidos antes serán vendidos en primer lugar y, consecuentemente, que los productos que queden en existencias finales serán los producidos o comprados más recientemente. Si se utiliza la fórmula del coste promedio ponderado, el coste de cada unidad de producto se determinará a partir del promedio ponderado del coste de los artículos similares, poseídos al principio del ejercicio, y del coste de los mismos artículos comprados o producidos durante el ejercicio. Se puede calcular el promedio periódicamente o después de recibir cada envío adicional, dependiendo de las circunstancias de la empresa. (BPG)

valor de mercado. Importe monetario por el que se puede intercambiar un activo en mercados transparentes y concurrentes. (IPF)

valor de reposición. Importe monetario que se ha de satisfacer por la incorporación por adquisición en el mercado de un bien similar o equivalente al que se dispone teniendo en cuenta sus condiciones de antigüedad y funcionamiento. (IPF)

valor económico añadido (*economic value added* - EVA). En términos estrictos este indicador trata de medir (dar una idea) el beneficio residual de la empresa entendido como la diferencia entre la rentabilidad sobre los activos y el coste medio ponderado de capital. Es,

$$EVA = (RA - CMPC).AT$$

Siendo RA = Rentabilidad de los activos (ROA, *return on assets*).

$$ROA = \frac{\text{Beneficio Neto + gastos financieros después de impuestos}}{\text{Activos totales}}$$

CMPC = Coste medio ponderado de capital

AT = Activos totales

Si se asume que el EVA calculado es un indicador medio que se obtendrá en el futuro de una manera indefinida entonces se puede considerar como aproximación que el valor añadido de mercado (MVA, *market value added*) sería el equivalente al valor actual de una renta perpetua del EVA medio, descontado al coste de capital, es decir:

$$MVA = \frac{EVA}{CMPC}$$

El contenido informativo de este indicador vendrá condicionado por las valoraciones empleadas para sus variables: a) valores según contabilidad (precios históricos) o b) a precios corrientes (activos valorados a precios de reposición) y estructura financiera a precios de mercado. (JJDH)

valor emitido al descuento. Valor de renta fija emitido por debajo de la par, cuya remuneración se percibe como diferencia entre el precio de adquisición y el valor nominal al que se amortiza. (RAS)

valor-en-riesgo (VeR). Abreviatura de valor en riesgo ("*value at risk*" en inglés). Se define como la máxima pérdida potencial en el valor de mercado que un determinado instrumento o cartera puede tener con un nivel de confianza y para un determinado horizonte temporal. Es por tanto una estimación estadística de posibles pérdidas ante cambios en las condiciones de mercado y está basada en la evolución histórica de los precios e índices financieros. Es un concepto, no una metodología (existen diversas aproximaciones metodológicas). Responde a la necesidad de integración del propio riesgo de mercado. (RAS)

valor facial. Aquél que representa el monto de un activo de renta fija en el momento de su emisión y que debe ser restituido al vencimiento. Participación en el capital social atribuida a un título de renta variable. *Véase*, valor nominal (MMB)

valor intrínseco. Es la diferencia entre el valor de mercado y el precio de ejercicio de una opción.
Sería el valor positivo, en una opción *call*, derivado del hecho de que el precio de ejercicio (*strike*) este por debajo del precio del activo subyacente y en el caso de una *put*, aquel que se deriva de que el *strike* este por encima del precio del activo subyacente. (RAS)

valor negociable. *Véase*, valores negociables. (IPF)

valor nominal. En el ámbito de los activos financieros (valores y títulos de crédito) aquél que representa la cantidad adeudada en el momento del vencimiento, sirviendo de base para el cálculo de los eventuales intereses que devengue el activo. El valor nominal puede ser coincidente o diferente al precio de negociación del activo. *Véase*, valor facial (MMB)

valor presente de un punto básico (*present value of basic point* - Pvbp). Es el cambio que experimenta el valor de un instrumento o de una cartera ante una variación de un punto básico en la tasa de interés. Esta medida es muy útil para estimar la sensibilidad de una posición ante pequeñas variaciones de los tipos de interés. (RAS)

valor razonable. Es uno de los criterios básicos de la valoración analítica (por elementos patrimoniales individuales) que sustentan la elaboración de la información financiera periódica de las empresas (modelo de las Cuentas Anuales -individuales y consolidadas-, según la terminología de la regulación contable española). Es, por otro lado, el criterio de valoración más novedoso y controvertido introducido en la regulación contable española plasmada en primera instancia en el PGC 2008. Este criterio se ha tomado de la regulación contable de procedencia anglosajona, de modo más concreto del modelo de normas contables internacionales IASB, traduciéndose así del término original inglés "*fair value*". El valor razonable alude en general al valor justo o justiprecio que un activo real o un instrumento financiero alcanzan en un momento determinado en una transacción realizada entre partes interesadas y debidamente informadas y que actuasen en condiciones de libre mercado.
En todo caso, es un concepto bastante indefinido que deja abierto en muchos casos márgenes de imprecisión, de subjetivismo y de libertad o discrecionalidad a quienes elaboran la información contable o a quienes la auditan, por lo que es un criterio de valoración enormemente controvertido y especialmente proclive para la utilización de políticas o técnicas de manipulación contable, también conocidas como prácticas de "contabilidad creativa", políticas de gestión del resultado (*earnings management*), etc.
El PGC 2008, en su declaración de MC, define el valor razonable como "el

importe por el que puede ser intercambiado un activo o liquidado un pasivo entre partes interesadas y debidamente informadas, que realicen una transacción en condiciones de independencia mutua. El valor razonable se determinará sin deducir los costes de transacción en los que pudiera incurrirse en su enajenación. No tendrá en ningún caso el carácter de valor razonable el que sea resultado de una transacción forzada, urgente o como consecuencia de una situación de liquidación involuntaria".

A partir de aquí, el texto de este criterio valorativo del PGC 2008 intenta dar mayor precisión al concepto definido, excesivamente ambiguo, de valor razonable. La primera precisión es distinguir entre elementos patrimoniales que cuentan con un mercado activo de los que no cuentan con mercado de esta naturaleza.

Elementos patrimoniales con mercado activo

Con carácter general, se entiende como valor razonable el que se obtiene por referencia a un valor fiable de mercado, significando la norma que el precio cotizado en un mercado activo será la mejor referencia del valor razonable. Se entiende "por mercado activo aquel en el que se den las siguientes condiciones:

- Los bienes o servicios intercambiados en el mercado son homogéneos;
- Pueden encontrarse prácticamente en cualquier momento compradores o vendedores para un determinado bien o servicio; y
- Los precios son conocidos y fácilmente accesibles para el público y además reflejan transacciones de mercado reales, actuales y producidas con regularidad."

Elementos patrimoniales sin mercado activo

"El valor razonable de estos elementos se obtendrá, en su caso, mediante la aplicación de modelos y técnicas de valoración, señalándose que entre estos modelos y técnicas se incluye el empleo de referencias a transacciones recientes en condiciones de independencia mutua entre partes interesadas y debidamente informadas, si estuviesen disponibles, así como al valor razonable de otros activos que fuesen sustancialmente iguales, métodos de descuento de flujos de efectivo futuros estimados y modelos generalmente aceptados utilizados para valorar opciones. En cualquier caso, las técnicas de valoración empleadas deberán ser consistentes con las metodologías y utilizadas por el mercado para la fijación de precios, debiéndose usar, si existe, la técnica de valoración empleada por el mercado que haya demostrado ser la que obtiene unas estimaciones más realistas de los precios.

Las técnicas de valoración empleadas deberán maximizar el uso de datos observables de mercado y otros factores que los participantes en el mercado considerarían al fijar el precio, limitando en todo lo posible el empleo de consideraciones subjetivas y de datos no observables o contrastables.

La empresa deberá evaluar la efectividad de las técnicas de valoración que utilice de manera periódica, empleando como referencia los precios observables de transacciones recientes en el

mismo activo que se valore o utilizando los precios basados en datos o índices observables de mercado que estén disponibles y resulten aplicables.
El valor razonable de un activo para el que no existan transacciones observables en el mercado, puede valorarse con fiabilidad si la variabilidad en el rango de las estimaciones del valor razonable del activo no es significativa o las probabilidades de las diferentes estimaciones, dentro de ese rango, pueden ser evaluadas razonablemente y utilizadas en la estimación del valor razonable."
Criterio subsidiario de valoración para aquellos elementos patrimoniales valorables a valor razonable que no puedan valorarse de manera fiable.
"Cuando corresponda aplicar la valoración por el valor razonable, los elementos que no puedan valorarse de manera fiable, ya sea por referencia a un valor de mercado o mediante la aplicación de los modelos o técnicas de valoración antes señalados, se valorarán, según proceda, por su coste amortizado o por su precio de adquisición o coste de producción, minorado, en su caso, por las partidas correctoras de su valor que pudieran corresponder, haciendo mención en la memoria de este hecho y de las circunstancian que lo motivan".
La redacción dada para la adecuada aplicación del criterio del valor razonable es evidentemente viscosa y difícil de aplicar con automatismo y objetividad, lo cual significa que el elaborador de la información contable y el auditor de las Cuentas Anuales, en términos fácticos o realistas, dispondrán de un amplio espacio de subjetividad en cuanto a la valoración de aquellos elementos patrimoniales, para los que la regulación contable española prescribiese su valoración con arreglo al criterio del valor razonable.
Esto pone de manifiesto la endeblez intrínseca de este criterio de valoración que soporta un buen número de operaciones de distintos tipos de elementos patrimoniales para los que, en algunas de sus incidencias, se proclama su valoración a valor razonable. En definitiva, siendo el valor razonable una de las columnas soporte de la valoración del modelo de regulación contable vigente (CA y CAC), esto significa que este modelo propicia en buena medida el subjetivismo y la discrecionalidad de la dirección de las empresas para poder llegar a aquellos "valores razonables" de conveniencia para poder mostrar, dentro de un orden, cifras contables adecuadas a su interés. Esta es una objeción importante del modelo vigente de regulación contable para poder alcanzar el objetivo de imagen fiel. (JLCG).

valor relativo. Estrategia de trading cuyas decisiones se toman al comparar los precios relativos de dos activos, índices, nocionales, etc. con la esperanza de que los diferenciales actuales se cerrarán o abrirán en el futuro. (RAS)

valor teórico de los derechos de suscripción preferentes de acciones o participaciones sociales. La participación en el capital como socio de las sociedades mercantiles con responsabilidad limitada, principalmente en las sociedades anónimas (SA), confiere a las acciones (SA) o participaciones sociales una serie de derechos con contenidos jurídicos y sobre todo económicos, entre los que se encuentran la suscripción preferente ante determinadas operaciones que implican aumento del capital social de la correspondiente compañía, siempre que naturalmente decidan ejercitar para sí este derecho, aunque también podrán cederlo a terceros normalmente mediante precio.

Para que el derecho de suscripción (DS) preferente de las nuevas acciones o participaciones emitidas tenga verdadero sentido o efectividad económica para los tenedores de acciones viejas, el precio de emisión de las nuevas acciones con DS preferente debería ser inferior al precio de mercado de la acción vieja (cotización oficial bursátil, de ser acciones cotizadas) en la víspera o momento en el que el DS preferente de la ampliación de capital pudiera empezar a ejercitarse (normalmente se suele establecer un intervalo de algunos días -p.e. 15 días- para el ejercicio del DS, periodo en el cual los tenedores de los DS procedentes de las acciones viejas podrán cederlos onerosamente a terceros para que éstos acudan a la correspondiente ampliación de capital). Así, pues, los accionistas anteriores, tenedores de los DS preferentes, podrán ejercitar personalmente éstos acudiendo a la nueva ampliación de capital, suscribiendo para sí las nuevas acciones que le correspondan al precio de emisión fijado (nulo si fuese ampliación completamente liberada), o bien podrá vender sus derechos a terceros mediante precio, o una solución mixta de ambas cosas.

Por lo general, el ejercicio del DS se refiere a acciones de la propia compañía, aunque también podría ejercitarse a veces para suscribir obligaciones convertibles, o incluso para adquirir acciones de otra compañía en condiciones económicas ventajosas (por ejemplo, de compañías filiales de la sociedad matriz, ejercitando DS procedentes de las acciones en circulación procedentes de esta última sociedad.

Hay que distinguir entre el valor teórico o matemático del DS de acciones nuevas de una determinada sociedad y el precio real de mercado del DS en una determinada fecha durante el plazo de vigencia de éste, de acuerdo con las condiciones de la suscripción preferente de las acciones nuevas. Naturalmente, el coste de adquisición de los DS comprados directamente será un dato o importe concreto satisfecho por ello, pero cuando proceden de las acciones viejas poseídas, dado que es posible y a veces es conveniente a efectos de calcular un posible resultado positivo o negativo para los DS vendidos a terceros, calcular a su vez el valor teórico o matemático de los DS vendidos, que supondrá a su vez la recuperación parcial del valor contable registrado para las acciones viejas poseídas por una persona (física o jurídica) de las que se desprenden los DS vendidos a terceros. Este cálculo sólo tendrá sentido o necesidad en el caso de que la regulación contable correspondiente establezca esta solución como el criterio contable ortodoxo de registro contable de los efectos dimanantes de los DS vendidos, o los que su tenedor natural ejercitase para adquirir con carácter preferente de acciones de otra compañía diferente, o bien para suscribir otros títulos distintos de acciones de derechos similares de la propia compañía (p.e. acciones sin voto, acciones rescatables, obligaciones convertibles, etc.). En otras palabras, el cálculo del valor teórico de los DS carecería de interés práctico en el caso de que la regulación contable correspondiente estableciese que la venta de DS, por el importe líquido obtenido por el vendedor debería contabilizarse como una recuperación parcial del valor contable reconocido para las acciones viejas en la fecha de la venta de los DS (operación agenésica), o bien que dicho importe obtenido por la venta de los DS debería contabilizarse íntegramente como ganancia de las acciones viejas (como si fuese un dividendo más en suma), solución esta última que no suele estar admitida por parte de los modelos nacionales de regulación contable de mayor aceptación en el panorama internacional.

La cuestión radica en establecer una fórmula lógica de cálculo del valor teórico o matemático del DS, en primer lugar, en el momento en que éste se desdobla o se separa formalmente de la acción vieja en el momento de iniciarse el periodo jurídico fijado por la sociedad emisora para acudir a la suscripción preferente de acciones nuevas aplicando los DS necesarios (según el módulo de suscripción: acciones nuevas /acciones viejas), más el pago, en su caso, del precio de emisión fijado para la suscripción de la acción nueva).

En términos estrictamente matemáticos, el valor teórico del DS procedente de la acción vieja se calcularía racionalmente de la siguiente manera, siempre que las acciones nuevas y las acciones viejas tuviesen los mismos derechos en el momento de la suscripción:

$$a \times p + n \times e = p' (a + n) \quad [1]$$

$$ds (VT) = p - p' \quad [2]$$

Operando sobre el anterior sistema de ecuaciones se llegaría a esta expresión del valor teórico o matemático del DS:

$$ds (VT) = n (p - e)/(a+n) \quad [3]$$

donde:

a = número de acciones viejas que tiene en circulación la empresa en la fecha de la ampliación de capital

n = número de acciones nuevas a emitir correspondientes a la ampliación de capital

p = precio de mercado o cotización bursátil de la acción en la víspera de la ampliación de capital (comienzo del periodo señalado por la empresa para el ejercicio de este derecho de las acciones viejas)

e = precio de emisión señalado para las acciones nuevas; $e < p$ para que el ds tenga valor o contenido económico, siendo $e \geq 0$

ds(VT) = valor teórico o matemático del DS de la acción vieja

Para facilitar los cálculos del ds(VT) se puede utilizar el módulo de la ampliación "m" que expresa la proporción entre el número de acciones nuevas respecto a acciones viejas (p.e. una acción nueva por cada tres acciones viejas), en cuyo caso bastaría aplicar en la fórmula anterior los valores de "n" y de "a", por las respectivas cifras de unas y otras según el módulo de la ampliación (en el ejemplo señalado, por tanto, n= 1 y a=3).

Otra fórmula citada en la literatura contable sobre cómo calcular el valor teórico o coste implícito de adquisición del DS de las acciones de otra sociedad (que amplía su capital social con DS preferente) poseídas por una empresa a efectos de calcular el efecto desdoblamiento que supone sobre el valor contable registrado para dichas acciones sería la llamada "regla o fórmula Kester" que no es en modo alguno un procedimiento racional o matemático de cálculo del valor teórico del DS en la fecha de inicio del periodo abierto para la ampliación calculable con independencia del número acciones de tal sociedad poseídas por cada tenedor, ni del precio de adquisición diferente pagado para adquirir dichas acciones, variables que en cambio influyen en el cálculo del DS según la fórmula Kester, es decir, que el valor teórico del DS según esta fórmula sería diferente para cada tenedor según el número el coste de adquisición satisfecho por cada tenedor pagado por las acciones viejas de la sociedad que amplía su capital con DS preferente a favor de los tenedores de sus acciones viejas. Por lo tanto, el valor del DS resultante de la aplicación de la fórmula Kester sería un cálculo subjetivo ya que su valor unitario por DS será distinto para cada tenedor de acciones según el coste distinto que satisfizo al adquirir las acciones viejas que posee, mientras que el anterior valor teórico o matemático expuesto sería un valor objetivo e independiente del precio unitario de adquisición pagado y volumen de acciones adquiridas por cada tenedor de acciones viejas de la sociedad correspondiente.

Fórmula Kester: desdoblamiento retrospectivo del coste de adquisición de la acción vieja asignable al DS que ahora se destina a la venta (proporcional al precio de mercado del ds y al valor de cotización de la acción ex-cupón).

$V_i(ds) = \varepsilon\ C_A$ Valor implícito asignable al DS desdoblado de una acción vieja (reduce el coste de adquisición (C_A) registrado contablemente para el tenedor de la acción, donde:

ε = coeficiente unitario que representa el precio de mercado del DS el primer día en que se inicia el periodo de la ampliación de capital, pm(ds) con relación al conjunto de dicho precio de mercado del ds + el precio o cotización de mercado de la acción vieja ex-derecho en el referido día, pma(xds), o sea:

$\varepsilon = pm(ds)/[pm(ds) + pma(xds)]$, con lo que, en definitiva, el valor implícito asignable al ds desdoblado de la acción, a reflejar como baja del coste de adquisición reflejado para las acciones viejas ascendería a:

$V_i(ds) = pm(ds)/[pm(ds) + pma(xds)]\ .\ C_A$

Esta expresión pone de manifiesto que el valor implícito asignable al DS según la fórmula Kester no será único, sino que adquirirá valores múltiples distintos según el C_A soportado por cada adquirente o tenedor de acciones viejas de la sociedad que ampliase su capital.

Ejemplo, el caso de 2 tenedores de 3 acciones viejas, con coste de adquisición unitario distinto para la acción vieja de $C_A(I) = 6$ u.m. y $C_A(II) = 4$, para una ampliación de 1 acción nueva x cada tres acciones viejas con precio de emisión de la acción nueva de 1 u.m. y para unas cotizaciones respectivas del ds y de la acción vieja excupón al inicio de la ampliación de: pm(ds) = 0,9 u.m. y pma(xds) = 5,1, el V_i(ds) para cada tenedor de acciones viejas a consignar como reducción del C_A(I) y C_A(II) serían respectivamente:

V_i(ds)(I) = 0,9/[0,9 + 5,1] x 6 = 0,9 u.m.

V_i(ds)(II) = 0,9/[0,9 + 5,1] x 4 = 0,6 u.m.

En cambio, el valor teórico o matemático del DS, para una ampliación de estas mismas características, es decir, 1 nueva x 3 viejas a precio de emisión de 1 u.m. y para una cotización de la acción vieja en la víspera de la iniciación de la ampliación p = 5 u.m. nos daría un único valor teórico del DS para cualquier tenedor de acciones, independiente por tanto del importe del coste adquisición que cada uno de ellos tuvieron que pagar en su momento para adquirir las acciones viejas que poseen, es decir:

ds (VT) = 1 (5 –1)/(3+1) = 1 u.m.

(JLC).

valor tiempo. Diferencia entre el precio o prima de una opción y su valor intrínseco. (JJDH)

valoración de existencias o inventarios. Para el PGC (Norma 10ª de valoración) y la NIC 2 las existencias deben ser valoradas al coste (reconocimiento inicial) o al valor neto realizable (reconocimiento posterior), según cual sea menor.

En su valoración inicial *"Los bienes y servicios comprendidos en las existencias se valorarán por su coste, ya sea el precio de adquisición o el coste de producción"*.

En consecuencia, es preciso distinguir y comparar los diferentes tratamientos establecidos para determinar el:

a) Precio de adquisición, para los bienes adquiridos a título oneroso (comerciales, materias primas, y otros aprovisionamientos).

   El precio de adquisición incluye el importe facturado por el vendedor después de deducir cualquier descuento, rebaja en el precio u otras partidas similares así como los intereses incorporados al nominal de los débitos, y se añadirán todos los gastos adicionales que se produzcan hasta que los bienes se hallen ubicados para el uso al que se destinan, tales como transportes, aranceles de aduanas, seguros y otros directamente atribuibles a la adquisición de las existencias. No obstante lo anterior, podrán incluirse los intereses incorporados a los débitos con vencimiento no superior a un año que no tengan un tipo de interés contractual, cuando el efecto de no actualizar los flujos de efectivo no sea significativo

b) Coste de producción, para los bienes fabricados (productos en curso, productos semiterminados, productos terminados, subproductos, residuos y materiales recuperables).

   El coste de producción se determinará añadiendo al precio de adquisición de las materias primas y otras materias consumibles, los costes directamente imputables al producto. También deberá añadirse la parte que razonablemente corresponda de los costes indirectamente imputables a los productos de que se trate, en la medida en que tales costes correspondan al período de fabricación, elaboración o construcción, en los que se haya incurrido al ubicarlos para su venta y se basen en el nivel de utilización de la capacidad normal de trabajo de los medios de producción. (BPG)

valoración financiera. Proceso que consiste en establecer una valoración a través de la aplicación de una expresión matemático-financiera que considere el tiempo como un bien económico que actúa negativamente sobre los capitales. (IPF)

valoración de la información perfecta. Es el beneficio o resultado que se pretende obtener al conocer con total certeza los estados de la naturaleza. (IPF)

valoración por arbitraje. Proceso que consiste en establecer una valoración de un bien económico a través de un proceso de arbitraje, esto es, la realización de compras y ventas simultáneas de un mismo bien en diferentes mercados con precios distintos. (IPF)

valoración riesgo neutral. Es el valor de un producto financiero derivado obtenido como resultado esperado en un mundo en el que el riesgo es neutro, descontado todo al tipo de interés libre de riesgo. (IPF)

valores negociables. Instrumentos emitidos por entidades públicas o privadas que representan la parte alícuota de un capital, crédito u obligación que puede ser objeto de transacción en el mercado. Son valores negociables las acciones de sociedades, los valores que otorguen derecho para la adquisición de acciones, cuotas participativas de Cajas de Ahorros, obligaciones, bonos y valores análogos, cédulas, bonos y participaciones hipotecarias, participaciones de instituciones de inversión colectiva, warrants, contratos de opciones, futuros y permutas, entre otros. (*Véase*, Arts. 2 y 3 del Texto Refundido de la Ley del Mercado de Valores). (IPF)

VaRBeta. Evalúa la contribución al riesgo total de la cartera (VeR total) de uno o varios componentes de la misma. Es decir, expresa la sensibilidad del VeR de la cartera ante cambios en sus componentes. (RAS)

VaRDelta. Permite estimar el efecto incremental o marginal en el VeR de la cartera derivado de incorporar/retirar un activo/operación (flujos de caja) en la misma. El vector VeRDelta o Delta del VeR mide la tasa de variación en el VeR ante cambios en los flujos de caja de los instrumentos de la cartera. (RAS)

vega de una opción. Representa la variación de la prima de una opción por cada punto que varía la volatilidad del activo subyacente, permaneciendo constantes los demás factores. Se trata de un indicador de la sensibilidad del precio de la opción ante cambios en la volatilidad. El valor de vega será máximo para las opciones *at the money*, ya que un aumento en la volatilidad producirá un incremento de las primas

e, inversamente, una disminución las reduce, siendo su signo positivo para las posiciones compradas y negativas para las vendidas. El valor de vega será mayor cuanto más tiempo falte hasta el vencimiento, y disminuye con el paso del tiempo, siendo nulo en el momento del vencimiento del contrato.
Matemáticamente se define como la primera derivada del precio de la opción respecto de la volatilidad, y no permanece contante ante el paso del tiempo.
Es una de las medidas de riesgo asociadas con las opciones conocidas como "griegas". (SRC)

vehículos de inversión estructurada (SIV- *structured investment vehicles* o *conduits*). Entidades que se financian mediante emisiones de pagarés a corto plazo y que invierten en activos (bonos de titulización, CDO, etc.) a largo plazo. A diferencia de los SIV, los *conduits* suelen disponer de líneas de liquidez con los bancos que los promueven. Estas entidades instrumentales llevaban a cabo una actividad muy parecida a la bancaria (financiación a corto e inversión a largo) sin disponer ni de los recursos propios, ni del acceso a la liquidez de un banco central, ni de la supervisión adecuada. (RAS)

vencimiento. Fecha en la cual un derecho puede ser ejercido o se ha de atender a una obligación. Tiempo que media entre la emisión de un título y la fecha de reembolso (IPF)

venta a crédito. Contrato en virtud del cual se transfiere a dominio ajeno un bien en propiedad por un precio pactado que el comprador se compromete a satisfacer en un plazo convenido. La transacción puede afectar tanto a la tenencia como a su disfrute, así como al pleno dominio de los bienes vendidos. (IPF)

venta en descubierto. Enajenación a plazo de un activo financiero que se efectúa sin la adquisición previa del mismo. El objetivo de la operación, consiste en esperar un descenso en el precio del activo con el fin de adquirirlo posteriormente (antes de su fecha de entrega) a un menor precio que el estipulado en el contrato de venta, para, de éste modo, cerrar la operación con beneficios.
En los mercados de valores, venta de activos que han sido previamente prestados por un agente económico, con objeto de comprarlos más adelante a un precio inferior, que permita devolver el préstamo de valores y obtener un beneficio. (MMB)

ventas. Comprende el montante por la enajenación de bienes y la prestación de servicios que son objeto del tráfico mercantil de las empresas. Constituyen las transacciones, con salida o entrega de los bienes o servicios objeto de tráfico empresarial, por lo general, las más importantes de las partidas que integran los ingresos del periodo, es decir del Haber de la Cuenta de Pérdidas y Ganancias (Resultados del Ejercicio.
Los ingresos por ventas, siguiendo la normativa del Plan General de Contabilidad, se contabilizarán como tales,

cuando se cumplan, entre otras, cada una de las siguientes condiciones:

a) La empresa ha transferido al comprador los riesgos y beneficios significativos inherentes a la propiedad de los bienes, con independencia de su transmisión jurídica.

b) La empresa no mantiene la gestión corriente de los bienes vendidos en un grado asociado normalmente con su propiedad, ni retiene el control efectivo de los mismos.

c) El importe de los ingresos puede valorarse con fiabilidad.

(TPM)

venture capital. *Véase*, capital riesgo.

Vernon Smith. Nació en 1927 en Wichita, Kansas, USA, obtuvo su graduación en ingeniería eléctrica en la California Institute of Technology en 1949, el Máster en Economía en la University of Kansas en 1952 y su doctorado en economía en Harvard University en 1955. En la actualidad es Catedrático de Economía en la Chapman University.

Premio Nobel de Economía en 2002 por haber conseguido que los experimentos en laboratorio se consideren una herramienta en el análisis económico empírico, especialmente en el estudio de mecanismos alternativos del mercado. La economía experimental según Smith proporciona el medio para testar empíricamente el comportamiento (*performance*) de las instituciones económicas. En este sentido, las proposiciones de la teoría económica se prueban con personas en situaciones reales controladas. El propio Smith reconoce la evolución que ha experimentado en sus propias creencias como consecuencia de sus experimentos. Así explica en su autobiografía que sus tendencias socialistas de sus primeros años comenzaron a esfumarse a medida que aprendía economía. El desarrollo de experimentos cambio su opinión sobre los mercados y, por supuesto, sus convicciones socialistas por las ideas libertarias. En la actualidad plantea que los mejores sistemas son aquellos que maximizan la libertad individual, sujeta a la coacción de otros en el sistema.

Sus trabajos en economía experimental comenzaron en la Purdue University. Smith ha formalizado la metodología de la economía experimental en sus trabajos "Experimental Economics: Induced Value Theory" publicado en 1976 y "Microeconomic Systems as an Experimental Science" publicado en 1982 ambos en la *American Economic Review*. (EVG)

vértices. Factores de riesgo (combinación de activo, clase de activo y plazo) de mercado sobre los que disponemos de información de volatilidades y correlaciones (matriz de varianzas-covarianzas).(RAS)

volatilidad. Se define como una medida de la variación esperada o movimiento potencial del precio de un instrumento durante un determinado período de tiempo. En función de este período de tiempo en que estemos midiendo la volatilidad puede ser diaria, mensual o anual. Matemáticamente se calcula a través de la desviación típica de los valores del precio o rendimiento. (MMB)

volatilidad implícita. En los mercados derivados, desviación típica o estándar en el precio de un activo subyacente utilizada para determinar la prima de un contrato de opción. (MMB)

W

WACC (***weighted average cost of capital***).*Véase*, coste de capital medio ponderado.

warrants. Término anglosajón que designa el certificado emitido o vendido por una sociedad que otorga a su suscriptor el derecho a adquirir valores (normalmente acciones) de la misma sociedad a un precio determinado y durante un período establecido. El *warrant* no supone obligación alguna para el comprador de efectuar la compra de dichos valores, sino que solamente le da el derecho de decidir si quiere adquirirlos o no. Por el contrario, el vendedor sólo adquiere la obligación de efectuar la transacción si el comprador decide que así sea (lo que se denomina "ejercer" el *warrant*).

Los *warrants* implican un aumento de la rentabilidad de las obligaciones a las que acompañan, por lo que facilitan su colocación en el mercado.

Existen distintos tipos de *warrant*. Así, los de compra se denominan *call warrant*, mientras que los de venta reciben el nombre de *put warrant*.

Los *warrant* se agrupan en emisiones realizadas por una entidad y se representan mediante anotaciones en cuenta, cotizando en mercados organizados. (AMA)

Y

yield. *Véase*, rendimiento.

Diccionario de Finanzas

A

B

C

D

E

F

G

H

I

J

K

L

M

P

S

T

U

V

W

Y